我在底層的生活

當專欄作家化身為女服務生

BARBARA EHRENREICH

NICKEL AND DIMED

ON (NOT) GETTING BY IN AMERICA

當專欄作家化身為女服務生

芭芭拉・艾倫瑞克 —著

林家瑄 —譯

目次

推薦

你會以為，她寫的是現在的台灣

林立青

你想看看窮人長什麼樣子嗎？這本書讓你知道台灣很世界化，很國際觀，窮人的生活和美國「很接軌」，而且始終不變。

所以我推薦你讀這一本書，不是因為這本書寫出了你不懂也到不了的遙遠國度，而是這本書裡面所寫的故事發生在約二十年前的美國，卻和現在台灣底層的處境生活相去不遠——只要你記得美金和台幣的匯率，讀這本書就不成任何問題，當然如果你不記得，大概算個一比三十或三十五，也不會有什麼閱讀障礙。

你想知道這是什麼樣的生活？讓芭芭拉來告訴你：你不會有額外的獎金可以期盼，所有賺來的錢先拿去付租金，接著食物和汽油占去大部分的支出，最後會發現每個月存不下任何錢。當然，沒人管你生活有多苦，你會聽到管理階級或者公司老闆在你面前繼續糟蹋你，或者是和你一樣處境的人，說一些「當年苦」，然後抱怨找不到可以用的勞工，但就是不願意多付你一些薪水，也不願提升薪資來請「他心目中的好員工」。你可以選擇和父母同住，或者和伴侶同住試圖降低開銷，結果當然是徒勞無功，因為你的車子沒保養，身體已經過勞，家人和朋友也全部處於過度消耗的狀況，你永遠借不到足夠改變生活的錢讓你去過更好的生活，即使那是真正的自我投資，例如好一點房子的押金或者是信用卡和信用貸款的結清，更不用想著有什麼「自我提升」的課程——那全部都是詐騙。

更糟糕的是電視、書籍和新聞上放的訊息和政令完全跟你沒有關係，電視上演的連續劇是豪門富二代和一堆無聊的政商名流花邊八卦，新聞則是看著政客們完全提不出解決方案，而你的實質薪水收入低於三十年前。

如果你以為我上面寫的是台灣，那麼至少證明了我們的窮人和美國很像：工作無法保證你的生活品質，社會福利很難享用得到，過去課本上所說的尊重專業完全不會落實在自己身上，取而代之的是效率至上、客戶永遠是對的。所有人都對於勞工的標準極高，但酬勞不成正比。

把地點換一下，你就會看到同樣的社會問題，美國無解，台灣也無解，在一次一次的選舉以後，才會發現我們社會對於這樣的狀況不是無動於衷，就是毫無病識感的完全搞不清楚問題在哪裡：為什麼已經減稅退稅以後還是無法提升生育率，為什麼弱勢家庭沒有來申請節能家電輔助，為什麼獎勵老車汰換的結果是窮人的車看起來更破了？

答案看起來很簡單，卻也很難堪：因為台灣的窮人收入低到根本不需納稅，因為輔助以後還是買不起節能的家電，因為有能力把老車汰換的都是中產階級。

這些台灣的問題和美國類似，但也讓我們清楚看到似乎還沒有出現一個社會政策，可以讓人擺脫這種有工作卻還是苦哈哈的生活。在這種狀況下，應該先搞清楚「到底有多艱困」和「到底有多辛苦」，才能夠進行討論和政策的制定，或者談論民間的參與。

如果你想不出什麼神奇的社會政策可以一次改變我所說的「在職貧困」問題，那麼，這本書寫的正是給你看的，讓你知道真實世界的美國勞工處境為何；接著，芭芭拉會告訴你，這些問題在哪裡，專欄作家之筆不僅流暢並且尖銳，這本書處處是讓你看了以後察覺不對勁的強烈對比。

芭芭拉踏入這職場的時候年紀很大，已經六十歲，但正因為她年紀夠大，人們對於老人來做「底層」工作時，更是容易接受並且會要求「乖乖照辦」。只是，六十歲的芭芭拉有著超乎他人的敏銳和觀察，她能夠將「不合理」的規定適時列出，並且用真實經驗進行批判。書中隨處可見這樣的文字：清潔公司規定不可以在工作時喝水，你必須要跪在地上擦拭廚房，餐廳主管在錄取前要求你去診所當著檢驗人員的面前脫褲驗尿；在所有人都忙到幾乎抓狂的餐廳，依舊有特製餐點的服務要求。

這種職場中回報你的當然不是尊嚴，而是雇主要求「既然你都跪下來擦廚房了，那麻煩玄關也清理乾淨吧」，還有痠痛的肌肉，因為清潔劑而發癢的皮膚，以及你在賣場站上一整天、一整週，都買不起降價打折的一件汙損馬球衫。芭芭拉寫的是勞工處境，卻讓人看到絕望和挫折感：連教堂的布道都顯得有氣無力，台上的牧師看著台下的信眾前來，卻沒有任何能力對信眾進行鼓勵和安慰。

好的，這是一本讓你看了絕望的書，那為什麼我還要這樣推薦？因為作者在最後自己評估了她臥底的「成果」，她怎麼看待這些工作以及表現，又怎麼在親身經歷並發現自己的無能為力以後，提出過去我們以為「失業才會導致貧窮」的時代已經過去。我們現在面臨的，是一個不失業，也一樣有許多人在貧窮線上掙扎的時代，過去的觀念侷限了美國政府部門和民間的認知，讓許多「即使有工作也貧困」的處境不為他人所知。貧困者和決策者，那些擁有話語權的人們，居住在同一個國家，卻是兩個世界，後者擁有光環，提出的意見有人重視，而前者無人聞問，連真實的困境都被忽略，「反正一直都有窮人嘛」。芭芭拉的「降世」正是為了讓更多人知道，原來有這樣一個「在職貧窮」的事業和階級存在。

而或許這就是我們今天值得閱讀這本書的原因：這是一個擁有博士學歷、著名專欄作家頭銜的人，潛入底層職場帶回來的親身體驗。你能夠透過這本書看到芭芭拉眼下的美國，並且聽她說：那些自以為是而只會要求別人努力的語言或者文字，到底有多無知。

序章

準備開工

Introduction: Getting Ready

這本書最初發想的地點，是一個頗為奢華的場景。一天，《哈潑》雜誌的編輯路易斯．拉方（Lewis Lapham）帶我到一家法式鄉村風餐廳，討論我未來可以替他們寫些什麼文章。那裡光一頓午餐就要價三十美金，印象中我吃了鮭魚和田園沙拉。當對話轉到貧窮問題上時，我對這個我比較熟悉的議題發表了一些意見，認為我們可以做一些跟大眾文化有關的題材。譬如說，那些缺乏專業能力的人，到底是怎麼靠微薄的薪水來生活？尤其是幾近四百萬名的女性，她們因為福利制度修改而被迫進入勞動市場，又該如何靠著一小時六或七美金的薪資生存下去？接著，我就說了一句後來有很多機會感到後悔的話：「實在應該有人去做一些老式的新聞調查工作，你知道，就是自己實際到那些地方親身體驗看看。」我指的是某些比我年輕的人，某些求知若渴、有時間做這些工作的新進記者。但這時拉方臉上露出一個有點瘋狂、要笑不笑的表情，我知道這是他下定決心時的樣子。過了長長的幾秒後，他吐出三個字：「妳來做。」

上一次有人勸誘我捨棄正常生活去從事工時長而低薪的勞動工作，已經是七〇年代的事了。當時有數十名（也許數百名）六〇年代的激進分子開始進入工廠，想讓自己「無產階級化」，並在過程中將工人階級組織起來。但那可不是我。我同情那些父母，他們付錢讓這些想成為藍領階級的孩子上大學；也同情這些激進分子試圖加以「提升」的對象。在我自己的家庭裡，低薪生活離我從來就不遙遠。許多時候，它其實讓我很珍惜自己現在的寫作生活，即便收入不高。我姊姊做過一份又一份低薪工作，包括電話公司客服人員、工廠工人和接待員。她必須一面工作，一面不斷跟她所謂的「薪水奴隸的絕望感」對抗。我和後來結縭十七年的先生墜入情網時，他還是一名時薪四點五美金的倉庫工人。當他最後終於逃離那裡，成為卡車司機工會的組織者之一時，他才大大鬆了一口氣。我父親是一名銅礦工人，祖父和叔叔不是在礦場就是在聯合太平洋鐵路（Union Pacific）工作。所以對我來說，整天坐在書桌前不只是一項特權，更是一項責任，我想替在我生命中占有一席之地的人們發聲，即便有些已不在人世。他們有許多話想說，但願意聽的人卻少之又少。

除了我自己的疑慮不安之外，有些家族成員還於事無補地不斷以各種方式提醒我，其實我可以在不影響自己研究工作的情況下進行這項計畫。例如我可以改用新進人員的標準來發給自己薪水，收自己房租錢和一些像瓦斯之類的生活費用，然後在一個月後把這些數字加總起來就得了。若以我們鎮上一般平均六至七美金時薪的薪水，租一間月租大約四百美金的房子住，最後加總出來的薪水和支出也許可以勉強平衡。但若我們談的是一名被摒除在福利制度外的單親媽媽，她是否可以在失去政府協助，如食物券、醫療補助、住屋和兒童照護津貼等的情況下生存，那麼答案不用我出門到外頭去體會就已經知道了。全國無家者聯盟（National Coalition for the Homeless）在一九九八年（也就是我這項計畫進行的那年）指出，取全美境內的平均數來計算，一個人需要賺到八點八九美金的時薪，才能租得起一間附一個臥房的公寓。另外，公共政策前行中心（Preamble Center for Public Policy）則估計，在符合福利政策補助資格的人之中，每九十七人只有一人能找到這種賺得到「讓人活得下去的薪資」的工作。我幹嘛還費事去證實這些令人難過的事實呢？等到我再也無法逃避這項逐漸逼近的工作時，我開始感覺自己有點像以前認識的一名老人，他會用計算機算好帳本上的收支結果，然後再回頭用紙筆把每一筆帳目的數字重算一遍，只為了確認先前算的結果沒錯。

到頭來，克服我內心猶豫的唯一方法就是把自己當成一名科學家，事實上，我受的正是這樣的教育。我擁有生物學博士學位，而且並不是靠著坐在書桌前搬弄一些數字得來的。在這個領域裡，你是可以天馬行空地思考，但到最後，你還是必須實地下去做，投身到每天發生在自然界的混沌不明中。在自然界裡，連最平凡的小地方都會冒出驚喜。也許，等我真正著手進行這項計畫，就會在低薪勞工的世界裡發現某些隱藏的經濟原則。畢竟，如果像以華盛頓為總部的經濟政策研究所（Economic Policy Institute）在一九九八年所指出的一樣，有百分之三十的勞動人口都靠著八美元或更少的時薪掙扎度日，那麼他們大概找到某些我還不曉得的祕訣，使他們能夠存活下來。或許，我甚至還能像修改福利政策的那些傢伙們信誓旦旦講的一樣，在自己身上發掘到所謂「走出家庭所帶來的振奮心理效應」。又或者在另一方面，會有出乎意料的代價等著我去付（身體上、財務上和情感上的），推翻這一切事先的算計。無論如何，得到答案的唯一方式，就是不要怕弄髒手，走出去實際做。

秉持著科學精神，我首先決定出一些原則和參數。很顯然地，第一項原則就是在找工作的時候，任何單靠我受的教育或平時工作經驗就會的工作都不能選（但這麼說的意思可不是徵求專欄作家的廣告就有一大堆）。第二項原則是，我必須在所有能做的工作中找到薪水最高的，並確實保住它。意思就是，我不能擺出馬克思主義者的架勢大罵雇主一番，或溜班躲在女生廁所裡看小說。第三項原則是，我必須在安全性和隱私性尚可的前提下，盡可能找到最低等級的住宿環境，即便我對這方面的概念有些模糊，而且後來證明，我的標準也隨著時間過去越降越低。

我努力堅持這些原則，但隨著計畫實際進行，我會在某些時刻稍微做調整，或甚至把它們丟在一邊。例如在一九九八年春末，當我剛開始在佛羅里達州的西嶼（Key West）進行這項計畫時，曾跟面試者說，我能用正確的法文或德文跟歐洲客人講「您好」，想藉此得到女接待員的工作，但這是我唯一一次洩露自己真正的教育背景。二〇〇〇年初夏，在這項計畫的最後一站明尼亞波利斯

（Minneapolis），我又違背另一條原則，因為我沒去做當時薪水最高的那份工作。我做這個決定的原因是否有理，留待各位讀者來判斷。而計畫進行到最後，我更是再也忍受不住怒氣，放膽痛斥雇主一頓（雖然是私下地，也從來沒被管理階層聽到）。

除此之外還有一個問題，就是我怎麼向未來的雇主推銷自己，特別是該怎麼解釋我為何這麼缺乏相關工作經驗。誠實是最好的策略，講實話但保留一些細節不談，似乎是最容易的方式。於是我跟面試者說自己是一名離婚婦女，在當了許多年家庭主婦之後決定重回職場。這些話確實並非謊言。有時候（雖然不是每次）我會摻進一點清潔婦的工作經驗。我住在西嶼的時候，經常會在晚餐後幫我室友做一點清理工作，所以我就請室友幫我寫介紹信，作為面試時的履歷文件。此外，一般應徵表格也會要求填寫教育程度，在這點上，我想博士學位不會有任何加分的效果，甚至反而可能讓雇主懷疑我是有酗酒或更糟的問題才淪落至此。因此我把自己的教育程度設定為只念了三年大學，但列出我真正的母校名稱。結果，沒人對我的背景起疑，幾十個雇主中，只有一個費事去確認我的介紹信。有一次，一個特別愛聊天的面試者問到我的嗜好，我回答：

「寫作。」而她似乎完全不覺得這有什麼奇怪，即便她面試我的工作就算目不識丁也能做得非常好。

最後，為求安心，我設下一些底線，以免我遇到的考驗超乎我的承受能力。第一，我一定要有車子。在西嶼我是開自己的車，在其他城市則利用租車服務，我用信用卡而不是工作收入付這筆費用。沒錯，我是可以多走些路，或把可能的工作機會限制在大眾交通工具能抵達的地點。但我只是覺得，一個老是在等巴士的故事對讀者來說大概沒什麼吸引力。第二，我摒除流浪街頭這項選擇，因為這個計畫的主要用意在於：看我能否在幾個城市找到工作，並在當下賺得足以支付下個月房租的薪水。若我付完某一週的房租之後就完全沒錢了，我會當場把這個計畫喊停，不會去住遊民庇護所或睡在車上。此外，我也無意讓自己餓肚子。我在這項「實驗」開始的前夕就向自己保證，若事情真的發展到我錢包空空，連吃下一餐飯都成問題，我會去挖出我的提款卡然後偷偷大吃一頓。

所以，這本書並不是關於什麼出生入死的「臥底」冒險經驗。我做的事幾乎任何人都做得來：找到工作，把這些工作做好，努力量入為出，使收支平衡。事實上，這正是幾百萬名美國人每天都在做的事情，只是他們既沒有號角吹奏陪伴出征，也沒有像我一樣怕得發抖。

當然，我和從事這些全美最不吸引人工作的人非常不同。這些不同之處一方面對我有幫助，一方面也限制了我。最明顯的不同就是，我只是去造訪一下這個世界，但這些人往往一輩子大部分時間都得待在裡面。此外，我還有至今所累積的實際資產當靠山，比如銀行存款、退休儲蓄、健康保險，和一個有好幾個房間的家，因此根本不可能做到什麼「親身體驗貧窮」，或了解身為一個長期低收入勞工的「感覺」到底是什麼。我做這件事的目標是更直接而客觀的：看看我可不可以把收入和支出打平，就像真正的窮人每天都必須做的事情一樣。此外，我一生中已經跟貧窮不期而遇過太多次，足以知道那不是一種你會想體驗的生活，那裡充滿太多恐懼了。

我比許多低收入勞工更有利的一點是：我是白人，而且會說道地英語。我不認為這會影響我被錄用的機率，因為勞工市場在一九九八年到二〇〇〇年間極度緊縮，業者幾乎是有人就用，但這點幾乎確定會影響到我被僱去做「什麼樣」的工作。在西嶼的時候，我原本以為飯店房務人員會是我比較容易找到的工作，所以最初是朝這個方向找，但後來卻不斷發現自己被僱去當服務生，原因無疑就在於我的種族和英語能力。正如後來事情的發展一樣，當服務生的收入並沒有比當飯店房務人員多，至少我在西嶼工作的淡季期間，小費其實很少。但這次經驗確實對我選擇其他的居住與工作地點有幫助。舉例來說，我會排除掉像紐約和洛杉磯這類地方，因為那裡的勞工階級主要是由有色人種構成，一個滿口道地英語的白人女子在那裡找低階入門工作，很可能只會顯得飢不擇食或啟人疑竇。

我還有其他優勢（例如車子），使我跟當時許多同事截然不同。理想上，若我想完全重現一名被迫脫離福利制度的女性如何重新進入職場，必定還會拖著幾個小孩要養，但我自己的小孩都早已長大，而且他們沒有一個願意把自己的孩子借給我來度一個月的貧窮假。除了有移動能力和沒有家累之外，跟大部分長期處於低收入狀態的勞工們相比，我的健康狀況也很可能比她們好。我擁有的優勢實在太多了。

除了以上提到的這些，若我和其他勞工們在更隱蔽的面向上有什麼不一樣，目前為止倒還沒人告訴過我。當然，我完全沒有刻意扮演某種角色，或去符合一般人想像中低收入女性勞工的樣子。在任何能穿便服的場合裡，我都穿著平常自己就會穿的衣服，保持我平常的髮型和化妝。跟同事聊天的時候，我會談到自己真正的孩子、婚姻狀況以及人際關係，我沒有理由去捏造一個全然虛構的生活。不過我確實有修飾自己的語言：在我剛開始做一份新工作的時候，因為擔心可能顯得傲慢或不敬，我會藏住原本說話時會夾帶的一些髒話（這主要還是拜卡車隊之賜）。除了這點之外，我會開玩笑、講些挖苦話、提供我的看法跟意見，以及多得出乎意料的健康建議，就跟我在其他任何場合會做的事情一樣。

進行完這項計畫之後，好幾次有人問我：跟你一起工作的人難道都沒發覺真相？因為問的人大都假設，受過高等教育的人平常講話一定不太一樣，而且談話內容層次比較高。我希望我可以跟各位說，真的曾經有一些雇主或同事覺得我很特別，例如我比較有智慧或比大多數人受過更多教育；但從來沒發生過這種情況。我猜那是因為，唯一真正使我顯得「特別」的地方，就是我竟然如此缺乏工作經驗。換個方式來說，跟我們這些以寫作維生的人比起來，低收入勞工也有多樣的人格特質或能力，也能展現出風趣和聰穎。若有任何受過高等教育的人不認為如此，那麼此人還真該去拓展一下自己的朋友圈。

當然，自始至終一直有個只有我知道的差別存在：我不是為錢工作，而是為了一篇文章和後來變成的書。我每天下班回家不是去面對普通的居家生活，而是面對一台筆記型電腦，花一、兩個小時記錄當天發生的事。而且我得說，我是非常勤奮地做這件事，因為顯然不可能在白天工作時記筆記。這台讓我可以連結自己的過去和未來的筆記型電腦，象徵著這其中的欺瞞。這種欺瞞相當程度地困擾著我，至少是在面對我關心、想進一步認識的人時讓我很不好受。（在這裡我想提一下，本書中所有名字和個人細節都經過更改，包括所有同事和出現在計畫中的其他人士，以便保護他們的隱私。我也更改了大多數的工作場所名稱及其確切地點，以便更確實保證我所遇到的人們身分不會曝光。）

在每個地方的工作快要結束時，我都會煎熬不已地向幾名選擇好的同事揭露「真實身分」。結果她們的反應總是驚人地很不戲劇化，我最喜歡的是：「妳的意思是，下禮拜妳不會來上晚班了？」我想了很久，為什麼她們沒有更多驚訝的情緒或甚至被騙的憤慨，部分答案也許就在一般人對寫作的看法。幾年前，當我嫁給第二任丈夫時，他驕傲地跟擔任旅館停車員的叔叔說我是個作家。那位叔叔回他：「誰不是啊？」每個有讀寫能力的人都能「寫作」，在我透過這項計畫結識或遇到的低收入勞工之中，有一些會寫日記短文和詩，甚至還有一個在寫長篇科幻小說。

不過，計畫進行到後期我才發現，也可能是我太把自己的「欺瞞」無限上綱了。舉例來說，當服務生這件事情根本無法作假，妳要不把食物送到餐桌上，要不就是沒有。別人認識到的我就是個服務生、清潔人員、看護之家的助手或售貨員，這不是因為我假裝成那樣的人，而是因為我「就是」那樣的人，至少在我跟他們相處的時候是如此。在做每份工作、居住在每個地方的時候，工作都耗掉我所有精力和大部分思考能力。這點我並沒有誇大。即便我從一開始就有預感，要把薪水和房租打平是件非常困難的事，我還是非常努力試圖做到。

我並不想宣稱自己的經驗可以代表任何人，因為我的情況根本一點也不具代表性。我只想請各位讀者記得，每當我在這條路上蹣跚蹎躓的時候，正是反映著以下這項事實：在社會如此富足豐裕的時刻，即便有著種族、教育、健康及動機所帶來的一切優勢，一個人在經濟的最底層仍然必須掙扎求生。

第一章

在佛羅里達州當服務生

Serving in Florida

多半是由於懶惰之故，我決定在離自己家最近的地方展開低收入生活：佛羅里達州的西嶼。這個人口約兩萬五千人的地方，已經儼然有一個城市的樣子。我很快發現，熟悉感所帶來的壞處之一，就是角色轉換的困難。我原本是輕鬆付錢購買日常雜貨、看電影和加油的消費者，如今一下子要轉變成這些場所裡的員工，還真不容易。特別是在一開始，我非常害怕會被某些友善的業主或以前的鄰居認出來，搞得不得不掰出一些理由解釋我正在做的調查研究。不過令我開心的是，其實根本就不需要擔這個心，在這一個月的貧窮生活和辛苦工作中，沒人認出我的臉或名字。根本沒人注意我長怎樣，也幾乎沒有人會叫我的名字。在這邊的世界裡，我父親始終沒能脫離礦工生涯，我也從未能自大學畢業。我被叫作「寶貝」、「蜜糖」、「金髮妞」，以及最常見的「小姐」。

我的第一項任務是找個地方住。算一算，若我能賺到每小時七塊美金的薪資（從徵人廣告上看來似乎挺有可能），就能以五百元美金的預算租屋，在其他地方多省一點的話，甚至能提高到六百元，然後還剩四百或五百元美金來買食物和加油。在西嶼地區，這個預算差不多只能租到廉價旅館或拖車屋。比如我看到這麼一間屋子，它距市區只要十五分鐘車程，不過沒有冷氣、沒有紗門、沒有電扇、沒有電視，而且繞路回來的話還可能「巧遇」房東養的猛犬。這個屋子還有一個大問題，就是租金。它月租要六百七十五美金，顯然我完全負擔不起。好吧，我承認西嶼房價很貴，但它就跟紐約市、灣區、懷俄明州的傑克遜、特柳賴德（Telluride）或波士頓這些地方沒兩樣。觀光客和有錢人跟幫他們清理廁所、煎炸薯餅的人爭奪居住空間，結果房價就是這麼貴。不過，當我發現自己竟然渴望成為「住拖車屋的垃圾」之一時，還是非常震驚。

所以我跟一般人的選擇方式一樣，為了便宜房租而犧牲便利性，結果找到一個月租五百美金，跟西嶼鬧區相距「僅」三十英里遠的住處，往來交通只靠一條兩線道的公路。意思是，若道路沒在施工，也沒有某些曬昏頭的加拿大觀光客擋我路的話，開車通勤一趟得花四十五分鐘。我很討厭開這段路，因為沿路都矗立著一些白色十字架，代表這裡曾發生過的交通事故。但我的住處是個可愛的小地方，它勉強算得上是間小木屋，座落在一棟改裝過的移動式屋子的後院。我房東是位和藹的電視維修人員，他和當酒保的女友一起住在那間屋子裡。若從人類學角度來說，住在拖車屋公園會更好，但在這裡我有乾淨發亮的地板及堅實的床墊，少數常駐在此的蟲子也很容易擊退。

接下來要做的就是翻遍徵人廣告，找到一份工作。我會因為一些理由排除某些類型的工作，例如飯店櫃檯人員。我很驚訝地發現，這項工作被認為不需要特別技術，所以時薪只有六或七美金，不過我排除這項工作的原因在於，它必須每天站在一個定點八小時。女侍也是我想避免擔任的職務，因為我記得自己十八歲時曾做過這種工作，那時就已經每天都累到骨子裡，如今我更是早過了能承受靜脈曲張和背痛的年紀了。電話行銷也是突然陷入貧困的人首先會找的工作之一，但我的個性根本不適合這類工作。如此篩選之後，只剩下一些超市裡的工作，例如熟食區販售員，不然就是飯店、旅館的房務人員。這些工作的時薪約一小時七美金，而且在我的想像裡，工作內容跟我在家做了一輩子的家務似乎差不多。

所以我穿上自認看起來算體面的服裝：燙過的百慕達短褲及V領T恤，然後出發巡迴當地的飯店及超市。貝斯特韋斯特（Best Western）、伊克諾汽車旅館（Econo Lodge）以及豪生（Howard Johnson）這三家旅館都讓我填應徵表格，而且讓我安心的是，他們最關心的都是我是不是合法美國居民、是否曾犯過任何重罪。我的下一站是溫迪克西（Winn-Dixie）超市，結果在那裡遇上特別繁複的應徵程序，包括由電腦主考的二十分鐘「面試」。顯然他們認為，在這方面沒有人類足以代表該公司的觀點。我被帶到一個大房間，牆上裝飾的海報向我展示怎樣看起來才「專業」（最好是白人，女性的話最好燙頭髮），還有工會成員可能試圖用哪些滑頭保證來誘惑我。這場面試由許多題目組成：「是否有一些狀況會讓我難以準時上班，例如有孩子要照顧？」、「是否認為工作安全是管理者的責任？」接著，故意令人措手不及地冒出這題：「去年買過價值多少錢的贓物？」、「若發現一名同事在偷東西，妳會把他提報出去嗎？」最後一個問題：「妳是個誠實的人嗎？」

顯然我在面試過程中表現優秀，他們隨即告知我明天去某醫生的辦公室做個尿液檢驗就行了。在對化學藥物採取法西斯態度的美國，這似乎是個相當普遍的規則：若妳想去堆放契瑞歐（Cheerios）早餐麥片的盒子，或拿吸塵器打掃旅館房間，就必須願意在一名醫療人員面前蹲下來尿尿（而這名醫療人員想必也曾被迫做過同樣的事）。[1] 溫迪克西提供的薪水是新人每小時六美金再加幾分錢，而我決定，這些錢不足以讓我去受這種侮辱。

我在溫蒂漢堡吃午餐，因為花四點九九元就能在墨西哥吧區吃到飽。我大啖煎豆泥和起司醬，感到頗為滿足。一名年輕員工看到我在研究徵人廣告，好心給我一張應徵表格，雖然這裡的時薪也是每小時六美金再加個幾分錢，但我還是把它填好，接著就去繞一繞西嶼舊街區的小旅館和民宿。觀光和暴飲暴食活動全集中在舊街區，這裡離島嶼的行政中心數英里遠，到處都是平價旅館。在一家叫作「棕櫚」的旅館，一名精神飽滿的經理帶我去看各個房間，並跟現

1 現今有百分之八十一的大型企業的雇主要求應徵者進行藥物檢測，比一九八七年多出百分之二十一。南方雇主要求進行檢測的比例最高。最容易被檢測出的藥物（大麻，使用後數週還是檢測得出來）其實是最無害的，因為海洛因和古柯鹼只要經過三天就幾乎測不出來。只需幾個小時就能被身體代謝掉的酒精，則根本不在檢測之列。

任房務人員見面。我滿意地注意到，這些房務人員看起來就跟我差不多：穿著短褲，年華不再的前嬉皮，長髮綁成辮子垂在背後。不過，她們除了給我空白應徵表格之外，大多都沒跟我說話，甚至沒看我一眼。最後一站是一間富麗堂皇的附早餐旅館，我等了二十分鐘要見一個叫麥克斯的人，他老兄出現後只告訴我現在沒有職缺，但應該很快就會有，因為「每個人都撐不了幾週」。

三天就這樣過去了。我懊惱的是我應徵了大約二十個地方，但沒有一個打電話來要我去面試。我甚至開到開始擔心，我的學歷也許對這些工作而言太高了，但明明沒半個人看起來想去確定我是否高學低就。後來我才知道，無論什麼時候，徵人廣告都不是了解實際工作職缺的可靠方式。我應該要從麥克斯的話裡猜到，這些廣告是業主的策略，想藉此在高流動率的低薪勞工市場有所保障。許多大型旅館幾乎一直都在刊登徵人廣告，目的是為了在現任雇員離職或被開除時，有足夠候備人選可以遞補。所以到頭來，找工作的訣竅只是在對的時間出現在對的地點，以及彈性大到能接受當天出現的任何工作機會。這種情況最後終於發生在我身上。當我繼續到某家大型連鎖平價旅館應徵房務人員時，卻被派去在附屬的家庭餐廳當女侍。這家從停車場看去頗為慘澹的餐廳，在攝氏三十五度的大熱天，提供的當日特餐是「波蘭香腸配烤肉醬」。餐廳經理菲力普是一名短小精悍的年輕西印度群島人，他面試我時的熱情程度，大概就跟處理我健保表格的辦事員差不多。他例行公事地問我能輪哪幾班、何時可以開始工作。我咕噥著說自己很久沒做服務生工作，但他已經在告訴我制服該穿什麼了：「明天來上班，要穿黑褲子和黑鞋子。」他會提供那種顏色像生鏽一樣的馬球衫給我，上面繡著餐廳名稱「爐邊」，最後還補一句：「雖然你可能會想穿自己的衣服來上班，哈！」隨著**明天**這兩個字從他口中吐出，我心中湧起某種介於害怕跟憤怒之間的情緒。我想要說：「謝謝你花費這些時間，先生。但這只是項實驗，並不是我的真實生活。」

我在爐邊的工作就這麼開始了。整整兩週時間，我從下午兩點工作到八點，薪水是時薪二點四三美金再加小費。[2]員工不能從前門進出，所以我第一天上班

2 根據《勞動基準法》（Fair Labor Standards Act）規定，對於有小費可領的員工如餐廳服務生，業主可以只付每小時二點一三美金的「基本底薪」。然而，若小費再加上二點一三美金的基本底薪之後，總額

是從廚房進去，當場看見一名金髮披肩的男子滿臉通紅地把結冰的牛排往牆上丟，一面大吼：「這該死的臭東西！」「噢，那是比利。」被指派來帶我的瘦長中年女侍蓋兒向我解釋道：「他又在發飆了。」這一次他生氣的原因是，早班的廚師忘了把牛排拿出來解凍。接下來的八小時，我緊跟在機敏的蓋兒身後，東一點西一點地吸收知識，外帶一些她個人的悲慘遭遇。所有食物都必須裝在托盤上，她今天之所以精神這麼差，是因為夢到她男友，結果一身冷汗地驚醒。她男友原本在一座偏遠監獄服刑，但幾個月前在一場監獄暴動中被殺身亡。檸檬汁不能續杯。他之所以會進監獄，是因為幾次酒醉駕車，沒什麼，這種事誰都可能發生。鮮奶油缽一定要先放進造型托盆再端到桌上，不能直接用手拿過去。他死了以後，接下來好幾個月她就住在自己的卡車上，尿在一個專門裝尿液的塑膠罐裡，晚上點蠟燭看書。但夏天她沒辦法住在卡車裡，因為必須把車窗搖下來，而這意味著從蚊子到其他更可怕的東西都有可能跑進來。

至少蓋兒讓我不再擔心自己會不會顯得學歷過高。打從第一天開始我就發現，在所有必須拋下的東西之中，例如原有的家和身分認同等，我最想念的是那種確實能勝任工作的感覺。並不是說我當作家的時候就百分之百覺得勝任有餘。身為自由作家，某一天接到很多案子不表示隔一天還會如此。然而我以作家身分過活的時候，起碼對「工作程序」還有些概念，例如要先蒐集資料，擬大綱，再寫一份草稿出來之類的。然而當服務生的時候，我會因為各種要求而忙得團團轉，宛如被蜜蜂纏住一樣：「這邊要多一點冰茶，那邊要多點番茄醬，十四桌要一個外帶盒，還有，高椅子都到哪去了？」餐廳裡一共二十七張桌子，我通常要負責其中六桌，若遇到客人較少的下午或蓋兒休假，有時候甚至得一個人負責全場。餐廳裡還有一個觸控螢幕式的點餐系統，我猜這個系統原意在使服務生和廚師之間的必要溝通降至最低，但實際上，卻導致彼此必須不斷以口頭確認，例如：「那是指肉汁要淋在馬鈴薯泥上，不要淋在肉塊上面，了解嗎？」諸如此類。此外還有一件我打從十八歲後就忘記的事：服務生的工作內容有三分之一是在客人看不到的雜項上，包括掃地、擦洗器具、將食材切片、補滿飲料桶，以及補貨。若這些工作有任何一點沒做好，那麼你就準備在毫無

並未達到最低基本工資，或每小時五點一五美金，業主就必須補足差額給員工。在我工作過的所有餐廳裡，經理都沒有提到後面這項事實，也並未公開告知員工。

後援的情況下，面對晚上六點的晚餐尖峰時刻吧！下場可想而知。一開始我搞砸了好幾次，羞愧地完全靠蓋兒的支持才撐過去，她對我說：「沒關係的，寶貝，每個人都會有這種時候。」因為，完全出乎我意料之外的是，無論多麼極力保持科學上的距離，我確實「在乎」這份工作。

如果我能像扮演女侍的莉莉．湯姆琳（Lily Tomlin）[3]一樣，蜻蜓點水地度過這段時間，整件事情會變得容易許多。然而我卻是在布克．華盛頓（Booker Washington）[4]那種嚴格訓誡中長大的：「如果你決定做什麼事情，就要把它做好。」事實上，「做得好」還根本不到及格的一半，應該要「做得比任何曾做過這件事的人都好」。至少我父親是這麼說的，而且他一定知道自己在講什麼，因為他努力把自己和我們拉拔起來，脫離布特郡（Butte）那些幾英里深的銅礦坑，抵達東北部郊區的林蔭大道。就像搶在喝酒喝到什麼夢想也沒了之前，就趕快從啤酒混威士忌的廉價雞尾酒提升到高級馬丁尼的層次。雖然人生經驗告訴我，「做得比任何人都好」往往不是個合理的目標，不過當我早上四點從惡夢中驚醒時，心裡想的並不是我裝作沒看見的截稿日，而是點餐內容被我搞砸的那桌客人，其中一個孩子直到其他的家人都已經吃到飯後甜點的時候，他點的兒童餐才上桌。讓我辛勤工作的另一個動力是，這些客人們（或者該說病人們）有種神祕的脆弱感，彷彿他們一下子失去靠自己吃飯的能力。在爐邊工作幾天之後，我感覺到工作倫理就像一針催產素一樣注入我心中。來用餐的客人大多是辛勤工作的當地人，包括卡車司機、建築工人，甚至還有餐廳所在旅館裡的清潔人員等。我希望盡可能讓他們在一整天面對骯髒的環境之餘，還是能擁有最接近精緻餐飲的用餐經驗。我絕對不會用「嘿，你們」這種說法來叫他們，每個超過十二歲以上的客人，我都會稱呼為先生或小姐。我不斷重新添滿他們杯子裡的冰茶和咖啡，在他們用餐時詢問是否還有任何需要，並在他們的沙拉上多撒一些切碎的磨菇、南瓜切片，或任何待過冷藏室而還沒發霉的食物。

比如有一位名叫班尼的客人，他是個矮壯的下水道修理工，他起碼得先吹冷氣和喝冰水半個小時，然後才能想到自己得吃東西。我們會一面聊聊中暑和

3 譯註：出生於一九三〇年代的美國著名女演員，以扮演輕鬆、愉悅的角色聞名，集喜劇演員、劇作家及製作人角色於一身。

4 譯註：生於一八五六年，卒於一九一五年，是美國著名黑人政治家、教育家及作家。

電解質，一面等他點出精挑細選的食物組合，例如公司湯加田園沙拉配燕麥片。還有一些德國觀光客因為我的破德語而大受感動，竟然還真的給小費。（歐洲人想必被他們飽經工會教訓、薪資老高的福利國家給寵壞了，一般都不曉得要給小費。於是包括爐邊在內的一些餐廳，會允許服務生多刮外國客人一點油水，或將小費加到帳單上。這個金額是在客人有機會選擇給或不給小費之前就加了，等於是自動懲罰那些講不出標準英語的人。）另外還有兩位全身滿是汙泥、剛下班的女同志，她們對我印象深刻，因為我如此文雅地處理一隻掉到鳳梨奶霜雞尾酒裡的蒼蠅。她們還花時間在餐廳協理史都面前幫我美言幾句。還有一位名叫山姆的仁慈退休警察，他得用一隻手指堵住喉嚨上的氣管切開口，才能讓抽到嘴裡的菸繼續往肺裡去。

有時候我會漫不經心地幻想自己是個公主，因為犯了些小錯想表示懺悔，決定親手餵每個國民吃飯。但我心裡那塊很不公主的部分也一樣堅持，即便這意味著要藐視管理階層定下的規則，例如沙拉上能放幾個炸麵包塊（六個）。「想放多少就放多少，」蓋兒低聲對我說：「只要不被史都看見就好。」她從自己的小費裡挖出錢來，幫一個無法工作的技工買些硬餅和肉汁，因為這名技工所有的錢都被牙科手術榨光了。她的舉動打動了我，因此我也幫他付牛奶及派餅的錢。也許同樣的無私行為在整個服務業裡隨處可見。我記得在尋找住處的時候，曾在一個房間裡看到這樣一張海報：「若你只為自己而尋找快樂，那麼你永遠都找不到。只有當你為其他人尋找快樂時，它才會自動找上你。」對當時的我來說，在貝斯特韋斯特大飯店給侍者住的陰濕地下室看到這些話，顯得有種格格不入的多愁善感。然而在爐邊餐廳，身處夾縫中的我們利用每一絲可能的自主性，無限供給客人們那些不正當的卡路里，因為那象徵著我們的愛。我們身為服務生的工作，就是要把沙拉和甜點裝好盤，倒上沙拉醬，以及擠上鮮奶油。我們也能決定給客人多少塊奶油，為他們的烤馬鈴薯淋上多少酸奶油醬。所以你若搞不懂美國人為何如此肥胖，也許可以將這項事實納入考量：女侍們是透過這種祕密分配油脂的方式，來表達她們的人性和賺取小費。

經過十天之後，我開始覺得這是一種還過得下去的生活。我喜歡蓋兒，她實際年紀是坐四望五，但她的移動速度快到可以這一刻出現在這兒，下一刻就在那兒現身，而且沒看到在這兩處中間她明顯在哪裡出現過。我也跟萊諾四處胡鬧，萊諾是一名在餐廳打雜的海地籍青少年，雖然我們兩個之間沒有多少共通的語彙。我們會在大洗碗槽附近閒蕩，聽年長的海地籍洗碗工們如唱歌般地說著克里奧爾語（Creole），[5]他們低沉的男低音使這些話聽起來就像充滿男性荷爾蒙的法語。我跟提米也有共通話題，他是擔任夜班洗碗工的十四歲白人青少年。有一次我告訴他，我不喜歡客人把嬰兒椅直接放在桌子上，因為這會讓嬰兒看起來太像配菜，他愉快地悄悄笑了。而後在某個比較閒的晚上，他也開始告訴我每一集《大白鯊》的劇情（在飽受鯊魚攻擊的西嶼，這可是大家永遠的最愛）：「她往四周看，結果那個滑水的人已經不見了，然後『喀擦』！整艘船就……」

我特別喜歡一位名叫瓊安的四十多歲苗條女接待員，她骨子裡竟然是個激進的女性主義者。有一天她把我拉到一旁，跟我說明「一切都是男人在主導，所以我們得緊緊團結在一起，才有機會反擊」。所以，她會在我被客人刁難時幫我一把，我也會把我的小費分一大份給她，或當她在老闆禁止的時間溜出去抽根菸時幫她把風。我們都很敬佩她勇於站出來反抗比利，因為比利常對女侍這個職業發表一些很難聽的言論，有一次她就乾脆叫他閉上那張臭嘴。我甚至對比利也展現善意。在一個比較空閒的晚上，（至少在我的想像裡）也許是為了彌補某次特別毫無根據地質疑我的能力，他告訴我他年輕時的光彩事蹟，說他待過布魯克林的「捧飪」學校，跟一個辣死人的波多黎各小妞約會。喔，還是該說「烹飪」學校才對？

我每晚在十點或十點半時結束工作，視我在值班期間做完多少雜項工作而定。下班後慢慢開車跋涉回家，車上播放的錄音帶，是我離開原來的家時隨手帶的。瑪莉安．菲絲佛（Marianne Faithfull）、崔西．查普曼（Tracy Chapman）、謎樂團（Enigma）、金．桑尼．埃德（King Sunny Adé）以及暴力妖姬合唱團（Violent Femmes）的歌聲迴蕩在我空蕩的腦袋。身體快虛脫了，但還勉強撐得下去。我的宵夜是Wheat Thins的小麥薄片和蒙特利傑克起司（Monterey Jack），配上加了冰塊的廉價白酒，以及AMC便利商店裡還有的任何東西。我在半夜一點半或兩點上床睡覺，睡到早上九點或十點起床，然後一面讓我的制服在房東的洗衣機裡絞扭，一面讀一個小時的書。接下來八個小時又得謹遵毛澤東的中心指導原則，正如寫在那本小紅書裡的話：為人民服務。

5 譯註：加勒比海地區一種混合了方言的英語。

•

我是可以繼續這樣得過且過下去，想像自己身在某種無產階級敘事詩的情境中。不過有兩點讓我無法如願。第一是管理階層。我拖延到現在還不仔細談這個主題的原因是，一想到這些日子我是怎麼在一些男人（後來則是女人）的監視下過活，還是讓我覺得非常難受。他們之所以監視我，是為了找出我有沒有偷懶、偷竊、濫用藥物，或從事更糟的行為。我並不是說，在這類低薪工作場所裡，經理（特別是協理）就是低薪勞工階級的敵人。在餐廳業界，這些人先前大都是廚師，如今也還有能力在緊急時刻進廚房代打一下。在旅館業界，這些人可能以前是侍者，現在的週薪也只有四百美金。但大家都知道，他們已經跨到另一邊去了，說得更殘酷一點，是到了與人性對立的企業那邊去了。廚師們想做出美味的餐點，服務生們想殷勤有禮地款待客人，但經理在餐廳裡的存在目的卻只有一個：確保某個理論上存在的東西能賺錢，那個東西就是企業。這種所謂的企業就算真的實際存在，也遠在芝加哥或紐約等遙不可及的地方。蓋兒回顧自己的職業生涯之後，傷感地告訴我，幾年前她就發誓再也不要為任何企業工作：「他們分秒都不會讓你休息。你付出多少，他們就拿走多少。」

經理們可以坐下來（坐多久隨他們的意），但他們的工作卻是在確保沒有其他人能這麼做，就算根本沒有事情可忙的時候也一樣。這也是為什麼對於服務生來說，餐廳空閒的時刻可能跟忙碌的時候一樣累人。你會開始硬找出些雜活兒來做，因為若當班的經理看到你有一刻閒著，就會故意丟給你一些糟糕好幾倍的事做。所以我擦擦抹抹，清潔打掃，讓番茄醬的瓶子排整齊，再次檢查起司蛋糕的存量，我甚至還會去巡查桌子，確定顧客意見表全都直挺挺地站在原位。我心裡總是一面想著，不知道這些像在表演的行為到底燃燒掉我多少卡路里。在最無計可施的時候，我甚至會把甜點從玻璃展示櫃中拿出來，幫它們重新擠上鮮奶油，放上閃亮的黑櫻桃。任何能讓我看起來忙碌的事情都好。有天下午，餐廳實在空得要命，史都發現我在瞄一份客人留下的《今日美國》（*USA Today*），他立刻指派我用一個壞掉的吸塵器把整個餐廳地板吸一遍。那個吸塵器的把手只剩下兩英尺長，若不想為了吸那塊地板而把自己的腰弄斷，唯一的方法只有跪在地上，一次吸一小片地方。

我在爐邊上班的第一個禮拜五晚上，有一場「所有餐廳員工都不得缺席的會議」，我也參加了，滿心期待能聽到我們的行銷策略和定位。（帶點熱帶風情的俄亥俄料理？）但在會議裡，根本沒有「我們」的存在。菲力普是這裡位階最高的經理（除了總部偶爾派來某個更高階「顧問」的時候），他用一聲冷笑開場：「你們的休息室簡直噁心到家。菸灰缸裡塞滿菸屁股，報紙四處亂丟，到處都是餅乾屑。」他所說的那個休息室，是一個沒有窗戶的小房間，它同時是整座旅館的打卡室。我們必須把自己的袋子和便服全塞在那裡，半小時的午餐休息時間也只能在那裡度過。他接著告訴我們，擁有休息室並不是我們的權利，餐廳隨時可以撤掉它。而且我們也應該要知道，他們隨時可能搜查休息室的置物櫃跟裡面的東西。接下來的議題是「講閒話」，一直有流言蜚語傳來傳去，而這種閒話（意思似乎是指員工私下談論的話）必須被制止。從今天開始，員工下班後都不准在餐廳吃飯，因為「其他服務生會聚集過來，開始講閒話」。當菲力普終於講完譴責我們的「議程」之後，瓊安舉手發言，對女廁的糟糕狀況表示不滿，我也趁機對吸塵器表示幾點意見。可是沒有其他服務生表示任何支持，她們都縮回自己的怯懦中。我的行為導師蓋兒，她悲哀地瞪著自己鼻子前方六英寸的地方。最後，其中一個廚師安迪終於站起來，喃喃地罵著自己竟然為了這個天大的爛會議，放假還跑來餐廳，然後會議就這麼結束了。

就在四天之後，我們突然在下午三點半被召喚到廚房裡，即便當時餐廳裡還有客人在用餐。我們十個人在菲力普周圍站成一圈，他板著臉宣布，據報夜班有人在從事「藥物活動」。現在我們要打造一個「無毒品」的工作場所，意思是，所有新進人員都必須經過檢測，現任工作人員也都要隨機抽檢。我很慶幸我站的地方很暗，因為我發現自己整個臉紅到彷彿是我被抓到在女廁裡抽大麻。打從國中以來，我就再沒受過這種待遇：被命令到走廊上排隊站好、被人威脅要搜查置物櫃、指著鼻子毫無根據地謾罵。回到餐廳外場後，瓊安諷刺地說：「再來他們就要命令我們不准跟人上床了。」當我問史都，他們怎麼天外飛來一筆要做這種鎮壓舉動，他含糊地說是「管理上的決定」，接著就趁機申斥蓋兒和我給客人太多麵包捲。從今天開始，一個客人只能給一個麵包捲，而且點晚餐才附，點沙拉不行。他也對廚師們胡亂開罵，激得連安迪都從廚房裡走出來，以一種工作配備就是一把切肉刀的人特有的沉著語氣說：「史都今天不想活了嗎？」

那天稍晚，閒言閒語的內容朝一個方向明朗化：史都自己就是那個吸毒犯，他用餐廳電話訂大麻，再叫一個夜班女侍幫他拿貨。結果那名女侍被抓到，也許抖出了史都，至少她說的話足以讓他顯得有嫌疑，所以他今天才會發飆到處亂罵人。誰曉得？就我個人來說，史都被指控做了什麼壞事我都會相信。他在餐廳根本毫無用處，而且對於我跟他都身為白人這點做太多聯想。有一晚他悄悄湊上來，跟我講一些針對海地移民的本土主義言論：「我覺得自己才是這裡的外國人，他們簡直快占領這個國家了。」那天更晚的時候，吸毒事件演變成一場笑話。在後來的晚班時間裡，打雜的年輕人萊諾一直站在史都後面，裝作陶陶然地吸著一枝想像中的大麻菸，逗得我們樂不可支。

除了這類毫無鼓勵支持可言的管理方式之外，另一個大問題是，這個工作根本就無法提供足夠的經濟支持。從旁觀者的立場，你也許可以假設這些年復一年時薪只有六到十美金的人，其實發現了某些中產階級們不知道的生存策略。但答案是沒有。要讓我的同事們開口談自己的生活狀況並不困難，因為他們生活中的最大亂源，幾乎都是住的問題。他們每次來上班，第一件跟你說的事情就是這個。一週之後，我已經完成以下的調查結果：

蓋兒在市中心一家知名廉價旅館跟人共租一間房間，每週租金兩百五十美元。她的室友原本是一名男性朋友，最近卻開始想搭上她，弄得她快瘋了。可是她一個人根本負擔不起一個房間的租金。

海地籍廚師克勞德。他所租的一間兩房公寓裡，塞了他和他的女友以及其他兩名毫無關係的人。他幾乎是絕望地想逃離那裡。我猜其他海地籍男性也住在類似的擁擠環境裡。

二十歲的服務生安妮特。懷孕六個月的她被男朋友拋棄，目前跟母親住在一起。母親是郵局辦事員。

早餐時段的服務生瑪麗安。她跟男友每週付一百七十美金租一輛單人用拖車屋。

比利時薪十美金，是我們之中最富裕的。他住在自己買的拖車屋裡，每個月只要付四百美金的停車場地費。

另外一名白人廚師安迪，他住在一艘停在岸上修理的船裡。那艘船是他的，但從他對它的種種讚美來判斷，我想那艘船不可能超過二十英尺長。有一次他告訴我，等船修好，他想邀我乘船出遊，不過接下來他就開始問我的婚姻狀態，所以我沒再跟他繼續這個話題。

蒂娜是另一名服務生，她和丈夫付一晚六十美金的租金住在白日旅館。原因是他們沒有車子，而白日旅館位於能走路抵達爐邊的距離。當瑪麗安被發現她在分租單人用拖車屋時（這點違反拖車屋公園的規則），就被趕出來，於是她只得離開男友，搬進來跟蒂娜夫婦一起住。瓊安似乎有無數品味高雅的服裝（接待員能穿著自己的衣服上班），使我誤以為她經濟狀況不錯，結果她住在一輛停在購物中心後方的廂型車裡，梳洗則是借用蒂娜的汽車旅店房間。她全部衣服都是從大減價商店買來的。[6]

從我這個眼光如豆的中產階級角度看來，在這些住宿安排中，有些錢似乎花得很不必要。某天，蓋兒和我正一起用紙巾把銀器包起來（這是我們唯一有正當理由坐下的時候），她告訴我她正考慮逃離那個室友，搬進白日旅店。我很驚訝，她怎麼會要每天付四十到六十美金的房租？我原本擔心這麼問聽起來會像個社工，但結果根本聽起來就像個笨蛋。她不可置信地瞇眼看我：「妳叫我從哪裡湊出一個月的租金和押金去租公寓？」在此之前，我對自己一個月房租控制在五百美金這點感到沾沾自喜，但當然，那是因為我先準備好一千三百美金的起頭基金才開始過低薪生活，否則我根本做不到。我準備好一千美金支付第一個月的租金和押金，準備一百美金採購最初的日常雜貨及零用，另外還有兩百美金留起來以備緊急之需。在貧窮的世界裡，就如同物理學命題所講的一樣：起始條件決定了一切。

根本沒有什麼神奇的理財方法能讓窮人維持生活，反之，卻有一大堆特殊開支要付。若你無法湊出兩個月租金去租公寓，就只能按週付高價去租一個房間。若你只租到一間房間，最多不過有個小保溫盤，也就無法煮能吃上一整週的大鍋扁豆來省錢。你必須吃能在便利商店微波爐裡加熱的食物，例如速食、熱狗或保麗龍杯湯。若你沒有錢辦健康保險，就無法得到一般醫療照顧或處方箋藥物，一切都得自費。爐邊的吝嗇政策三個月後就付諸實行。蓋兒本來狀況還過得去，起碼算健康，直到她再也沒錢買雌激素藥丸。她本來已經可以參加

6 到底多少有工作的人是住在汽車或廂型車裡，我找不到相關統計數據佐證，但根據全國無家者聯盟（National Coalition for the Homeless）一九九七年發表的報告〈無家可歸的迷思與真相〉（Myths and Facts about Homelessness）顯示，在全國二十九個城市裡，幾近五分之一的無家者擁有正職或兼職工作。

公司的健康保險，但他們卻聲稱弄丟了她的申請表格，所以文書程序要整個重來一遍。結果她突然一次就得花九美金買藥丸，控制自己本來不會得的偏頭痛。瑪麗安她認為，若不是因為她無法持續服用雌激素，就根本不會有這個毛病。瑪麗安的男友也面臨類似狀況，他因為缺席太多次而丟了修屋頂的工作，但他之所以缺席，是因為腳被割傷，卻沒有錢買處方箋上的抗生素藥物。

至於我自己，在工作兩週後，我坐下來評估自己的狀況。我發現，若這就是我的真實生活，我也好不到哪裡去。當服務生的誘惑在於，你不用等到發薪日，就能感覺到口袋裡確實有幾張鈔票。我的小費通常夠付食物費和油錢，付完還能剩下一點，讓我塞在充作銀行用的廚房抽屜裡。但隨著夏天的高熱使觀光業跟著縮水，有時候一整天下來我口袋裡只有二十美金的小費（小費淨收入額其實更高，但服務生小費的百分之十五必須跟打雜小弟和酒保均分）。若把基本底薪也包含在內，總共加起來勉強達到每小時五點一五美金的最低薪資。廚房抽屜裡的零錢量是在增加，但若以目前累積的速度，到了月底該繳房租的時候，我起碼會短少一百美金以上。此外，我也找不出任何可以省掉的開支。確實，我還沒走上煮一大鍋扁豆來吃這條路，但那是因為我沒有一個大燉鍋、隔熱墊以及用來攪拌的長湯匙（這些東西加起來，在凱瑪量販店〔Kmart〕買要大約三十塊美金，在大減價商店會稍微少一點），更別提洋蔥、胡蘿蔔以及不能少的月桂葉了。我確實幾乎每天都自己做午餐，通常是一些在體內燃燒得慢、高蛋白質的組合，例如冷凍雞肉餡餅，頂上放一片融化的起司，旁邊再加一團罐頭斑豆。晚餐我在爐邊吃，餐廳會以兩美金的價格讓員工從培根三明治、魚肉三明治和漢堡之中三選一。漢堡在肚子裡撐得最久，特別是上面還加了墨西哥辣椒醬的話，但到了午夜，我的肚子又會開始咕嚕咕嚕叫。

所以，除非我想開始以車為家，否則就必須再找第二份工作，或直接換工作。我打電話去幾週前曾填過應徵表格的所有旅館，問是否有房務人員的職缺。這些旅館包括凱悅、假日飯店（Holiday Inn）、貝斯特韋斯特、伊克諾汽車旅館以及豪生等，再加上半打當地人經營的小旅館，結果什麼缺都沒有。於是我又重新開始進入找工作的循環，浪費許多上午等待某個協理出現。我甚至還深入到一些讓人毛骨悚然的旅館，櫃檯接待員是從防彈玻璃後面跟我打招呼，櫃檯還兼賣幾品脫裝的烈酒。然而，要麼是某人把我真實生活中打掃房間的方式給抖出來（呃，姑且說我的打掃方式是「切中要點」），要不然就是我的種族正好位在錯誤的那邊，意思是：我找工作時看到的房務人員，絕大多數都是非裔美國人、講西班牙話的人或中歐前共產主義國家的難民。另一方面，服務生則幾乎清一色是只會講英語的白人。當我終於得到有職缺的回應時，卻再度被指定去當服務生。這次的餐廳是傑瑞餐廳（這仍是個假名）。它是全國知名的連鎖餐廳，附屬於一家平價旅館內。這家餐廳表示可以立刻用我。在我看來，那裡的工作既刺激又嚇人，雖然它的桌子和吧檯座位數量跟爐邊差不多，但吸引的客人卻比陰暗老舊的爐邊多上三、四倍。

請在腦中描繪一個胖子的地獄。我不是指完全沒有食物那種，反之，如果吃東西不用擔心後果的話，你在那個地方想吃什麼就有什麼：淋上起司的炸薯條、裹上麵衣下去炸的牛排、灑滿軟糖的甜點等。只不過你吃下的每一口，都要以某種身體上的不適作為代價。廚房是個洞窟，它像個胃一樣，而在下面的腸子處，是堆放垃圾和洗盤子的地方，種種詭異的氣味從那裡散發出來，可以吃的東西跟食物殘渣的味道全混在一起：成乳狀的腐肉、披薩般的嘔吐物，以及傑瑞餐廳裡獨有的謎樣味道——柑橘加上屁。地板因為滿是濺出來的東西而變得濕滑無比，我們一定要小步小步地走，活像被銬上腳鐐的蘇珊・麥克道格（Susan McDougal）[7]。每一個水槽都被生菜碎屑、爛掉的檸檬角以及吸滿水的麵包皮給塞住。若你不小心把手放在任何一個檯面上，就有可能被上面那層經年累月潑濺出來的糖漿給牢牢黏住。不幸的是，手在這裡是廚房器具之一，用來抓起生菜放到沙拉盤裡、拿出切片的派，甚至抓起一個盤子裡的薯餅再放到另一個盤子裡。餐廳裡只有一間員工廁所，而且還是男女共用，牆上貼著員工守則，告誡我們要徹底清洗雙手，甚至連步驟都寫上去了，但廁所裡總是會缺少一些關鍵物品：肥皂、擦手紙、廁所衛生紙，而且三樣東西沒有一次同時齊全過。後來我就學會上廁所之前要在口袋裡塞滿餐巾紙。這對客人來說真是太不幸了，他們不曉得自己吃的食物是我們直接「經手」處理過的。

員工休息室正是這裡情況的縮影——根本就沒有休息室，因為傑瑞餐廳沒有休息時間。你連續六到八小時都不能坐下來，除了上廁所以外。一張桌子緊貼著廁所門口放著，周圍有三張折疊椅。但幾乎沒有人會去坐，因為那裡簡直

7 譯註：房地產公司助理，因涉入柯林頓總統白水案而被定罪。

就是餐廳這個消化系統的直腸部分。這個緊連廁所的一小塊地方，唯一的功能就是收容菸灰缸。服務生和洗碗工會把香菸點在那裡一直不熄掉，宛如拜神的蠟燭一樣，因為這樣他們就不用在衝回來吸一口的時候浪費時間重新點菸。幾乎每個人都抽菸，彷彿他們肺功能的健全就靠它了。多國人組成的廚師群、全是捷克籍的洗碗工、美國本籍的服務生等，都在這裡抽菸抽到宛如氧氣才是偶爾會侵入的汙染物。來傑瑞餐廳上班的第一天早上，我在低血糖所引起的顫抖中向一名服務生同事抱怨，表示我不了解她怎麼能那麼長時間不吃東西。「我才不了解妳怎麼能那麼久不抽菸咧。」她帶著責難的語調如此回答我。因為工作是為別人做的事，抽菸則是為自己。那些高唱禁菸的人總是不了解，所謂抽菸的「受害者」為什麼這麼叛逆、頑強地緊抱這個習慣不放，宛如在美國的工作場所裡，他們唯一能聲稱屬於自己的東西是自己所滋養的腫瘤，以及他們致力於餵飽這些腫瘤的片刻餘暇。

工業革命並不是一夕完成的，尤其當妳得在幾天內就跳到另一個階段，更是不容易。我從手工業直接跳進工廠，從爐邊那還有冷氣加持的停屍間直接跳進焚化爐裡。客人像浪潮一樣湧來，有時候，遊覽車一次就吐出五十個飢腸轆轆的客人。在傑瑞餐廳裡，不會只有兩個「小姐」在外場，而是多達六個身穿閃亮粉紅與橘色相間夏威夷衫的小姐同時在外場衝來衝去。無論對客人或同事，每次談話很少持續超過二十秒。說實話，我第一天上班時，被其他女侍的冷淡態度弄得頗為受傷。我那天的指導者是一名極度幹練、情感毫無半點波動的二十三歲年輕人。其他人則在竊竊私語某個人今天請病假的真正原因，以及另一個人必須付的保釋金多高，完全忽視我的存在。第二天上班時，我才明白為什麼。「嘿，很高興又看到妳了。」她們其中一個人這樣跟我打招呼。「幾乎沒有人過了第一天還回來的。」我有種得到有力平反的感覺：我撐過來了。但是得經過一段時間，很可能要幾個月，我才有可能被這群姊妹完全接納。

起先我抱著能兼顧兩份工作的雄心壯志，而且開頭兩天幾乎成功了。我早上八點到下午兩點在傑瑞餐廳負責早餐到午餐的時段，結束後立刻趕到爐邊，稍微遲到幾分鐘，大約兩點十分到，之後就努力撐到晚上十點。我在兩份工作之間的幾分鐘空檔裡，把從溫蒂漢堡的得來速買一個辣雞肉三明治，在車子裡狼吞虎嚥地吃完，再將卡其褲換成黑色長褲，把夏威夷衫換成生鏽色的馬球衫。不過，有個隱藏炸彈等著我。到了三、四點之間實在沒客人的時候，我終於能坐下來用餐巾紙包銀器，結果我整個人差點癱軟在椅子上。我試著偷喝一杯蛤蜊巧達湯來重振精神，我看過蓋兒和瓊安做過許多次，但結果我被史都抓到，他咬牙切齒地罵我：「不准**吃東西**！」雖然餐廳裡根本沒有半個客人，沒有客人會因為看到一名餐廳員工的嘴巴碰到食物，就氣得奪門而出。所以我跟蓋兒說我要辭職了。她給我一個擁抱，然後跟我說，或許她自己也會跟著我跳槽去傑瑞餐廳。

但這不大可能發生。她現在已經離開廉價旅店和惱人的室友，回去住在自己的卡車裡。但是猜猜怎麼著？那天稍晚她興奮地告訴我，菲力普說，只要她能不被客人看到，他就允許她把車子停在旅館停車場裡過夜。而且那個停車場有一名旅館警衛會去巡邏，所以完全安全！爐邊提供了這麼優惠的待遇，怎麼還會有人想離開？反正菲力普一定是這麼打算的。他聳聳肩接受我的辭職，只在意我有沒有歸還兩件馬球衫和圍裙。

蓋兒一定能成功勝任傑瑞餐廳的工作，這點我很確定，但對我來說，這種工作方式只有疲累到死一途。好幾年前在洛杉磯一個卡車休息站，一名仁慈的廚師曾教導我怎麼當服務生，他時常說：「永遠別做無謂的事；若你不需要快走，就慢慢走；若你不需要走，就站著。可是在傑瑞餐廳裡，連分辨事情是必要或不必要、緊急或不緊急都太花力氣了。你唯一要做的事，就是把每一次上班都視為空前絕後的緊急狀況：外頭有五十個飢餓的人凌亂地倒在戰場上，你還等什麼？出去把他們餵飽！忘了明天這種情況還會再度上演，忘了你今晚開車回家時必須清醒到能避開酒醉駕駛的人，你就是燃燒、燃燒、再燃燒！理想中，到了某一個程度，你就會進入服務生們稱為「跟著節奏」而心理學家稱為「神遊狀態」的境界，一切指示會從感覺器官直達肌肉，跳過大腦皮層，然後你就進入一種有如坐禪般的空靈狀態。我現在輪的班是下午兩點到晚上十點，一名早班的男服務生跟我說他曾經「三連霸」——也就是一次輪三班，做到時針整整轉兩圈。那天下班後他就去喝酒，結果遇到一個女孩。也許他不該跟我說這個，不過他們就當場在那裡做愛，而那感覺還真美妙。

但神經肌肉系統還有另一項能力，就是感覺到痛。我開始像吞維他命C一樣猛吞藥局買來的止痛藥，每一次上班之前要吞四顆；我上背部一處因長期受壓所導致的肌肉舊傷嚴重復發，這都是拜端托盤所賜。若是以前的我，這種程度的疼痛能讓我有理由放假一天，在家冰敷和伸展肌肉。如今，我以愛樂扶

（Aleve）止痛藥的廣告來安慰自己。廣告中一個長得很帥的藍領階級男子問：「如果你工作四小時後就不行了，老闆會怎麼說？」另一個背上扛著一根金屬樑柱、長得沒那麼帥的藍領階級男子回答道：「他會炒我魷魚，就這麼簡單。」但幸運的是，這則廣告告訴我們，身為勞工，我們可以在止痛藥上展現我們的權力，就像老闆在我們身上展現他們的權力一樣。如果泰諾（Tylenol）止痛藥不想發揮超過四小時的藥效，你只要炒它魷魚，然後換成愛樂扶就好了。

確實，我偶爾會脫離一下這邊的生活，回家去收發電子郵件、跟丈夫見個面（但我吃每樣東西都會小心地「付費」，晚餐我會付五美金，把錢投進一個罐子裡），跟朋友去看《楚門的世界》，並讓他們替我付票錢。此外在工作的時候，我還會由於太想念印在書上的字，以至於著魔般地重讀好幾遍只有六頁的菜單。有時候，我真的會覺得不知道自己到底在這裡幹嘛。但隨著時間過去，我以往的生活開始顯得異常陌生。那些寫給真正的我的電子郵件、電話留言，好像來自一群遙遠的人，他們手上有太多時間，想關心我這宛如存在於異國的生活。我以前常在裡面逛來逛去找尋商品的鄰近超市，如今看起來就像個拒人於千里之外的曼哈頓雅痞風大百貨公司。某天早上，我在自己真正的家裡坐下來，寫支票支付過去生活中的開支，才發現我竟然在Club Body Tech健身房、亞馬遜網站這類地方花了兩到三位數的金額，頓時眼前一花。

比起爐邊餐廳，傑瑞餐廳的管理階層一般說來較為沉穩與「專業」，除了兩個人以外。其中一個是喬伊，她是個圓胖、皮膚曬得黝黑的三十出頭女子。她有一次大發慈悲，花費自己幾分鐘的時間指示我怎樣用單手端托盤。但她的心情極度陰晴不定，這一班跟下一班截然不同，甚至同一班的時候也會有大轉變，總是弄得人心驚膽戰。另外一個人是碧潔，又名臭婆娘碧潔。她的工作就是站在廚房櫃檯旁邊大吼：「妮塔，妳的餐出了，還不快端走？」或者說：「芭芭拉，妳沒看見又有一桌客人了？妳差不多一點好不好？」在她的諸多惡行中，最令人憎惡的是把輕按就可以噴的鮮奶油噴罐，換成必須用兩隻手才擠得動的大型塑膠擠袋。她會這麼做的原因是，聽說她看到（或以為自己看到）有員工試圖去吸噴罐裡的噴射空氣，希望它有可能是笑氣。我上班第三天，她突然把我拉到一旁，臉貼得近到彷彿她想用前額敲我一記。但她開口說的不是「妳被開除了！」而是「妳做得不錯。」不過唯一的問題在於，我花太多時間跟客人聊天了，「他們就是這樣來跟你攀關係。」而且，我還讓他們對我「予取予求」，容許他們接二連三提出要求：妳把番茄醬拿去，他們就要更多千島沙拉醬，妳把這個也拿去了，他們就會想要多一點薯條，然後沒完沒了。最後她終於告訴我，別誤會她這個人，她是想用和氣的方式講話，但「妳會陷入一種模式，妳曉得，因為每件事都必須那麼快完成」。[8]

我含糊地說多謝指教，感覺自己被狠狠刮了一頓。古時候曾有一條法律命令人們「不准從事奢華行為」，她訓我時的口氣就像那種瘋狂執法者：不准妳聊天，奴隸不許有什麼花俏的服務倫理。跟客人聊天的權利，只限於市中心高級地區那些年輕好看、擁有大學學歷的服務生，那些女孩們一晚可以賺七十到一百美金。我在想什麼啊？我的工作是把點菜單從桌子上拿到廚房，然後再把托盤從廚房端到桌子上，也就是把訊息轉變成食物、食物再轉變成現金。在這個過程中，客人其實才是最主要的阻礙。簡單地說，他們是敵人。令我難過的是，我自己也開始以這種邏輯來看待事情。難搞的客人之中，有傳統型的：喝多了幾罐啤酒的大學兄弟會男生，他們會大吵大鬧地抱怨牛排太薄、薯條太少；此外還有特別需要人服務的客人，比如老到得糖尿病的，或小到還不會認字的，因此有時我得像個護士一樣講解餐點中的營養成分。就某些層面上來講，最難搞的是高調的基督教徒。某次來了一群剛做完週日晚間敬拜的人，他們坐在一張十人座的桌子，每個人都顯得又喜樂又神聖。他們無情地對我做出種種要求，最後在一張總金額九十二美金的帳單上，只給我一美金的小費。還有一個身穿耶穌受難圖T恤的傢伙（上面還寫著：值得景仰的人），他抱怨他的烤馬鈴薯太硬、冰茶太冰，我笑臉迎人地幫他全處理好，結果他卻連一毛小費都沒給。我發現一個大原則，無論我們怎麼做，那些身上穿戴十字架或WWDJ（What Would Jesus Do?「耶穌會怎麼做？」）鈕釦的人，就是會以不滿意的眼光看我們，彷彿他們把女侍跟抹大拉的馬利亞（Mary Magdalene）原本的職業搞混了。

經過一段時間後，我和同一工作時段的其他「小姐」也成為朋友。妮塔是身上有刺青的二十幾歲女孩，她會四處走動，爽朗地揶揄大家：「我們開始賺大

8《傾斜世界裡的勞工：國際經濟下的工會》(*Workers in a Lean World: Unions in the International Economy*, Verso, 1997）一書中，作者金姆．穆迪（Kim Moody）引用一些研究指出，一九八〇年代中到一九九〇年代早期，出現越來越多與壓力相關的工作傷害及疾病。他認為，升高的壓力反映一種「以壓力來管理」的新體系，各行各業的勞工透過這種方式被榨出最大生產力，健康卻因此受損。

錢了沒啊？」愛倫十幾歲的兒子是大夜班廚師，她自己則曾在麻薩諸塞州管理過一家餐廳，但她不想在這裡當管理人員，因為她比較想當個「普通勞工」而不要「四處指使人」。露西是一個五十多歲的隨和女子，笑聲很沙啞。往往值班到最後，她的腳會撐不住而只能跛著走路，因為她的腿有問題，然而在沒有健康保險的情況下，她沒有錢做昂貴檢查找出病因何在。我們會聊一些普通的女生話題，包括男人、孩子，以及傑瑞餐廳特製巧克力花生醬奶油派的邪惡誘惑。不過我注意到，沒有人提起任何花費較昂貴的活動，例如逛街或看電影。就像在爐邊的情況一樣，大家唯一會提到的娛樂是開派對，只需要一點啤酒、一個小場地以及幾個好朋友就辦得起來。不過，這裡沒有人無家可歸，起碼她們都以某種方式應付下來，通常是因為還有正在工作的丈夫或男友。總而言之，我們形成一個可靠的互助支援團隊：若有人覺得身體不適或負荷不過來，另一個人就會幫忙多負責一張桌子的點餐，或甚至替她端托盤。若有人去偷抽一口菸或上廁所，其他人會盡全力幫忙掩護她，使上頭那些滿腦子只有公司利益的人不會發現她不在。[9]

但真正拯救我內心（也可說是我的催產素受體）的人是喬治。他是一名十九歲的捷克籍洗碗工，來到這個國家剛好滿一週。我們會開始談話，是因為有一次他含糊不清地問我，傑瑞餐廳裡一根菸賣多少錢。我盡可能向他解釋，這裡的菸賣得比一般商店貴超過一美金，並建議他直接從休息桌附近一定會有的半包菸裡拿一根去抽。但他無法想像自己做這種事。他耳朵上一個小耳環象徵著他可能有一些另類的價值觀，除此之外，喬治完全是一根腸子通到底：理平頭，工作勤奮，極度渴望與人眼神接觸。我問他：「你來自捷克共和國，還是

9 直到一九九八年四月，聯邦政府都還未明文規定必須有如廁休息的時間。馬克・林德（Marc Linder）及英格麗・奈嘉（Ingrid Nygaard）在他們合著的《禁止排泄的地方：休息時間與在工作時間排尿的權利》(*Void Where Prohibited: Rest Breaks and the Right to Urinate on Company Time*, Cornell University Press, 1997）一書中指出：「無論是高階主管或上層行政部門，都沒有把在工作時間內休息、如廁的權利視為重要政策及社會目標，而這些高階員工本身在工作場所享有的個人自由，數百萬工廠勞工只能望之興嘆……我們驚訝地發現，竟然沒人認為勞工有權利在工作時間如廁；而勞工們也感到驚訝，外界的人竟如此天真地相信雇主會允許他們在必要時行使這項人類基本生理功能……有一名工廠勞工由於只被允許六小時才休息一次，只好排泄在她自行穿在制服內側的襯墊上。另外還有一名幼稚園老師，由於學校沒有僱請任何助手，每當她必須上廁所時，就必須把整班二十個孩子一起帶去廁所，要他們在她如廁時排隊站在廁所門外。」

斯洛伐克？」他似乎很高興我知道這兩者是有差別的。我試著跟他聊：「瓦茨拉夫．哈維爾？絲絨革命？法蘭克．札帕？」[10]「對，對，一九八九年。」他說。我這才知道，對他而言，那些都已經是歷史了。

我的計畫是教喬治說英文。每次開始上班的時候，我都會跟他說：「喬治，你今天好嗎？」他會回答：「我很好。芭芭拉，妳今天也好嗎？」我得知付他薪水的不是傑瑞餐廳，而是把他裝船運過來的「仲介」。仲介付他一小時五美金，而傑瑞餐廳付給洗碗工的實際薪水和五美金之間的差額，則全給了仲介。我也得知，他和一群被他叫作捷克「碗工」的人一起住在一間公寓裡，那裡擁擠到必須有人離開去上班，才有床空出來讓他躺下睡覺。一天下午，當我們正進行到基本學業技巧的課程時，碧潔發現我們正在上課，當場立刻命令「喬瑟夫」去把洗碗槽旁邊地上的橡皮墊拿起來，用拖把去拖那底下。我大聲說：「你的名字不是喬治才對嗎？」故意讓大步走回櫃檯的碧潔聽到。她是否因此感到羞愧？也許有一點吧。我回到櫃檯後，她跟我說：「喬治、喬瑟夫，叫這些名字的人那麼多！」我一句話都沒說，沒點頭也沒微笑，後來我因此被懲罰。那天晚上，當我覺得已經可以下班的時候，她宣布我必須再多捲五十份銀餐具，此外，我不是該去拌好一桶四加侖的藍莓起司醬嗎？當最後她終於允許我離開的時候，我氣得咬牙切齒，在心裡詛咒她：碧潔，希望妳一輩子都陷在這個地方，希望灑出來的糖漿把妳的腳黏死在這裡的地板上。

我決定搬到離西嶼更近的地方。理由一，因為車程太長。理由二和三也是因為車程太長，加個油一天就吃掉我四到五塊錢。傑瑞餐廳的客流量雖然已經高到不像話，小費平均卻只有消費額的十分之一，而且不只是像我這樣的菜鳥才如此。每小時二點一五美金的基本薪資，就算再加上和打雜小弟、洗碗工均分之後的小費，我們的時薪平均也只有七點五美金。此外，因為傑瑞餐廳規定服務生要穿黃褐色褲子，我還多花三十美金去買一條，這筆開銷要花好幾週才能攤掉。（我曾踏遍市區兩家平價百貨公司，希望能找到比較便宜的褲子，但我最後決定，這些原價四十九美金的剪牌厚卡其褲，比較可能耐得住每天洗的命

10 譯註：瓦茨拉夫．哈維爾（Vaclav Havel），捷克著名劇作家與民主異議人士，是一九八九年終結極權統治的絲絨革命（The Velvet Revolution）領導者，後擔任捷克總統。法蘭克．札帕（Frank Zappa）是美國著名搖滾歌手，他與哈維爾的友誼曾傳為一段佳話。

運。）至於其他的服務生同事們，只要她們沒有一個正在工作的丈夫或男朋友，就幾乎都有第二份工作。妮塔每天八小時用電腦做一些工作，另一個人則在做焊接。若少掉每趟四十五分鐘的通勤時間，我估計自己能做兩份工作，而且當中還有時間沖個澡。

所以我從房東那裡拿回五百元押金，加上我為了交下個月房租賺的四百元，以及為了緊急時準備的兩百元，一共一千一百元拿去付「海外拖車屋公園」第四十六號拖車屋的押金和租金。那裡離一堆平價旅館約一英里遠，它們是構成西嶼工業園區的主要部分。第四十六號拖車屋寬約八英尺，內部形狀像個啞鈴，水槽和爐子使中間形成一條狹長區域，將臥室和勉強可稱作「起居」區的地方分隔開來。起居區只有一張兩人用桌子和比平常小一號的沙發，浴室窄到我一坐上馬桶，膝蓋就緊抵著淋浴間。我也不能夠一翻身跳下床，而是必須爬到床腳，才能找到一小塊可以站直的地方。至於聯外狀況，從我的拖車屋走幾碼就會到一間賣酒的商店、一間貼著「明天有免費啤酒」廣告的酒吧、一間便利商店，以及漢堡王。但沒有超級市場或自助洗衣店，唉。據傳聞，海外拖車屋公園是罪犯與吸毒者的溫床，所以我原本還期望能有點生動的多元文化街頭生活體驗。不過，這裡白天晚上都是一片荒涼，只有前往喜來登飯店或7-Eleven工作的稀疏行人走動而已。住在這裡的並不是真正的人，而是被裝在罐子裡的勞動力，為了能去上班而被保存在不被熱氣烤壞的地方。

就跟我下修的生活條件一樣，一種新型態的醜惡也出現在傑瑞餐廳裡。首先，我們是透過用來輸入點餐內容的電腦螢幕告示才得知，從今以後有個新規定：旅館附屬的酒吧禁止餐廳員工進入。我透過祕密情報網得知，肇事者是那位訓練我的超能幹二十三歲女生。她其實也住在拖車屋，而且是三個小孩的媽。有天早上不知道什麼事情使她失控了，所以她溜出去喝口酒，結果神智不清地回來。這項禁令對愛倫造成的傷害最大，因為她習慣在下班後解開一直被橡皮筋綁得緊緊的頭髮，到旅館酒吧裡喝幾杯便宜琴酒再回家。我們其他所有人也都感受到這項禁令帶來的壓力。就在隔天，當我要進乾貨儲藏室拿吸管的時候，發現門是鎖著的。這道門以前從來沒鎖過，我們整天都要進進出出，拿紙巾、果凍盒及外帶用的保麗龍杯。魁梧的協理維克過來替我開門，他跟我說，他抓到一個洗碗工想從裡面偷東西，而且很不幸地，那個惡棍得一直跟我們待在一起，直到代替的人來為止，所以他把門鎖起來。我當時忘了問他，那人到底想偷什麼，但維克告訴我那個人是誰：理平頭戴耳環的小伙子，妳知道，他現在就在門後。

我希望我可以跟各位說，我當時立刻衝回去問喬治，了解他那邊的說法是什麼。我希望我可以跟各位說，我起而對抗維克，堅持替喬治找一名翻譯，讓他能為自己辯白，或宣稱我會找到願意義務處理這個案件的律師。最起碼，我應該要作證說明這孩子很誠實。我想不通的是，乾貨儲藏室裡根本沒有什麼值得偷的東西，至少沒有半樣值得在黑市買賣的東西：「我是喬治啦，我手上有兩百包……也許兩百五十包的小番茄醬。你要不要買？」我的猜想是，就算喬治真的有拿什麼東西，也只會是一些鹹餅乾或一罐櫻桃派配料粉，而且動機只是因為飢餓。

所以，為什麼我沒有插手干預？絕對不是出於所謂記者的公平客觀，那往往是在掩蓋背後的道德麻痺。相反地，某種新的、令人作嘔的、奴性的東西感染了我，就跟晚上下班終於能脫下衣服時，我還能從內衣上聞到的那股廚房怪味一樣。在真實生活裡，我算是有一點點勇敢，但許多勇敢的人在戰俘營裡被淘空了勇氣，而也許，類似的事情也發生在整體環境有如戰俘營的美國低薪工作場所。也許，在傑瑞餐廳待上一個月或更久之後，我可能會重獲我的十字軍精神。但也有可能在一、兩個月後，我會變成一個完全不一樣的人，說不定就是變成一個會把喬治出賣的人。

但這並不是當時我火燒眉毛要解決的事。跳入貧窮生活一個月之後，我終於找到夢寐以求的工作：房務人員。因為我去了唯一可能對我的能力有點信心的地方：傑瑞餐廳從屬的旅館。我到人事辦公室裡，急切地吐露我的狀況：我必須找第二份工作，否則就付不出房租；還有，不，我不能當櫃檯接待員。「好吧，」人事室的小姐不耐煩地說：「那妳就當房務員。」之後就趕我去找房務經理米莉。她是個瘦小而神經質的西班牙女子，叫我「寶貝」，然後遞給我一本小手冊，內容強調員工必須有積極的態度。時薪是六點一美金，工作時間從早上九點開始，直到「能完成工作的時間」為止，我希望這是指下午兩點之前。看到負責帶我的中年非裔美國人卡蘿塔之後，我就知道根本不必開口問有沒有健保。因為這位要我叫她卡莉的女子，前排上方的牙齒已經完全掉光了。

我當房務員的第一天，也是我這一生在西嶼過低薪生活的最後一天，雖然我當時並不知道這點。那一天，卡莉的心情很糟。我們被分配要打掃十九個房間，大部分都是「退房」而非「續住」，退房的房間要進行全套清潔整理，包括換床單、吸塵以及擦洗浴室等。當我們發現其中一個原本被列為續住的房間結果卻是退房時，卡莉打電話向米莉抱怨，但當然毫無用處。「那就把這個該死的王八蛋弄好。」她命令我道，於是我負責弄床鋪，她在浴室噴噴擦擦。一連四小時我不曾休息。我把床單褪下來，再重新鋪床，每張大床平均花四分鐘半，我是可以加快到三分鐘，但看不出有必要這麼做。我們用手把較大的灰塵髒物撿起來，試圖減少使用吸塵器的機會，但大多數時候我們別無選擇，只能努力把重達三十磅的巨大吸塵器拽下清潔車，費力地把它在地板上拖來拖去。有時候卡莉會遞給我一個噴瓶，上面的標籤寫著BAM（實際上，那是幾個字的縮寫，第一個字不祥地以「丁酸」（Butyric）開始，但其他的字已經磨損得看不見了），然後她就讓我清理浴室。在這裡，可沒有服務生面對客人的責任感能激勵我，我只能全神貫注把浴缸裡的陰毛撿乾淨，至少是我能看得到的暗色系毛髮。

清潔續住房間的時候，我原本滿期待那種私闖別人空間的感覺，以為有機會檢視陌生人祕密的一面。但這些房間裡總是乏善可陳，而且整潔到令人訝異：拉鍊袋裝的刮鬍刀組、整齊地貼牆放置的鞋子（房間裡沒有衣櫃）、浮潛之旅的宣傳單、最多再加上一、兩個空酒瓶。使我們能一直工作下去的是電視，播放的節目從傑瑞・斯布林格秀（Jerry Springer Show）、莎莉・拉菲爾秀（Sally Raphael Show），再到檀島騎警（*Hawaii Five-O*），最後則是肥皂劇。若電視上出現特別有趣的東西，比如傑瑞秀著名的那句「我們可不接受『不』這個答案」，我們就在床沿坐下來咯咯笑一會兒，彷彿我們正在開睡衣派對，而不是在做一份毫無出路的工作。肥皂劇是最棒的部分，卡莉會把音量調到最大，這樣她在清潔浴室或開著吸塵器的時候也不會錯過任何對白。在五〇三號房的時候，瑪西雅質問傑夫跟蘿倫的關係；在五〇五號房的時候，蘿倫冷酷地嘲笑丈夫外遇的可憐瑪西雅；在五一一號房的時候，海倫要給亞曼達一萬美金，條件是亞曼達不能再見艾瑞克，這段對話使卡莉從浴室裡走出來，仔細瞧著亞曼達困惑的臉。「當然要拿，小姐。」她忠告道：「我就一定會拿。」

不久之後，我們所打掃的觀光客房間，開始漸漸跟肥皂劇裡的高級裝潢融合在一起。我們進入一個更美好的世界，這裡只有舒適可言，每天都是放假日，只等著被浪漫的邂逅填滿。然而在這個夢幻世界裡，我們只是兩個闖入者，被迫要為自己的出現付出代價——背痛和永遠只能乾瞪眼的份兒。旅館裡有太多鏡子，不斷映照出一個身影，樣子就像推著破舊超市購物車在馬路上蹣跚前進的人：邋遢，穿著大了兩號的潮濕旅館馬球衫，汗從下巴淌下來，宛如口水一般。當卡莉宣布休息半小時吃午餐的時候，我大大地鬆了一口氣。我這時才發現，原來她一直放在清潔車上的那袋乾癟熱狗捲，並不是某位退房客人留下的垃圾，而是她的午餐。頓時，我自己也吃不太下了。

由於有電視，再加上身為第一天上班的新人，我沒有什麼資格打開話題，因此對卡莉所知不多，只曉得她身上很多地方都在痛。工作時她都慢慢移動，低聲抱怨著關節痛之類的，但這點也許會使她失去工作。因為年輕的外籍房務人員（來自波蘭和薩爾瓦多）都會在下午兩點把房間打掃完，而卡莉則拖到六點才做完。她說，反正我們是領時薪的，實在沒必要這麼急。然而管理階層已經僱來一名女子，進行工作效率評估之類的工作，而且據說以後可能會改成以打掃的房間數來計算薪水。[11]她也對於種種不尊重她的小動作感到耿耿於懷，而且不只是管理階層這麼對待她。「他們壓根兒不在乎我們。」她如此形容旅館住客；事實上，他們根本沒注意到我們的存在，除非房間裡有東西被偷了，「這會兒他們可不會放過妳。」我們並肩坐在休息室吃午餐，一名身穿維修人員制服的白人男子走過，卡莉出聲叫他。「嘿，」她語氣很友善：「你叫什麼名字？」

「彼得潘。」他說，人已經背向我們走開。

「這一點都不好笑。」卡莉說，她轉頭看我。「那根本不算回答，為什麼他要開這種玩笑？」我大膽回答說他是在擺架子，於是她點點頭，彷彿這是醫生做的診斷：「對，他是在擺架子。」

「也許他今天很不順。」我繼續多說點，但並不是因為我覺得自己有責任替白種人辯護，而是從她扭曲的表情可以看出她有多受傷。

我在下午三點半要求下班，此時另一名房務人員對我提出忠告，到目前為止，從來沒人能一面在傑瑞餐廳當服務生一面還當房務員，「一個小伙子曾有一次成功做了五天，而妳已經不是小伙子了。」我把這項有幫助的資訊記在心裡，

11 我離開那裡幾週後，從收音機上聽到這間旅館在徵房務員，「時薪竟然最高可到九美金」。我打電話去問才知道，這間旅館真的開始以打掃的房間數來計算薪水。但我猜卡莉若還沒有被趕走，能賺到的錢還是等於一小時六美金或更少。

然後衝回第四十六號拖車屋。我吞下四顆布洛芬（Advil，這次的止痛藥名），沖澡，彎著身體擠進淋浴間，努力讓自己穩定下來，迎戰即將來臨的另一輪工作。這大概就是馬克思所說的「勞動力的再生產」，意思是，一名勞工得做一些事情讓她能再度進行勞動。雖然我想一氣呵成地從一個工作轉換到另一個，傑瑞餐廳規定要穿的那條褲子卻成了意外阻礙。昨晚我用手搓洗夏威夷衫的時候，那件褲子在四十瓦的燈泡下看起來還過得去，但在白天的陽光下，我才發現它上面都是沙拉醬弄的汙漬。結果兩份工作之間大約一小時的休息時間裡，我幾乎都在試圖用海綿除去褲子上的食物斑，然後把褲子攤在車子引擎蓋上曬乾。

若我能灌下足夠的咖啡，又不對喬治越來越糟的狀況耿耿於懷，理論上我應該能同時做好這兩份工作。[12]被懷疑偷竊之後的頭幾天，喬治似乎並不明白自己惹上了什麼麻煩，我們快活的會話課仍持續進行。但他最近來上班都顯得無精打采，鬍子也沒刮。跟我擔心的一樣，今晚他看起來更像鬼魂，眼睛底下掛著兩個深深的黑眼圈。有那麼一刻，我因為必須把配烤馬鈴薯的酸奶油醬裝在一些小紙杯裡，而暫時站著沒跑來跑去，他於是走上前，顯然很想努力用有限的字彙跟我談一下，可是我卻在這個時候被叫去外場負責一張桌子。我當場決定，今晚我賺到的小費全都給他，管他什麼低薪生活實驗的省錢原則。八點的時候，愛倫和我一起站在廚房裡臭得要命的角落囫圇吞幾塊點心，但我只來得及吃下兩、三根義大利乾酪棒，而午餐我只吃了幾塊麥克雞塊而已。我告訴自己，我一點都不累，但也許「我」只是連感覺累的力氣都沒了。若我對整個情況更有所警覺的話，就會看到毀滅的力量已經朝我逼近。餐廳裡只有一名年輕廚師當班，名叫「耶穌」（請用法文腔唸），而他才剛接這份工作。另外還有喬伊，我們工作到一半她才出現，腳上穿著高跟鞋，身穿一件緊貼身體曲線的白色洋裝，氣得七竅生煙，顯然剛從某個雞尾酒吧被硬叫過來。

然後，巨大的人潮來襲。我負責的桌子有四張立即客滿。如今四張桌子的

12 在一九九六年度，大約七百八十萬人有兩份或兩份以上的工作，占總工作人口百分之六點二。男性和女性的比例大致相同（百分之六點一比百分之六點二）。擁有兩份以上工作的人之中，約三分之二有一份全職工作，其他則是兼職。只有極少數人（百分之四的男性及百分之二的女性）如超人般同時做兩份全職工作。參見約翰・史丁生（John F. Stinson Jr.）的文章〈從人口統計新資料分析身兼數職現象〉（New Data on Multiple Jobholding Available from the CPS），《勞動評論月刊》（*Monthly Labor Review*），一九九七年三月號。

客人對我來說不算什麼，但前提是他們大發慈悲，別在同一時間進餐廳。當我去服務二十七桌時，二十四、二十五及二十八桌的客人都嫉妒地看著。當我服務二十五桌的時候，二十四桌的客人則對我怒目而視，因為還沒人去幫他們點菜。二十八桌是四個雅痞型的客人，意思是每一樣菜他們都有意見，連雞肉凱撒沙拉都要另外指示。坐在二十五桌的是一對中年黑人夫婦，他們抱怨冰茶不新鮮、桌面黏黏的，雖然這些抱怨其實不無道理。但二十四桌的客人才真是海嘯級的：十名英國觀光客，他們似乎下定決心要完全透過嘴巴來吸收美國經驗。每個人都至少點兩份飲料：冰茶和牛奶雪客，麥格（Michelob）啤酒和水（請在水裡加上檸檬片），還有數量龐大、種類繁雜的食物：早餐特餐、義大利乾酪棒、雞肉條、墨西哥薄餅，要起司和不要起司的漢堡，配料是薯餅，要加切達起司、加洋蔥、加肉汁，還要調味炸薯條、原味炸薯條、香蕉片。耶穌累慘了！我也是！當我終於端著他們的第一波食物抵達時（在此之前因為要幫他們加點，我又跑了三趟），其中一個大概自以為是黛安娜王妃的女人，竟然拒絕把雞肉條跟鬆餅及香腸特餐一起吃，因為她現在才說，她點雞肉條是要當作前菜。其他人原本會接受眼前的食物，但已經在喝第三杯啤酒的黛安娜王妃卻堅持，他們在吃前菜的時候，其他食物都要端回廚房去。同時，那些雅痞正召我過去幫他們添更多無咖啡因咖啡，而那對黑人夫婦看起來就像隨時要叫美國有色人種促進會（NAACP）的人來抗議一樣。

接下來發生的事情，大多淹沒在一片戰雲中。耶穌開始撐不住了，他面前的小印表機吐出點餐單的速度比他把單子撕下來的速度還快，更別談趕得上進度出餐了。一種逼人的躁動不安開始從客人之間升起，而所有的桌子都坐滿客人。就連堅不可摧的愛倫都因壓力顯得臉色蒼白。我把二十四桌重新加熱的主菜拿去，他們立刻要我退回廚房，理由不是微波得太冷就是太硬。當我帶著他們的托盤回到廚房時（一次拿三個托盤，連跑三趟），喬伊雙手叉腰等在那裡質問我：「這是什麼？」她的意思是指食物：好幾盤被退回的煎餅、各種口味的炸薯餅、土司、漢堡、香腸、蛋。「呃，切達起司炒蛋，」我試著回答：「而那是——」「不對，」她對著我的臉尖叫：「它是傳統炒蛋，巨無霸炒蛋，還是特製炒蛋？」我假裝研究菜單找尋線索，但混亂的程度已經達到頂峰，不只那些餐盤如此，我的腦袋也一樣。而且我得承認，我已經根本想不起原始的點餐內容了。「妳不知道特製炒蛋跟傳統炒蛋的差別？」她狂怒地逼問我。事實上，我唯一知道的是，我的雙腿已經沒興趣再繼續支持下去，它們大喊著要彎下來。我被一名雅痞給救了（老天慈悲，不是我負責那桌的雅痞們），因為他選擇在這一刻衝進廚房裡，大吼他點的食物已經過了二十五分鐘還沒來。喬伊尖叫著請他滾出她的廚房，接著暴怒地朝耶穌發火，順便還把一個空托盤扔過廚房表達她的憤怒。

我離開了。我沒有大喊「我不幹了！」，就只是離開。我沒有完成分內的雜項工作，也沒有從收銀櫃檯那裡拿走我的小費（如果有的話），更沒有要求喬伊允許我走。而令人驚訝的是，我真的可以不經允許就走出去，門會打開，厚重的熱帶夜晚空氣會散開來讓我過去，我的車也仍然停在先前停的地方。走出餐廳，我沒有沉冤得雪的感覺，也沒有罵了「去你的！」之後的爽快，只有令人招架不住的沉重失敗感籠罩我和整個停車場。我帶著科學精神開始從事這項實驗，以為它就像一道數學命題，但在實驗的過程中，太長時間工作、太需要不計一切專注在眼前事情上，使我不知不覺變成一個眼界狹窄的人。這場實驗變成對我的試煉，而顯然我沒通過。我不只沒能力身兼房務人員和服務生，也忘了把小費給喬治。對此我感到很難過，像蓋兒和愛倫這種辛勤工作又慷慨的人，一定能了解其中緣由。我並沒有大哭，但多年來我第一次發現，我的淚腺還在，而且仍然有實力發揮它的功能。

•

我搬出拖車屋公園的時候，把四十六號拖車屋的鑰匙交給了蓋兒，並設法把我的押金轉給她。她告訴我，瓊安還住在她的廂型車裡，而史都已經被爐邊餐廳開除了。根據最新傳聞指出，他透過餐廳電話訂的毒品是快克，而且他被抓到偷收銀機裡的錢來付帳。我一直沒打聽到後來喬治怎麼樣了。

第二章

在緬因州擦擦抹抹

Scrubbing in Maine

我之所以選擇緬因州，是因為那裡的「白」。幾個月前還是春天的時候，我應邀到波特蘭地區一所地方大學演講。當時我就嚇了一跳，因為那裡的人口結構簡直像染上白化症一樣，不只學校教授和學生是白人（這當然並不少見），就連飯店房務人員、街上的乞丐，以及路上的計程車司機也是。而且計程車司機不但是白人，還說英語，至少是某種省去R音的新英格蘭腔英語。這也許不會讓緬因州變成讓人想久待的理想場所，但對於一個滿口英語的藍眼白種人而言，這裡成為滲透到低薪勞工市場的完美地點，因為不會有人問你任何問題。還有一個加分的地方是，我在春天那趟波特蘭之旅期間發現，波特蘭地區的公司行號簡直是悽慘地哀求新鮮勞力加入。地方新聞台鼓勵觀眾去一家電話行銷公司試試看，因為那家公司特別提供「媽媽班表」。當地搖滾音樂電台則在促銷就業博覽會，你可以去那裡逛逛各種雇主攤位，就像到購物中心一樣，而且還能擺出一副很難取悅的高姿態。我在決定以入門級勞工身分返回緬因州之前，從《波特蘭先鋒報》(*Portland Press Herald*)官方網站下載職缺廣告，結果我的桌上型電腦因為下載量太大而喘得要命。我掃視過至少三千則職缺廣告，它們全都保證提供「有趣、自在」的工作環境，所以我在腦海中描繪出一幅景象：下午休息時間，一群穿著法蘭絨襯衫的工作人員愉快地談笑風生，邊喝蘋果汁邊吃甜甜圈。我做出如下推論：也許當你把一整個州都交給白人自己管的時候，他們會好好地對待彼此。

八月二十四日，星期二，時節還是夏天，不過每個購物中心都響起開學大拍賣的促銷聲，吸引人們注意。就在這天晚上，我抵達波特蘭的旅程巴士(Trailways)客運站。時間已經太晚，我來不及去廉價租車公司拿車子，只好搭計程車前往六號汽車旅館，那是我的臨時基地，我會待在那裡，努力讓生活過得像一般市民，也就是找到一份工作和一個穩定住處。所以我離開家和同伴，跑到兩千英里外這個人生地不熟的地方。我幾乎誰也不認識，對這個地方的理解也只限於基本的地理、天氣，還有幾家推薦餐廳而已。我想大家都會同意，除非你是被納入某種證人保護計畫，否則做這種事情絕對是在冒大險。但我還是理性地告訴自己，像這樣突然落入一個未知情況，其實跟時常發生在真正貧窮者身上的突發狀況差不了多少，他們的生活往往因此被弄得亂七八糟。比如突然失去工作、車子，或保母。也可能他們一直跟母親或姊妹住在一起，但由於母親或姊妹的男友要回頭來住，或另一個反覆無常的家庭成員要回來，結果他們就被趕出來，一下子變得無家可歸，最後落到這步田地。我也到了這步田地，而且長這麼大以來，我從來沒這麼毫無頭緒又孤獨過。

匿名戒酒會要求戒酒者採行的步驟之一，是「對自己進行徹底而無懼的道德檢視」，而現在，獨自在汽車旅館房間裡的我，正幾近執迷地檢視所有家當，檢查它們到底有多少，以及能維持多久。我帶了一台筆記型電腦跟一個手提箱，裡面裝著T恤、牛仔褲、卡其褲、三件長袖襯衫、一條短褲、維他命，以及花花綠綠的化妝品。我還帶了一個裝滿書的大型側背袋，在經過檢視之後，這袋書跟我帶來度週末用的登山靴都被打入最無用的東西之列。我有一千元現金，以及皺皺地塞在口袋裡的一些零錢。我現在每晚付出讓經濟拉警報的五十九美元，換來一張床、一台電視、一具電話，跟直接對著第二十五號公路的視野。

在美國，廉價汽車旅館可以分成兩種：第一種是歡朋旅館（Hampton Inn）型的，它們與其說是有裝潢的旅館，倒不如說是一些標準化的房間，充滿一種逼人的冷硬氛圍。至於第二種旅館，它們陳年的歷史呈現在地毯上的汙漬、徘徊不去的陳年菸味、以及床底深處的奇多起司餅碎屑。我住的六號汽車旅館就是屬於第二種，某方面來說，這使得它比較有家的味道，但另一方面，你也可以說這使得它更魅影幢幢，令人不安。走出旅館大門後，經過貴賓汽車零件行（VIP Auto Parts）的停車場，就會抵達附設便利商店的德士古（Texaco）加油站。要從加油站穿越高速公路到對面去，可以說是一項透過人類雙腳來實現的壯舉，需要速度和膽識。通過這項考驗之後，你會抵達比便利商店實在一點的糧食來源地，包括一家必勝客和一間連鎖雜貨店。巴拉德（J. G. Ballard）在他那本悲慘小說《水泥島》（*Concrete Island*）裡，描寫主人翁出車禍撞上安全島後，發現自己被道路兩邊的車流困住，無法離開那座安全島，被迫只能靠自己車上的東西和撿拾路上汽車駕駛所丟棄的食物殘渣過活。如果拿他的狀況來比，我是前進了一大步。我把披薩和沙拉買回旅館房間當晚餐吃掉，同時一面告訴自己，冒著被車撞死和殘廢的危險所獲得的食物，吃起來必定會比原本好吃，就像剛從野外獵回來的新鮮鹿肉一樣。

除了逃犯和難民之外，有多少人曾經像我這樣，把過去一切人際關係和日常生活一筆勾消，對堆積如山的電子郵件和語音留言說拜拜，然後重頭開始，身上除了駕照跟社會保險卡之外，跟自己的過去幾乎沒有任何連繫？我對自己說，這應該是個令人振奮的情況，就像噗通跳進新英格蘭附近冰冷的大西洋中，之後還悠閒地在波浪之間泅泳。但在波特蘭的最初幾天裡，屬於我真正社會階級的焦慮不安接管了一切。受過教育、擁有專業技能的中產階級人士，永遠不會讓自己歪歪倒倒地走向未來，也不會對任何突然跳出來的意外狀況毫無招架之力。我們永遠有計畫，或至少有某種預定清單，因為我們想知道每件事都在預期之內；在某種意義上來說，我們的生活已經預演過了。所以，如今我到底在這裡做什麼？又該以什麼順序來做呢？我需要一份工作和一間公寓，但若要得到工作，我就需要一個聯絡地址和電話號碼，而若我想租到一間公寓，那麼能證明自己有穩定工作又是一項好處。我唯一能想出的計畫就是每件事同時進行，同時一面希望「六號汽車旅館」負責接電話的青少年能變成我可以信任的答錄機。

我在加油站附設的鉗子超商（Clipper Mart）買的報紙上發現意料之外的消息：波特蘭沒有出租公寓。實際上，這裡有很多大樓式公寓和「附房務人員的公寓」，月租一千美金或以上，但唯一的低租金屋舍似乎都擠在往南開車約三十分鐘的地方，那裡有個名稱使人安心的小鎮：老果園海灘（Old Orchard Beach）。但即使在那一帶，租金還是高到跟西嶼不相上下，一間經濟型公寓的月租超過五百美金。打了幾通電話之後，我的想法得到證實：窮人冬季住在汽車旅館，到了夏季，這些房間則會被更富裕的人住走。[1] 勞動節之後租金降低，但租約將在六月到期。那麼，何不考慮合租呢？老果園海灘鎮上的格林伍德公寓（假名）推出一週租金六十五美金的公寓，衛浴和廚房部分跟一名女子合用。房東在電話中形容那名女子「有個性，但乾淨」。於是我心想，嘿，這也可以用來形容我，看來她會是我的新貼心密友。我參照在鉗子超商買的地圖，在早上十點左右抵達這個海邊小鎮。這裡正在凋蔽，而且顯然沒有果園。厄爾帶我參觀格林伍德公寓，並再度強調我未來的室友「有個性，但乾淨」，並補充說明他們正在「給她一個機會」。我詢問她是否有工作，答案是有，她從事清潔工作。但我絕不會遇到她，因為她工作的地方可怕到很可能是非法場所。我們進入這座介於汽車旅館和寄宿家庭之間的快倒建築，到達地下室。厄爾指出一扇關著的門，說那裡是廚房，但我們現在不能進去，因為有一個傢伙正睡在那裡。他噗嗤一笑，彷彿睡在廚房裡不過是房東要忍受的房客怪癖之一。我懷疑地問道：「那要怎麼開伙？」「反正他不是一直都睡在那裡。」厄爾回答。房間本身就在廚房再過去的走廊上，大小只有我在六號汽車旅館小基地的一半，裡面有兩張沒鋪的單人床，一個有兩個抽屜的衣櫃，天花板上有幾顆電燈泡，然後就什麼也沒了。沒有任何窗戶。呃，在天花板附近是有一個窗戶狀的構造，但你只看得到那上面一層厚厚的灰塵，大概跟從墳墓裡往上看的景象差不多。

我走回鎮上的主要街道，在碼頭附近的付費電話設立我的「辦公室」，我在那裡敲定行程再去看幾間公寓，完全不考慮分租了。在海風公寓，一名身材巨

1 這種情況在鱈魚角（Cape Cod）也一樣，高漲的公寓和房屋租金正把勞工階級逼入汽車旅館。這些汽車旅館房間可能冬天一個月租金是八百八十美金，到觀光季節卻驟升到一千四百四十美金。《鱈魚角時報》（*Cape Cod Times*）曾描述許多家庭四個人擠在一個旅館房間裡居住，用微波爐煮飯，在床上吃飯。引自麥爾斯（K. C. Myers）所撰〈最後的度假地〉（Of Last Resort），《鱈魚角時報》，二〇〇〇年六月二十五日。

大、看起來挺瞧不起人的傢伙告訴我，這裡絕不會有什麼問題，因為大家都知道他是個退休警察，他女婿也是警察。但我不曉得這是一種保證，還是一種警告。他還說，大家都知道，住這裡的另一個優點是：他不會讓太多小孩子住進來，而且能住在這裡的孩子都不會惹任何麻煩，他可以拍胸脯保證。但租金是每週一百五十美金，所以我前往下一站比亞里茨公寓。一名快活的姑娘帶我看每週租金一百一十美金的經濟型公寓，那裡沒有電視、床單和餐具。我不喜歡的地方是，它位於一樓，就在一條交通繁忙的商業街上，意思是我必須在隱私和採光上二選一。呃，其實我不喜歡的不只是這點，但這就夠了。我垂頭喪氣地返回波特蘭，但就在回程路上，我注意到一號公路上的藍天堂汽車旅館有公寓要出租。這地方看起來好可愛，有種阿爾卑斯山的感覺，幾排白色的小房子貼著深藍色的松木，所以我停下車來。一週付一百二十美金的租金，我就可以有客廳、一個獨立廚房、床和床單，還可以看有線電視，直到電視公司發現前任房客沒繳錢為止。更好的是，訂金只要一百美金，我當場就付了。

若再給我幾天或幾週的時間，也許我可以租到更划算的公寓。但六號汽車旅館正以每天五十九美金的速度吃掉我的老本，而且那個地方越來越像巴拉德小說裡的場景。住在那裡的第三天下午，我回房時發現鑰匙竟然開不了房門。原來那是經理用來引起我注意的方式，暗示我又該交房租了。但那一刻我感覺真的很糟，而且這種感覺久到我能瞥見一個沒有牙刷或換洗衣物的未來。

現在，我得找工作。我在西嶼的經驗裡學到，要盡可能應徵越多工作越好，因為就算貼出徵人廣告，也不一定表示業主當下立即需要人。由於觀光季節結束，女侍工作也不是很多，不過反正我也想找尋新挑戰。由於服裝上的限制，我將店員工作排除，因為不只我的手提箱裡沒裝那麼多衣服，連我真正家中的衣櫃裡也沒有足夠穿上一週的正式服裝。所以我四處打聽清潔工作（包括辦公室和家庭清潔）、倉庫與看護、生產線工作，以及一種叫作「萬能幫手」的工作，這名稱聽起來又和善又無私。找尋低薪工作的過程會使人感到自己很卑微，因為你必須把自己（包括你的精力、你的微笑、你真實或假造的生涯經歷）呈現給各式各樣的人，而他們就是覺得你提供的東西不怎麼有趣。我去一個墨西哥玉米餅工廠應徵，工作內容只是把生麵團放到輸送帶上，「面試」我的是一個滿臉厭煩的祕書，她連「嗨，你好」都懶得說。我也去了善意（Goodwill）公司，我對這家公司很好奇，因為我從過去的研究中得知，這家公司一直在全國各地營造形象，彷彿被踢出福利制度的窮人和殘障者最理想的雇主就是它了。我填好應徵表格後被告知，薪水是一小時七美金，有人會在兩週後通知我是否錄用。整個面試過程是在一個倉庫中進行，大約有三十名男女同時在那裡整理一箱箱舊衣物。從頭到尾沒人跟我有過眼神接觸。呃，實際上有一個。當我找尋出口在哪的時候，我注意到一個枯瘦、身體畸形的人，他用一隻腳站著，另一隻腳自膝蓋以下已萎縮。他惡狠狠地瞪著我，雙手彷彿游泳一般在頭頂上揮舞，如果不是在平衡身體，就是在趕我走開。

並不是每個地方都如此冷漠。一間位於郊區的沃爾瑪量販店在舉辦一場「就業博覽會」，於是我坐在一張綁著幾顆氣球的桌子旁（這是像「博覽會」的部分），等待一位名叫茱莉的女子。我等了大約十分鐘後，她神色慌張地出現。她向我解釋，她之所以會緊張，是因為她只在外場工作過，沒面試過任何人。不過還好，只要完成一份四頁的「意見調查表」，面試就算大功告成。她向我保證：「答案沒有對錯」，我只要從「完全同意」到「完全不同意」之間的十個等級，選出適合的來表達個人意見就好。[2] 就像我在西嶼溫迪克西公司接受過的職前測驗一樣，調查表上有一些常見問題，例如看到一名同事在偷竊時，應該原諒那名同事還是呈報上去；若事情出了錯，是否該怪管理階層；當你有「好理由」的時候，是否可以遲到。不過這份調查表卻透露出一種對大麻的異常執著，彷彿製表者是個努力想融入社會的認真毒蟲。我必須表示意見的題目包括：「有些人在有點high的時候工作表現比較好」、「每個人都會抽抽看大麻」，還有匪夷所思的一題：「大麻就跟一種酒一樣」。嗯，哪一種酒？我很想這麼問。「一樣」的意思是什麼？是指化學成分上還是道德意涵上？還是我該寫一些俏皮話，例如「我不知道，因為我不喝酒」。茱莉告訴我，薪水是一小時六點五美金，但很快就能跳升到七美金。她認為我在女裝部會做得很好，我跟她說我也是這麼想。

這種測驗到底能讓雇主對應徵者有多少了解，我實在想不出來，因為只要對主從關係稍微有點經驗的人，就很容易知道「正確」答案是什麼。我能跟別人和睦共事嗎？當然能，但絕沒有和睦到看見她們不小心犯錯時會遲疑要不要呈報上去。我有沒有獨立做決定的能力？有啊，但我會聰明地不讓這種能力妨

2 瑪格麗特．塔波特（Margaret Talbot）曾在《紐約時報雜誌》指出「人格測驗在工作場所正當紅」，它如今已成為一項每年有四十億美金商機的工業。《紐約時報雜誌》，一九九九年十月十七日，頁二八。

礙我像奴隸一樣服從命令。在一個叫「女傭」的家事服務公司裡，面試人員要求我做一份名為「鷩準人格測驗」[3]的東西，這份測驗一開頭就警告受試者：「鷩準人格測驗經過特殊設計，可檢測受試者是否提出造假或『裝瘋賣傻』的答案。」當然啦，我「從來不會」覺得「停止自憐的心情」很難，也不曾想像其他人會在背後談論我，更不相信「管理階層和雇員永遠處於對立，因為兩邊抱持的目標截然不同」。我的結論是，這些測驗的真正功能並不是在提供雇主資訊，而是在向應徵者傳達以下訊息：在我們面前，你不能有任何祕密；我們不只要你身上的肌肉、控制肌肉的大腦機能，還要你最深處的自我。

這次找工作讓我學到重要的一課：即便有那麼多徵人廣告和就業博覽會，波特蘭仍舊是一個時薪六到七美金的城市。這點對經濟學家的衝擊，應該像外星輻射線對天文學家一樣才對。若勞力供應比需求少，工資應該會升高才對，不是嗎？這不就是供需「法則」嗎？當我到快樂女傭家事服務公司應徵時，我未來的雇主把我留在那裡一小時又十五分鐘，幾乎都在抱怨要找到穩定的幫手有多不容易。其實解決方法不難想到，因為一週平均工作四十小時的工作，她只提供兩百到兩百五十美金的薪資。「別把那換算成時薪來想。」她警告我，因為她看到我皺著眉在做這道算式不長的除法。「我們不那麼算。」但我是這樣算。只提供五到六美金的時薪，再加上這名女子毫不保留地透露的工作風險——需要大量體力，並很可能因為肌肉過度使用而受傷——似乎保證留不住任何會基礎算數的應徵者。但我逐漸明白，就跟在西嶼的時候一樣，光做一份工作永遠不夠。在這個新版的供需法則中，工作是如此廉價（若以薪資來算的話），以致勞工必須盡可能找越多工作越好。

在波特蘭和周圍地區撒了兩天應徵表格後，我逼自己坐在六號旅館的房間裡等電話。我被困在這裡，因為藍天堂要到週日才能入住。坐在這個房間裡等電話，比我想像的還難，因為房間既小到不能踱步，又髒到沒辦法做白日夢，就算我沒這麼焦慮也一樣。幸運的是，電話在中午前就響了兩次。我立刻接下前兩個工作，動機與其說是認真的經濟考量，倒不如說是對這個房間的幽閉恐懼。一間看護之家以七美金時薪僱我擔任週末班，工作從明天開始。此外女傭公司則很高興地宣布我「通過」驚準人格測驗，週一早上七點半就可以開始工

3 譯註：原文為「Accutrac Personality Test」，是拿精準（accurate）這個字的諧音作文章。

作。在我所有應徵過的公司中，這是最友善而薪資最高的一家，時薪六點六五美金，雖然若我有一天沒來上班的話，就會連續兩個禮拜調降成六美金，以示懲罰。[4] 我不太明白到底這些女傭公司在做什麼，而它們和仲介的差別又何在，但女傭公司的辦公室經理泰咪向我保證，工作內容很容易上手又簡單，因為「動手清理是我們的本能」。在快樂女傭聽過那些工作風險後，我不太確定這份工作會多「簡單」，但我猜我的背應該能撐過一個禮拜。照理我們應該會在每天下午三點半左右結束工作，這就讓我在週間下午還有很多時間可以找工作。舉例來說，我就看上一家離藍天堂旅館十分鐘車程的洋芋片工廠；再不然，我總可以找一間里昂．比恩（L. L. Bean）戶外用品店，坐在一張希望是符合人體工學的舒適椅子上，填寫索取商品目錄的申請單。這個計畫終於有點像樣起來：從女傭服務業跳槽到更好的地方，當中還有看護之家的工作幫我度過轉換期。為了慶祝，我到蘋果瘋（Applebee's）餐館吃晚餐。含小費在內，我花十一點九五美金吃了一份漢堡和一杯紅酒。我坐在吧檯，一面別無選擇地看ESPN，一面把晚餐吃光。

來到波特蘭整整第四天的時候，我早上四點四十五分起床，以便能準時抵達木冠療養社區（假名），在七點開始上工。我是飲食助手，聽起來滿重要又具有技術性，而且一開始，這份工作似乎沒什麼大問題。我能穿自己的衣服上班，也就是T恤配卡其褲或牛仔褲，除此之外只需依規定戴上髮網，再加上我為了謹慎起見而圍上的圍裙。我甚至不需要帶午餐來，因為我們能在住戶（我們尊敬地如此稱呼他們）用完餐之後，隨意吃任何還有剩的食物。我的督導者是琳達，她是一名年約三十歲，看起來頗為仁慈的女子。她甚至還花時間向我簡短介紹我的權利：我不必忍受任何人的性騷擾，特別是羅伯特，儘管他是老闆的兒子也一樣。不管發生任何問題，我都可以直接去找她。我有種感覺，若能不時接到與羅伯特有關的抱怨，她會覺得挺滿意。另一方面也有嚴格規範，不能在工作上發生任何危及生命的錯誤，例如有些週末班的青少年把奶油塊放在一個照明設備上，結果融化的奶油流到地上，形成一塊滑溜溜的危險地帶。不過這意思不是說她認為我會做這樣的事。今天我們要在上鎖的阿茲海默症院區工

4 勞工統計局（The Bureau of Labor Statistics）發現，全職的「私人住屋勞工及幫傭」在一九九八年的每週收入中間值是兩百二十三美金，比人口為三人的貧戶收入標準還低二十三美金。而在「女傭」公司，一週四十小時的工作週薪則有兩百六十六美金，或比貧戶標準高四十三美金。

作，把早餐從樓下的中央廚房拿到位於院區的小廚房，服侍住戶吃飯，進行清理，之後再準備好服侍他們吃午餐。

對於身為前任女侍的我而言，這不是難事。住戶們在早餐準備好之前四十分鐘開始三三兩兩地進來，有的用助行器走路、有的坐輪椅，有的則以僵硬的動作自行走來，然後對誰坐在哪裡短暫地混戰一番。我四處跑來跑去倒咖啡（琳達警告我，只能給他們無咖啡因的，否則情況會變得「一團亂」），接受他們「點餐」，試著把這裡想成一間餐廳。雖然我還是忍不住想，如果是在一般餐廳，很少客人聞起來會像剛在內褲裡留下一團排泄物一樣。若有人拒絕我們提供的法國土司，琳達和我就會做烤土司或花生醬三明治，因為餵他們吃東西的用意（特別是早餐），就是讓他們快速吃下東西，以免他們因為血糖過低而一頭栽進面前的餐盤裡，或者逃到走廊上去。有時候我會需要跑來跑去，但不太需要擔心忘記他們點什麼，因為我們的「顧客」本身在記憶這方面也不是很行。我努力記得她們的名字：瑪格麗特，她到達食堂的時候手中緊抓著一隻泰迪熊，全身上下只有一件套在腰間的尿布；葛瑞絲，她責難地瞪著我，硬要我把她的咖啡重新添滿，即便那杯咖啡她根本連碰都還沒碰；拉蒂是一名必須時時監視的糖尿病患者，因為她會從別人的盤子裡偷甜甜圈來吃。露西則會把她的法國土司弄軟，方法是把柳橙汁倒上去，同時潑個滿桌。她是腦袋比較清楚的人之一。她問我叫什麼名字，我告訴她，接著她就輕蔑地大叫：「芭芭拉．布希！」即便我拚命抗議，這個笑話在整個早餐過程中還是重複了兩回。

可怕的部分是事後清理。我事先並不知道，原來飲食助手的工作在很大程度上等於洗碗工。連同和住戶一起進來取食的護士和合格看護士在內，總共有約四十人的餐盤要我清理。我必須用手把盤子上沒吃完的食物扒進廚餘桶，用水沖洗盤子，泡一下肥皂水，把它們堆上一個架子，最後再把架子裝進洗碗機裡。而最後這個動作，需要我把重達十五到二十磅的一整架盤子舉在身前，然後彎到快要貼地的位置。等洗碗機把盤子洗完後，我得讓盤子降溫到可以用手碰的程度，再把盤子從架子上取下，然後重新把另一架待洗盤子裝進洗碗機。同時，我還得一面清理桌子、餵飽那些姍姍來遲的人。保持整個過程順暢進行的祕訣，就在於隨時準備好一架髒盤子，每當有一架盤子洗好，就立刻把另一架髒盤子裝進洗碗機洗。我從六歲開始就會洗盤子，我母親把這項任務交給我，好讓她能及時在飯後來根菸，而我也不討厭跟水工作，但在這裡，我只能全力跟上洗碗機吐出盤子和髒盤子湧進來的速度。當盤子的情況在控制之下時，琳達要我用吸塵器清理食堂地板，但吸塵器對那些黏黏的碎屑根本沒什麼用，所以我只好不斷爬到桌子下，用指甲把糊掉的鬆餅從地板上摳掉。

我在上午休息時間和彼特一起抽根菸，他是在中央廚房當班的兩名廚師之一。我七點剛到這裡的時候曾和他聊了幾句，那時琳達還沒出現。他問我三個問題：妳打哪來？現在住哪裡？結婚了沒？我對最後一個問題簡短回答，暫時省去男朋友部分不說。我之所以這麼做，部分是因為去談一個我現在明明沒住在一起的「同居男人」，似乎沒什麼意義；另外一部分是因為我很沒出息地希望能拉攏彼特，無論以什麼形式都好。就我對飲食助手這個工作的理解，我對廚師的依賴程度就跟當女侍時一樣。廚師可以讓侍者的生活在相當程度上變得輕鬆，也可以陷害她，讓她摔得很慘。所以我跟他一起到停車場，坐在他的車子裡抽他的菸，感覺很怪地就像在約會，只不過他的車門全部打開，以便讓菸能飄出去。我喜歡這個地方嗎？還不錯，我這麼告訴他，而且因為我爸爸最後是在一個阿茲海默症看護中心過世的，所以我對這裡幾乎有種熟悉感。說來令人毛骨悚然，但這句話卻是真的。他警告我要小心莫莉，她工作效率很好，但會放暗箭傷人。琳達還可以，但上週她對彼特很嚴厲，因為彼特不小心在一名糖尿病患的餐盤上放了一道甜點（無法到食堂用餐的住戶，會由廚房把他們的餐盤準備好送過去）。但她以為這裡是哪？是醫院不成？聽著，沒有人能活著走出這裡好嗎？除此之外也要注意里翁，他有跟蹤女性同事一路到工作間裡頭的習慣。事實上，每個人妳都要小心，因為這個地方流言充斥，無論妳說了什麼，幾小時內全部人都會知道。那我平時都作什麼消遣？「閱讀。」我這麼告訴他。不喝酒或狂飲作樂？我拘謹地搖搖頭，感覺自己真像個假道學，一個連說閒話的價值都沒的人，連對唯一在場的彼特來說都是如此。

我應該在此聲明，我們並沒有談到任何有關男朋友的事。彼特大概比我小十歲（他似乎不知道這點，而我也看不出有說破的理由），此外即便他長得和一名知名喜劇演員驚人地像，卻沒有任何明顯的幽默感可言。若他告訴我的都是實話，那他跟我一樣是個冒牌貨（雖然這點他也不知道）。他告訴我，他一小時只賺七美金，雖然他在餐廳隨便做就能賺得更多，但他不在乎，因為他幾年前贏了一場大賭局，後來還做了一些成功投資。但我忍不住想，如果他真的很有錢，為什麼還要開這輛生鏽的破銅爛鐵？他的前排牙齒怎麼會這麼凹凸不平又稀疏？還有，如果是一個自重的廚師，怎麼會想待在這種毫無調味藝術可言的工作環境裡？這裡有三分之一到一半的食物才剛做好就被打成泥了。但當然，我問出口的完全是另一種問題：你有這麼多錢，為什麼還要工作呢？噢，他試著待在家裡，但人會因為關在家裡太久而受不了，你知道，甚至覺得自己像個被遺棄的人。不知怎麼地，這些話比他在財產上撒的謊還能觸動我，因為，這個在他的形容中如此問題叢生而不健全的地方，畢竟還是一個真實存在的人類群體。我要不要找一天，下班後跟他一起到海灘上散個步呢？呃，那不錯啊。然後我就快快閃人，回去準備打起精神應付午餐。

令我驚訝的是，到了午餐時間，好幾個較有知覺能力的住戶似乎還認得出我。其中一個人在我把火腿排端給她的時候抓住我手臂，低聲對我說：「妳是個好人，妳知道嗎？」之後每當我端一樣東西給她，她就重複一遍這句讚譽。另一位住戶告訴我，我看起來「美極了」。有一名護士甚至真的把我的名字記起來。於是我想，這行得通的，我會在這片因痴呆而形成的黑暗中，成為一座閃閃發光的燈塔，在某種正義的輪迴中，補償我父親在一個比這裡還缺乏關愛的地方所受到的冷漠對待。我愉快地補上特別加點的冰淇淋和烤起司三明治；我對一而再、再而三對我開的芭芭拉・布希玩笑一笑置之。我心中這股聖人般的心情持續著，直到我替一名皺成一團的小老太太重添牛奶為止。這名小老太太有一頭狂亂白髮，看起來就像被硬塞進輪椅裡然後壓扁一樣。「我要丟妳。」她似乎這麼說，當我彎下腰去確認她這項不太可能的願望時，這名老淘氣鬼把整杯牛奶丟到我身上，我的卡其褲從胯部直到腳踝被弄得全部濕透。「哈哈，」我往昔的仰慕者們放聲大笑：「她尿濕褲子了！」但至少，在這個奇怪的白色之州，我不再是彼特所說的被遺棄者。我已經被吸收到一個充滿流言蜚語和陰謀的世界裡，成為其中一員，並受到最白的液體洗禮。

週六是我在六號旅館的最後一晚，而我拒絕癱在房間裡度過。但一個沒有什麼「玩樂」途徑，又不愛飲酒作樂的人，到底該做些什麼？在這個禮拜之中，我有好幾次開車經過市中心的「解救」教堂，光是這個名稱就產生嚇人的吸引力。難道裡面的會眾完全沒聽說過詹姆斯・迪基那本小說和後來拍的電影？[5]或

5 譯註：詹姆斯・迪基（James Dickey）曾寫過一本與該教堂同名的小說，後來被改拍成電影《激流四勇士》（*Deliverance*）。故事是關於四名來自文明世界的男性進入蠻荒地帶探險，遭遇當地原住民攻擊

者其實更糟：這幫基督教徒根本很清楚那個在樹林裡強姦同性的故事？掛在教堂前的布幕正在宣傳「週末帳棚復活夜」，聽起來真是適合一個孤獨無神論者的完美娛樂。我開車穿過一個充滿廢棄倉庫的陰森地區（迪基，速速退散！）直到帳棚在黃昏中陰森地龐然矗立在前方。從娛樂度來看，不幸的是，大約三百張折疊椅之中，只有六十張左右有人坐。我看到三至四名有色人種，包括非裔和我猜是墨西哥裔的人，除此之外全是看起來相當悲慘的山中貧農。從遺傳學上說來，這些貧農正是我的同族人（艾倫瑞克是我婚後的夫姓，我娘家的姓是亞歷山大，源自肯塔基州）。

我跟一位坐在附近的女子閒聊。「晚上天氣不錯」、「妳從很遠的地方來嗎？」聊些諸如此類的話，然後她把聖經借我，因為我似乎是現場唯一沒有自己帶聖經來的人。台上大約有十人左右，當其中一名男子要我們站起來開始唱歌時，我感到鬆了一口氣，因為對我過度勞累的背來說，坐在折疊椅上實在是一種折磨。我挺像回事地跟著節奏拍手、搖晃身體，最低限度地參與著。現場有幾個真正的能手，他們狂喜地投入音樂中，眼睛緊閉，雙臂高舉向天，顯然正等著囈語狀態降臨。

但還沒有好玩的事情發生，布道就開始了。一名穿著不正式服裝的男子告訴我們，聖經是一本多神奇的書，他還哀嘆人們買那麼多沒用的書，其實真正需要的只有這一本。有些人在電視上告訴你要讀一些（世俗的）書，然後「它就冒出來了，你們知道……那個字怎麼說？」我想他要說的應該是**跳樓大拍賣**，但沒人想得出答案來幫他。反正，「它」可以是三百，然後突然就只要十分之一。啥？接下來是一名墨西哥裔人士接掌麥克風，他雙眼緊閉，連珠砲似地說我們欠了被釘上十字架的基督多少債。接著是一名較年長的白人男子，他指責這個「邪惡城市」，說它如何以異端方式汙染應該要復活的靈魂。而復活是需要花錢的，你知道，因為這座帳棚可不會自動搭起來。他繼續說：「我們談的是經費，不是為了自己而賺錢，如果你想到耶穌奉獻了多少，才讓我們可以和他在天堂一起享受永生……」

我忍不住讓思緒飄到另一個地方，思考阿茲海默症對靈魂永生理論來說有什麼涵義。如果死前的時光是花在緊抓輪椅扶手，頭往後倒四十五度角，眼睛

與性侵害，後來兩方互相仇殺，展開一場文明與蠻荒的衝突。

和嘴巴都張得開開的，既看不見也說不出話，就像我在木冠照顧的許多人一樣，那誰還想要死後永生？我們永生的「靈魂」，會不會停留在死亡當下的狀態？如果是，那天堂看起來一定就像木冠，有很多合格看護士和飲食助手在那裡，照顧以精神解體狀態死去的人。或者，我們是以顛峰狀態的靈魂永生？也就是當我們心智能力最高、道德上最具有勇氣的時刻？如果是這樣，那麼痴呆的糖尿病患者有沒有吃小蛋糕都一樣，因為從純粹救贖論的觀點看來，這些人已經死了。

布道持續下去，中間穿插著信徒們義務性的「阿門」聲。如果有人能對這些眼神悲慘的人們讀一讀〈山上寶訓〉[6]，順便來一場激勵人心的演講，評論一下收入不平等的狀況，表明最低標準薪資也需要「登高」一下，一定會很不錯。但耶穌在這裡只以屍體的狀態現身。這裡從來都沒提到那些活著的人、會狂飲紅酒的流浪者，跟早熟的社會主義者，也沒談到耶穌對這些人會有什麼話要說。耶穌把世俗教條釘上十字架，而也許，現代基督教真正在做的，是把耶穌一次又一次釘回十字架上，好讓他再也無法說出半個字。我是想留下來繼續聽，也許大家會開始嚼舌根也說不定，但台上那些人大談基督的寶血，搞得蚊子們叮性大發，開始瘋狂攻擊我。我算準時機，當台上那名布道者的頭像節拍器一樣轉向另一邊的時候，趕快起身離開。我走出帳棚尋找車子，在黑暗中，我心裡半是期待會發現一個嘴巴被布塞住、身體被綁在一根帳棚柱子上的基督。

週日的時候，我終於搬進藍天堂旅館。由於我太高興能離開六號汽車旅館，因此這個新居的缺點看來似乎沒那麼嚴重，甚至一開始還有點可愛。首先，因為屋子的一部分被汽車旅館主人的工具棚占掉，屋內空間比我記憶中來得小，也導致房子部分機能不幸地混合在一起。由於馬桶離廚房的狹小餐桌不到四英尺遠，我必須關上浴室門，才不至於覺得我是在廁所裡吃飯。此外，床頭跟廚房的爐子距離大約只有七英尺，結果我被自己慶祝搬進新居而煎的比目魚味道燻了一整晚。我唯一的烹飪方式差不多就是油煎，因為廚房的配備只有一個煎鍋、一個盤子、一個小碗、一個咖啡機跟一個大玻璃水杯，除此之外連半個基本的鍋盆也沒有。所以，在這間屋子裡生活的祕訣就是即興創作：我把從沙拉

6 譯註：指新約聖經馬太福音第五至七章。主要內容為耶穌帶領門徒到山上講述各種行為美德。

吧拿回來的錫箔紙盒回收再利用，當成盤子，再把廚房裡唯一的盤子當成切菜板；至於床正中央凹陷下去的部分，我則把毛巾折起來鋪上去，弄得平一點，就可以睡得比較安穩。沒什麼好擔心的，我現在有一個聯絡地址、兩份工作，還有一輛租來的破車。在六號汽車旅館那幾天裡一直糾纏著我的焦慮，如今總算開始散去一點。

因為我自己就擁有一個完整居住單位，結果成了藍天堂旅館裡的貴族階級。我在公共洗衣房裡遇到的其他長期住戶，都是有制服和連身工作褲要洗的藍領階級勞工，一般說來晚上都不吵。他們大多是有孩子的夫婦，看起來跟大家會在情境喜劇裡偶爾瞥見的白人勞工差不多。但跟電視裡的人物不一樣的是，在現實中，我的鄰居們是三到四個人擠在一間小房間，共用一套衛浴和小廚房；最好的情況也不過是多了一間臥室。有一名年輕小伙子問我住在哪間公寓，而後他告訴我，他先前就住在我如今住的那一間，只是當時除了他，還有另外兩個朋友跟他一起擠。一名帶著三歲孫女的中年女子語帶安撫地告訴我，住在汽車旅館裡，一開始總是比較辛苦一點，特別是當你本來習慣住獨棟房子，但過一陣子之後妳就會習慣了，不再去想以前的生活。以她本人為例，她已經在藍天堂旅館住了十一年。

我在週一早上七點半抵達女傭公司辦公室。我充分休息過，並準備好面對任何可能情況。我對這種清潔服務完全不了解，雖然根據我拿到的手冊資料顯示，這種服務在全國有超過三百家加盟店，[7] 但我對家事服務的理解，幾乎全

7 像快樂女傭、抹麗女傭（Molly Maids）、國際女傭（The Maids International）這類全國甚至國際清潔服務公司，都興起自一九七〇年代，如今在家事清潔業界有百分之二十到二十五的市占率。一九九七年，《連鎖加盟時報》（*Franchise Times*）刊登一篇關於快樂女傭公司的報導，文章中簡潔地指出「該領域正在蓬勃發展，利基市場火熱，因為美國人連在家庭裡都尋求外援」。見〈七十二個快樂女傭〉（72 Merry Maids），《連鎖加盟時報》，一九九七年十二月。但並非所有的清潔服務公司都生意興隆，尤其非正式的家庭式公司存活率都不高。就像我曾透過電話應徵過的一家公司，他們甚至連一場粗略的面談都不需要，只要我能在隔天早上七點出現在公司就可以了。因此所謂的「蓬勃發展」只集中在全國或國際連鎖店這個區塊，包括快樂女傭、抹麗女傭、迷你女傭（Mini Maids）、女傭隊（Maid Brigade），及國際女傭等機構。而奇怪的是，它們的名稱全都在強調這個產業的過時面向，即便所謂的「女傭」有時可能會是男性。快樂女傭在一九九六年聲稱有百分之十五到二十的年成長率，而在我離開緬因州後以電話進行的訪談中，抹麗女傭跟國際女傭的發言人都向我表示，他們公司的營業額每年都有百分之二十五的成長率。

來自十九世紀英國小說和《樓上樓下》（*Upstairs, Downstairs*）。[8] 有如預兆一般，我在開始工作前的週末竟在電視上看到這部戲重播。我心驚地發現，他們穿的黑白制服看起來多麼適合他們，而比起那些乳臭未乾又自我中心的主人們，他們又是多麼有智慧。我們也有制服，但看起來蠢呆的程度遠勝於優雅，不只不合身，顏色又配得太俗麗，鮮綠色褲子配上亮到令人眼睛都快瞎掉的向日葵黃馬球衫。除此之外，在書面文字和接下來一天半的訓練之中都提到，我們也有特殊的禮儀規定。不能在任何場所抽菸，至少在到達工作的屋子之前十五分鐘開始就不能抽。在屋子裡不能吃、喝任何東西，也不能嚼口香糖。在屋子裡不能咒罵，就算屋主不在也一樣，而且大概為了要讓我們有練習機會，在辦公室裡也不能講任何汙穢字眼。我剛開始還能幽默自嘲：所以這裡就是「樓下」了。但我當然還不知道，這個樓下將通往怎樣的深淵。

四十分鐘過去，所有人就只是嫌麻煩地對我點個頭，對我的存在沒有任何其他反應。在這段期間，其他約二十名員工陸續抵達。她們全都已經身穿閃亮刺眼的制服，取用女傭公司仁慈提供的免費咖啡、貝果和甜甜圈當早餐。全部清潔人員中，除了一個之外全是女性，平均年齡大約近三十歲，個別年齡從剛加入醫療制度的新鮮人到老鳥都有。大家用完早餐後，把抹布、裝著清潔劑的瓶子放進手提塑膠桶裡，整體上呈現一種愉快的喧鬧氛圍。但令我驚訝的是，除了講講自己週末吃了什麼（披薩）和喝了什麼（加酒的果凍）之外，她們幾乎很少交談。由於我們聚集的房間裡只有兩張折疊椅，而且兩張都有人坐，另一個新來的女孩和我只好安靜又緊張地盤腿坐在地上。同時，其他固定員工則被分成三到四人一組，派去當天要打掃的房子。有一名女子向我解釋狀況，說明每個隊伍不一定會每週回去打掃同一間屋子，也不保證今天跟你工作的組員明天還會跟你同一組。對顧客而言，我猜這是企業式清潔服務的優點之一：不用涉入棘手的人際關係，也不必對清潔人員有罪惡感，因為顧客幾乎只跟辦公室經理泰咪或分店長泰德溝通。[9]至於這種服務帶給清潔人員什麼好處則很難說，

8 譯註：一部英國古典戲劇，劇中主要角色是住在樓上的上層社會家庭跟住在樓下的家僕們。

9 女傭們的薪水、社會保險稅、綠卡、背痛和孩子照顧問題等，全都是公司的事，落實到實際操作上，就是當地的分店長在處理。因此若客戶或雇員有任何抱怨，都只會向分店長報告，客戶和真正為他們打掃的勞工從來不需要跟彼此打交道。由於分店長往往是中產階級白人，因此對傳統雇主和女傭關係有某種道德焦慮的人而言，清潔服務似乎變成一種理想的解套方案。

因為我聽到的消息是，自己當老闆的清潔人員最高能賺到一小時十五美金。相較之下，清潔服務公司清潔員的薪水實在低得可憐。我在內部辦公室等候領制服時，聽到在那裡辦公的泰咪跟一名客戶講電話。她跟對方說，女傭公司的收費標準是每派一名人員，每小時就收費二十五美金。所以我們每工作一小時，公司就得到二十五美金，而我們只拿到六點六五美金？我想我一定聽錯了，但幾分鐘之後，我聽到她對另一名來電者說出同樣的話。所以跟自營業者比起來，在這裡工作唯一的優點就是：妳不需要找客戶，甚至也不需要車——妳從福利制度（或者在我的情況裡，是從巴士站）出來之後，就直接下海來這裡。[10]

最後，當其他人全都坐上本公司引人注目的綠黃相間車子，出發去上工之後，我被帶到內部辦公室旁邊的一個小房間裡。那個房間大概只有衣櫃那麼大，我就在那裡透過看錄影帶來學習怎麼當一個家庭清潔員。我先前到另一家公司應徵時，那邊的經理告訴我，她不喜歡僱用先前曾當過清潔員的人，因為她們會抗拒公司採行的系統。所以我準備好要清空我的腦袋，忘掉之前所有的家事經驗。錄影帶一共有四卷：清除灰塵、浴廁、廚房及吸塵。每卷帶子都有一名應該是西班牙裔的年輕美女當主角，她會安詳地遵從男性畫外音的指示四處移動。例如：吸塵時，從主臥室開始；清除灰塵時，從直接連著廚房的房間開始。當你進入一個房間時，要在心裡以伸手所及的範圍為單位，把空間分成幾個小部分。從位於你左側的單位開始，而在每個單位之內，以從左到右、從上到下的順序清掃。如此一來，就不會忽略掉任何地方。

我最喜歡「清除灰塵」這卷，因為它有無可否認的邏輯性，以及某種禁欲苦行般的美。當你進入一個房間時，要在一條白抹布噴上穩潔（Windex）清潔劑，放進你的綠圍裙左側口袋裡。另外一條抹布則噴上消毒劑，放在中間的口袋，還有一條黃色抹布要噴上木板亮光劑，放在右側口袋。一條用來拋光物體表面的乾抹布要放在褲子右手邊口袋裡。閃亮的物體表面用穩潔擦，木質表面用木板亮光劑擦，除此之外所有東西都要用消毒劑抹布擦得一塵不染。三不五時，泰德會跑進來跟我一起看，把畫面停格在一個特別戲劇化的時刻，加以強調：

10 我不知道我在波特蘭這間女傭分店的同事中，有多少人以前曾享有福利制度保障，但在一次電話訪談裡，女傭公司麻薩諸塞州安多瓦（Andover）分店的店長告訴我，他旗下有一半員工以前曾被納入福利制度保障，而他們跟其他人一樣可靠。

「看到她怎麼在花瓶附近工作了嗎？花瓶最容易出意外。」若泰德自己被拍進錄影帶裡，一定會像部卡通片，因為他那張胖臉上的唯一特徵，是一對小如鈕釦的棕眼和一個哈巴狗鼻，而裹在馬球衫裡的大肚腩則垂掛到短褲腰帶底下。「你知道，這都是經過精密計算的。」他帶著某種近似驕傲的神情告訴我。當錄影帶提到要小心別在抹布上噴太多清潔劑的時候，他把錄影帶暫停，告訴我噴太少清潔劑也不對，尤其是當這麼做會減慢工作速度的時候。「清潔劑比你的時間便宜。」真高興知道還有東西比我的時間廉價，起碼在公司的評價順序中，我的位置還排在穩潔清潔劑之前。

「吸塵」是我看得最心煩的一卷，實際上該說是兩卷連映。第一卷開場就介紹我們要用的一種背包式特製吸塵器。沒錯，吸塵器真的用背帶套在人的背上。一名聲稱是這套機器發明者的矮胖傢伙在影帶裡做示範，他背起吸塵器，把胸前跟胸下的背帶拉緊，然後驕傲地對鏡頭說：「看吧，我就是吸塵器。」他聲稱這部機器只有十磅重，但實際上我很快就發現，連同其他在背帶上晃來晃去的零件加起來，總重量大概接近十四磅。那麼，我那難搞又嬌生慣養的腰該怎麼辦？這位發明者回到人跟機器結合那一套上，指出：若把機器正確地背在身上，我們本身也會變成吸塵器，唯一的限制只有一根連著電源的線，而吸塵器並不會背痛。這些說明搞得我好煩，所以我放第二卷錄影帶來看。第二卷錄影帶說明實際的吸塵程序。我用一種像電影製作者在看電影的方式，帶著某種距離感看這卷影帶。在影片裡做示範的女傭，有可能真的是女傭嗎？她在影片裡打掃的屋子，又真有人住嗎？如果有，什麼樣的屋主會認為把逃走的綠頭鴨子畫像掛起來就叫裝潢？而且房子不但毫無特色，甚至在女傭進來打掃之前就已經一塵不染。

起初我對說明浴廁和廚房打掃方式的錄影帶感到不大對勁，過了好幾分鐘之後才發現為何如此：因為它們幾乎完全沒提到要用水。我的打掃方式是我媽教的，她是個固執的家庭主婦，打掃用的水熱到必須戴上橡膠手套才能碰，而且水量簡直像尼加拉瓜瀑布，我猜大部分細菌都在肥皂水有機會破壞它們的細胞壁之前，就被水流的力量壓死了。但在女傭公司提供的錄影帶中，完全沒提到病菌這回事。我們的敵人只存在於肉眼可見的範圍內，包括肥皂沫、灰塵、櫃子表面的積垢、狗毛、汙漬和汙點；對付它們的方式則是用濕抹布，若再頑強一點的就用「都斃」(Dobie，我們使用的塑膠菜瓜布品牌)。我們要達到的乾淨程度，僅止於除掉可能會被客戶看到或摸到的不潔物，除此之外唯一的責任就是把東西擦過跟抹過。至於細菌轉移的可能性，無論是透過抹布或透過手、從浴室轉移到廚房，或甚至從一間屋子轉移到下一間屋子，錄影帶中都隻字未提。錄影帶所強調的是「有如上妝般的撫觸」，而當泰德幾次漫步回到這個房間的時候，也都一直要我把眼光放在這點上。我們要用嬰兒油使不鏽鋼水槽發亮，把所有調味料、洗髮精等罐子的標籤那面朝外放，用牙籤把波斯地毯的邊緣流蘇理整齊，用吸塵器在地毯上做出特別的蕨類圖案，廁所衛生紙及廚房紙巾的末端都要特別折好（就像在飯店房間裡的樣子一樣）。一團亂的零散紙張、衣服或玩具等，也要把它們堆成亂中有序。最後，房子要噴上清潔服務公司的招牌花朵味空氣芳香劑，這樣客戶一回到家就知道，他們的房子已經被「清潔」過了。[11]

經過一天訓練後，公司認為我可以跟一組人共同出去工作了。我很快發現，現實生活跟電影完全不一樣，起碼跟「清除灰塵」那卷錄影帶裡演的不一樣。首先，跟我們的實際狀況比起來，那卷訓練錄影帶根本就是慢動作播放。我們早上並不是提著裝滿清潔劑跟用具的桶子走向車子，而是用跑的；車子在屋子旁邊一停下來，我們就提著桶子奔向門口。莉莎是我第一個組長，她是一名脾氣不錯的三十幾歲女子。她向我解釋，之所以這麼趕，是因為公司只分配給我們一定時間打掃全部房子。但這些房子從只有一套半衛浴設備的六十平方英尺公寓，到超過兩百平方英尺大、有好幾套衛浴，又「第一次」打掃的房子都有。

11 當我把女傭公司所使用的清潔方式，描述給雪瑞．孟德森（Cheryl Mendelson）這位曾寫過《家事的撫慰》（*Home Comforts: The Art and Science of Keeping House*, Scribner, 1999）的家庭清潔專家聽時，她簡直不敢置信。她告訴我，噴上消毒劑的濕抹布沒有辦法使櫃子表面變乾淨，因為大多數消毒劑一接觸到有機物質（亦即灰塵）就會降低效力，所以抹布每用一次，效力就減低一層。真正有效的清潔方式是用去汙劑、熱水，然後沖乾淨。至於地板，她認為我們用的水量完全不對（一桶半的小水桶量，而且溫度從來沒高於室溫）。事實上，我用來擦地板的水常常混濁得令人不舒服。我也把「女傭」公司的清潔方式告訴唐．艾司萊特（Don Aslett），他曾寫過無數清潔技巧專書，並宣稱自己是「美國第一清潔家」。他不願直接批評女傭公司，也許是因為他經常受清潔服務連鎖業者邀請擔任會議講者（至少他是這麼告訴我），但他確實有跟我說他會怎麼清潔櫃子表面。首先，徹底噴上可清潔各種汙垢的清潔劑，接著等三到四分鐘的「殺戮時間」，最後再用一條乾淨的布擦乾。他表示，光用一條濕抹布擦拭表面只會使灰塵四處擴散。但顯然女傭公司的重點不在於清潔，而在於創造一種「已經被清潔過」的表象；它的目的不在衛生，而是在為家庭生活創造一種舞台景象。而美國人偏好的舞台，似乎是一種只有象徵意義的無塵景象，就像某種汽車旅館，或出現在肥皂劇跟情境喜劇裡的虛假裝潢屋。

我很想知道，我們既然是按小時計薪的人員，為何還要遵守泰德定下的時間限制，但我不想讓人覺得我在擺架子，所以遲疑著沒有說出口。我們每到一間屋子，莉莎就會分派工作，我暗暗祈禱不要被派去洗浴廁跟吸塵。但是在時間壓力之下，即便是清除灰塵的工作都緊迫逼人。為了清除灰塵，我必須拚命墊起腳尖去擦門框頂上、為了能夠擦到踢腳板而沿著地板一路爬行，以及站在桶子上用力拍打較高架子上的灰塵等，在連續做了一個小時之後，我可不介意拿著一杯水坐下來喝。但我們一旦向組長報告任務完成，就會立刻被派去協助其他人。有一、兩次，組長嫌自然界的水氣蒸發過程太慢，於是派我去弄乾擦過的地板。我得在腳底下各踩一塊抹布，踩遍整片地板把它弄乾。通常當我走出房子，把擦地板的髒水倒掉、洗抹布的時候，其他組員都已經上車，車子引擎蓄勢待發。莉莎向我保證，她們從來沒把任何成員丟下過，就算是一個誰都不認識的新人也一樣。

在面試的時候，公司曾向我保證會有三十分鐘的午餐休息時間，但在現實中，卻變成在便利商店停五分鐘上廁所（如果這稱得上午餐休息時間的話）。我跟另外幾個人一樣，帶了自己做的三明治當午餐，每天都一樣是火雞胸肉加起司。除此之外，其他人有的吃便利商店食物，有的吃早上從免費早餐吧偷留的一個貝果或甜甜圈，有的人則什麼也沒吃。跟我同組的兩名已婚女子吃得最好：三明治跟水果。比較年輕的女子吃的午餐可能是一片披薩，一個披薩口袋餅（一塊麵團外面裹著一點披薩醬），或一小包薯片。別忘了，我們不是辦公室員工，不是坐在那裡用基礎新陳代謝率悠閒度日。公司辦公室有面牆上貼著一張海報，海報上愉快地標示著各種工作每分鐘燃燒的卡路里，從每分鐘燃燒三點五卡的清除灰塵工作，到每分鐘燃燒七卡的吸塵工作都有。若以一天工作七小時（八小時再扣掉往返各間屋子的交通時間），每分鐘平均燃燒五卡來算，那麼除了沒工作時人體消耗的九百卡基本熱量之外，我們每天還必須再吃下兩千一百卡才行。羅莎莉跟我一樣是新人，剛從本州北部郊區一間高中畢業，她的午餐少到我忍不住出手干涉，因為她只吃了多力多滋而已，而且量才那麼一點點，要不是前一天留下的半包，就是剛買的一小包。她告訴我，這只是因為她家裡沒剩半點東西（雖然她跟男友和男友的母親住在一起）。而且她實在沒錢買午餐，這是我後來才發現的，因為我問她要不要在即時超商（Quick Mart）順便幫她買一罐汽水，她才不得不承認她連八毛九都沒有。我請她喝那罐汽水，雖然我心裡希望自己能像個媽媽一樣逼她喝牛奶而不是汽水。那她怎麼撐過一天八小時甚至九小時的工作？「呃，」她承認：「有時候我會覺得頭暈。」

我的同事們到底有多窮？雖然人們往往認為，會從事這類工作的人一定是出於絕望，或至少有一段犯了錯和坎坷的過去，但我無權過問這些。我看過的監獄電影教會我這方面的禮節，新進去的人可不會四處握手寒暄，亂問別人「你是犯了什麼事進來的？」所以我只是傾聽，在車子裡和大家聚集的辦公室裡都這麼做。起初我發現，這裡的人似乎都不至於無家可歸。幾乎所有人都跟某種程度的親戚住在一起，或跟同住一個屋簷下的人形成形式上的家庭。大家會談到去探望某個住院的祖父母，或寄生日卡給姪女的丈夫；單親媽媽會跟自己的媽媽同住，不然就是跟同事或男友合住公寓。我們之中最年長的是寶琳，她有自己的房子，但她卻睡在客廳沙發上，而她四名成年子女和三名孫子孫女則把臥室都住滿了。[12]

即便看起來沒有人睡在車子裡度日，但從一開始我就看到一些跡象顯示，她們的生活就算不用悲慘來形容，說是非常捉襟見肘也不為過。抽了一半的香菸往往會被收回菸盒裡留待下次繼續抽。即便是五毛錢的過路費，也得彼此商

12 我的女性同事們全都是白人，而且除了一個人之外都是盎格魯－薩克遜裔。這種情況在美國占大多數，至少勞工統計局報告上的資料是如此顯示。勞工統計局在一九九八年勉力找到的「私人住家清潔員與幫傭」資料之中，百分之三十六點八是西班牙裔，百分之十五點八是非裔，百分之二點七是其他族裔。然而，在白人雇主的腦袋裡，家事清潔往往跟少數族裔連在一起。有一次，我女兒蘿莎被介紹給一個有錢哈佛同學的父親認識，他竟然開玩笑地說，她取這個名字，一定是為了想成為最受歡迎的女傭（譯註：在美國一般大眾印象中，Rosa 這個名字往往跟墨西哥裔女傭聯想在一起）。此外，奧黛．羅德（Audre Lorde）也曾提到她在一九六七年的一次經驗：「我推著購物車在一家超級市場裡走動，車上坐著我的兩歲女兒……另一台購物車經過我們旁邊，坐在上頭的白人小女孩興奮地對她母親大叫：『媽咪妳看，有一個寶寶女傭！』」，引自瑪麗．羅麥羅，《女傭在美國：一些性別觀點》（Mary Romero, *Maid in the U.S.A.: Perspectives on Gender*, New York: Routledge, 1992），頁二七。但家事勞動力的組成分子很少固定不變，也會隨著不同族群所獲得的生涯機會而改變。十九世紀晚期，來自愛爾蘭跟德國的移民服侍著都會區的上層階級跟中產階級，而後她們就盡可能快速抽身轉到工廠工作。非裔女子隨後取代她們，占一九四〇年代家事幫傭人口的百分之六十。她們獨占這塊區域，直到其他工作機會開始向她們開放為止。類似的情況也發生在美國西岸，日裔幫傭多到不成比例，直到她們也同樣找到更適合的工作機會為止，見菲莉絲．帕瑪著《家務和灰塵：美國的家庭主婦與家事幫傭》（Phyllis Palmer, *Domesticity and Dirt: Housewives and Domestic Servants in the United States*, Temple University Press, 1989），頁一二至一三。今日，在不同區域，有不同族裔膚色的手拿著海綿擦抹：在西南部是墨西哥裔美國人，在紐約是加勒比海裔美國人，在夏威夷是當地夏威夷人；在中西部跟緬因州則是美國白人，其中許多是最近才從鄉村地區被迫出來工作的人。

量一下誰有這麼多錢可以先出，以及能否信任泰德會立刻把這筆錢補給我們。有一次，一名跟我同組的同事被一顆疼痛的智齒弄得快瘋了，只得不斷從我們打掃的房子裡撥電話出去，尋找哪裡有不收錢的牙齒醫療。而當我的（或者我該說莉莎的）小組發現我們桶子裡沒有半塊都斃的時候，我建議找一家便利商店買一塊，而不是大老遠開車回去辦公室拿。但我自己沒帶錢出來，結果我們四個人連兩塊錢都湊不出來。

我在女傭公司工作的第一個週五，是九月初緬因州少見的熱天。我們經過一間銀行時，看到銀行電子看板顯示氣溫高達攝氏三十五度。我跟一臉悲慘的羅莎莉及這次的領隊麥蒂一組。麥蒂比較陰沉，但在當時的情況下，這種陰沉跟莉莎毫不放鬆的高速步調比起來，幾乎算是種解脫。我後來才知道，莉莎是最高階的清潔員，實際上算是某種督導人員，而且據說她會告密。但麥蒂是一名年約二十七歲的單親媽媽，她只工作了三個月，正因為孩子照顧問題而鬱鬱寡歡。她在前往第一棟屋子的路上告訴我，她男朋友的姊妹在看顧她十八個月大的孩子，一週要價五十美金。這對在女傭公司的收入來說是一項沉重負擔，而且她還無法完全信任這名姊妹，可是正式的日間照護中心收費卻可能高達一週九十美金。打掃完第一棟房子，進度順利，於是我們吃「午餐」：羅莎莉吃多力多滋，麥蒂吃一包小魚餅乾。之後我們就朝下一棟位於市郊的房子出發。公司發的指示單上有警告我們，這是一棟有五套浴廁的房子，而且是第一次請人打掃。但當我們看到這個地方的大小時，還是目瞪口呆地提著桶子愣了一會兒，才四處找一個適合我們走進去的低調出入口。[13]那房子簡直像一艘被拖上岸的大郵輪，船首橫過隆起的綠色草地，船上有無數個窗戶。「唉呀呀，」麥蒂說，一面讀著指示單上的屋主名字：「W太太和她大得該死的房子，但願她會請我們吃午餐。」

13 對有錢人來說，房子幾乎可以毫無限制地擴大。從一九七一年到一九九六年間，新房子的建坪數增加百分之三十九，屋子裡有「起居室」、娛樂室、在家辦公室、臥室等，而且往往一個家庭成員就有一套衛浴設備，見〈家事戰爭中的緩和期〉（Detente in the Housework Wars），刊載於《多倫多之星》（*Toronto Star*），一九九九年十一月二十日。到了一九九九年第二季，百分之十七的新屋大小超過三千平方英尺，這個大小通常是判斷是否需要管家的指標，或者換句話說，這種大小的屋子已經不可能單靠居住在裡面的人來管理了。見〈塑造出嬌生慣養的新富階級〉（Molding Loyal Pamperers for the Newly Rich），《紐約時報》，一九九九年十月二十四日。

W太太根本不高興看到我們。當非裔保母帶我們到那間不管叫起居室、日光浴房還是書齋或什麼鬼東西的房間時，她就坐在那裡氣呼呼地瞪著我們。畢竟，她還得監督一名看起來像廚子的保母，和一群似乎在為裝修工作收尾的男子。她不想站起來帶我們看一遍房子，她說她已經在電話上跟辦公室講過了。但麥蒂就是站在那裡，我跟羅莎莉一起站在她背後，直到W太太讓步。她一面帶我們看房子，一面下指示：我們必須把所有東西移開，清理它們底下，踢腳板也全部要清潔乾淨。我算一算，那些踢腳板加起來有好幾英里長。此外我們還要注意正在睡午覺的寶寶，不能讓任何清潔劑接近她一步。

之後我就被派去清掃灰塵了。我甚至不知道該怎麼去稱呼各式各樣的房間，此時女傭公司教導的那套系統竟成了我的救生圈。我要做的事就是持續以從左到右的順序移動，在房間裡是這個順序，在房間之間也是這個順序，除此之外還要試著記得一些地標，以免不小心把一個房間或走廊清了兩次。打掃灰塵的人能最完整綜覽屋主的生涯概觀，因為我們必須把每一樣物品跟小東西拿起來一一清掃。結果我發現，W太太是一間重要女子大學的校友，如今則忙著監控她的投資和她寶寶的腸子運動。我發現她為了完成後面這項任務所準備的各種圖表，上面留了格子要填上時間、最近喝下的液體、黏稠度以及顏色。在主臥室裡，我撢了一整個書架的育兒書籍，包括有關懷孕、餵母乳、出生後前六個月、出生後第一年、出生後前兩年的書。而我不禁想，被迫無法自己照顧孩子的麥蒂若看到這些，不知道作何感想。也許世界上的女人被祕密分成兩種：可以養孩子的跟不能養孩子的，而處於女傭地位的女人不再被視為是可以養孩子的人。我們的辦公室經理泰咪自己曾經是個女傭，但也許這就是為何她如今每天戴著一英寸長的假指甲、身穿妖豔的短小服裝，宣示她已經晉升到可以養小孩的階級，不可以再送她回去打掃。

室內比室外還熱，我猜是為了寶寶好而不開冷氣，這對我來說不是問題，直到我遇上一樓兩旁跟後側整排堤岸般的玻璃門。每扇玻璃門都要噴過穩潔、擦乾和擦亮，從內到外、從上到下、從左到右，而且要擦到毫無紋路留下、透明到不可能再透明為止。在室外，我可以看到建築工人們喝光一罐罐開特力運動飲料，但女傭的規定卻是：若她人在室內，就不能有任何液體或食物碰到她的嘴巴。在此我得聲明，我不是沒有流過汗的人，我甚至常滿身大汗。我住在亞熱帶地區，那裡就算是不動的東西，一年之中有九個月時間也是濕漉漉的。

我平時就會運動，而且踩了踏步機十分鐘之後，還會對身上T恤留下的V形汗漬感到某種男子漢式的驕傲。但通常在一般人的生活中，流失的液體會立刻補充回來。那些生活在雅痞世界裡的現代人（例如在機場），看起來就像還在襁褓中的嬰兒，永遠拿著一罐水不放。然而在這裡，我卻在毫無任何補充或休息的情況下不停流汗。汗不是一滴一滴流，而是不停地整片浸濕我身上的馬球衫，大量從我雙腿後側流下。我早上塗的眼線膏（我知道我是個多此一舉的笨蛋）早就已經流到下巴底，而如果我想的話，還可以把辮子擰一擰。我一面在（眾）起居間裡工作，一面想著，不知道W太太是否有可能了解到，從另一個觀點看來，她買來表示自己獨特品味的一大堆華麗小東西，每一個都是橫亙在某個口渴的人和一杯水之間的障礙。

當我再也找不到任何需要擦拭的表面，也終於打掃完那些源源不絕的房間時，麥蒂指派我去清潔廚房地板。好吧，只不過W太太人**就**在廚房裡，所以我名符其實必須匍匐在她腳下。不，我們沒有海綿拖把那種一般人會在家裡使用的常見用具，因為匍匐在地的清潔方式，絕對是像女傭公司這種企業式清潔服務的賣點。一個對手公司在小冊子上自誇地如此寫著：「我們用老派的方式清潔地板：**雙手與膝蓋並用**。」（重點為筆者所加）事實上，無論這種四肢著地的方式可能有什麼優點，比如妳當然比較接近地板，比較不會遺漏掉某塊小汙點等，但都會被女傭公司清潔系統所強加的人為缺水狀況削弱。公司規定我們只能用不超過小半桶微溫的水，清潔廚房和鄰近所有要擦拭的地板，還包括早餐檯跟其他用餐區域。意思是，不消幾分鐘，我們就等於只是把灰塵在地板上均勻地重新分配而已。偶爾會有客人打電話來抱怨我們清潔過的地板，例如有一名男子不小心把東西濺在剛「清潔過」的地板上，他用紙巾去擦，結果那張紙巾竟然變成灰色。若改用一枝拖把和一整桶熱肥皂水，不只能使地板變得更乾淨，也能給實際從事這項清潔工作的人更多尊嚴。然而，似乎正是這種趴伏在地的原始服從姿勢（甚至推到極端，是連肛門都敞開到可以被進入的姿勢），才能令使用女傭服務的客戶感到滿意。[14]

不管怎樣，W太太的地板很硬（我猜是石頭製，不然也是類似石頭的材質），

14 在《家事的撫慰》一書頁五〇一中，雪瑞．孟德森指出：「絕對不可要求你僱用的家事清潔員匍匐在地清潔地板，這種要求很可能使對方有被貶低的感覺。」

而我們今天沒帶任何膝蓋用墊布來。在我中產階級的無知腦袋裡，曾以為膝蓋墊布只存在於莫妮卡・陸文斯基（Monica Lewinsky）[15]的情色幻想中，但我錯了，真的有這種東西，而且通常還是我們的標準配備之一。總之，我只能跪在地上，在房間裡四處移動，宛如某個瘋狂的贖罪者在十字架底下爬來爬去。而後我發現W太太死盯著我不放，她盯得那麼緊，使得我有一瞬間狂亂地以為，搞不好我曾經在她母校演講過，而她正在思索到底曾在哪裡見過我。萬一我被認出來，我會被炒魷魚嗎？她會不會至少靈光一閃，想到要給我一杯水喝？因為我已經決定，如果她真的給我水喝，我會接受，管他什麼規則不規則，反正萬一這件事傳到泰德耳朵裡，我就說我覺得拒絕客戶很不禮貌。不過，結果我根本不需要擔這個心。她是在監視我有沒有漏掉哪一英寸沒擦到。最後當我終於腰痠背痛地站起身，眼睛因為汗流進去而痛苦地眨著，她還說了一句：「既然妳都在擦地了，不如順便把玄關的地板擦乾淨。」

那天結束時，我衝回藍天堂，把遮光簾拉下，就在廚房裡把制服從身上剝下來，因為浴室小到容不下一個人和她脫下來丟在地上的衣服。然後我站在蓮蓬頭下，足足淋了十分鐘水，心裡想著這些水是**我的**。我為這些水付了錢，事實上，這些水是我掙來的。我在女傭公司撐過一週，沒有發生不幸意外、受傷，或暴動。我的背還好，意思是我已經根本感覺不到它的存在；就連我幾年前曾因腕道症候群受傷的手腕，都沒發出抱怨。同事們曾警告我，她們第一次穿上背包式吸塵器的時候會覺得暈眩，但我沒有。我很強壯，不只強壯，我很好。我有把那桶髒水扔到W太太的白色休閒夏裝上嗎？沒有。我有拿起吸塵器手柄，把某人的中國陶瓷雕像或喜姆娃娃（Hummel figurine）[16]砸碎嗎？一次都沒有。我一直保持著肯做事、有活力、樂於提供協助的態度，而且是個符合老闆期待的知足新進人員。若我能撐過一週，我就能再做一週，而且反正也得如此，因為我根本沒時間找其他工作。原本說好三點半就可以下班，結果根本是個神話，我們通常要到四點半或五點才能下工返回辦公室。再說，我難道想用下班後那副汗流浹背、滿身臭味的樣子去面試嗎？得了吧。我決定在老果園海灘的夕陽下散個步，慰勞自己一下。

15 譯註：涉及美國前總統柯林頓性醜聞案的女子，該案以清楚描述性交細節而聞名。
16 譯註：一種以快樂兒童為主要人物的高級瓷製娃娃系列。

由於天氣太熱，這個時節海灘上還有幾名泳客，但我穿著短褲和T恤坐在海邊，看著海浪拍打沙灘就很滿足了。太陽西下之後，我走回鎮上找我的車，此時卻驚喜地聽到讓我聯想起紐約或柏林這些城市的聲音。一對秘魯籍音樂家在碼頭附近一小塊綠地上演奏。在他們周圍，包括當地人和度假者在內，約有五十個人聚集，用帶著夏末寂寥表情的臉望著他們。我摸索著穿過人群，找到一個能好好看著兩名音樂家的位置坐下。他們其中一個是美麗的吉他手，另一個是高個子吹長笛的男子。他們來這個破舊的藍領階級度假地做什麼？而這些觀眾又怎麼看待兩名南方暗膚色人士的意外造訪？從長笛流洩出來的旋律，聽起來既極度陌生，又全然地熟悉，彷彿幾世紀以前，這個旋律就已銘刻在我的農人祖先心中，但一直被遺忘，直到此刻才再度想起。其他人似乎全都跟我一樣聽得入神。兩名音樂家一面演奏，一面對彼此眨眼微笑，於是我懂了，他們是全世界底層人物的密謀特使，要從一片潦倒和汙穢之中，偷偷攫取出一點歡樂。音樂結束時，我給他們一塊錢，大約等同於十分鐘的汗水。

我那神力女超人的心情並沒有持續下去。首先，雖然我的肌肉和關節表現良好，但我的皮膚卻決定不從。我手臂上和腿上冒出粉紅色的發癢腫塊，起先我以為一定是因為我們被鎖在門外時，我不小心碰到有毒的常春藤。有時候屋主會忘記我們要去打掃，不然就是忘記把鑰匙留在門墊下，或者改變主意不想要清潔服務了，卻沒想到要通知泰德。對我們來說，這可不像小學生遇到大雪天一樣，可以開心地因為天災而放假，因為泰德會把客戶的不負責任怪罪到我們頭上。他在某天早上的開工前會議表示，若屋主忘記我們要去清掃，「背後就有些其他意思」，比如他們對服務感到不滿意，於是用這個方式迂迴地告訴我們。有一次我跟到寶琳當組長的一組，她打電話給泰德報告我們被鎖在門外，而後她無奈地向我們轉述他的反應：「別這樣對我。」所以，在我們能放棄並宣告一個地方真的被鎖住之前，我們必須像闖空門的小偷一樣，四處搜尋其他入口，這可能意味著要踩過蔓生的植物，以便能探頭朝窗戶裡面看，此外還要測試過所有的門。我是沒看到任何有毒的常春藤，但誰知道還有哪些毒物家族（比如橡樹、漆樹等）潛伏在緬因州的植被中？

要不然罪魁禍首就是清潔劑，但若是這樣，應該會從雙手開始起疹子才對。經過兩天醞釀後，一場嚴重的皮膚炎已經蓄勢待發。我把從藥店買來的止癢軟膏塗在身上，但晚上一次最多只能睡一個半小時就會被癢醒。我醒來時了解到，我是可以工作，但也許不應該這麼做，因為我看起來大概就像個痲瘋病患。但泰德對生病沒有多少同情心。我們的早晨會議有一次以「用工作撐過去」為主題。他說，某個人（因為他不想特別講明是誰）把自己的偏頭痛拿出來講：「今天如果換作是我有偏頭痛，我只會吞兩顆益斯得寧（Excedrin）止痛藥，然後繼續過活。你就是得這麼做：用工作撐過去。」所以，出於一種科學實驗精神，我出現在辦公室裡，想看看我這副滿身斑點和發炎的樣子，是否足以讓我被趕回家去。如果是我，絕不想讓這副樣子的人處理我孩子的玩具，或浴室的肥皂。但泰德的診斷是：沒問題，妳一定是乳膠過敏。只要別用我們為特別難搞的情況預備的乳膠手套就好，他會給我另一種手套戴。

若我要忠於現在的角色，就應該在下班後去急診室，並試著找一個慈善性質的小型照護機構。但這已經超過我的忍受範圍，晚上實在癢得不得了，我數度快要崩潰，不斷揮舞手臂、用力頓足，才不至於瘋狂亂抓或失聲大叫。所以我回頭到自己真實的社會階級網絡裡尋求協助，打電話到西嶼，找一個我認識的皮膚科醫師，硬逼他在沒親眼看到癥狀的情況下開藥給我。結果，包括止癢藥膏、消炎藥膏以及讓我晚上能睡覺的抗組織胺劑在內，整件事花掉我三十大洋。天氣仍然熱得根本不像九月，而我常常在一面竭力忍耐著搔癢感，一面吸地或擦抹的同時，望著某個人的天藍色游泳池興嘆。就算是沒有皮膚發疹困擾的人，也由於可怕的熱氣和清涼卻碰不得的水彼此強烈對比，而多少受到些影響。在最炎熱的幾天中，有一次我們清潔完一幢有游泳池、池畔小屋和觀景台的屋子之後，羅莎莉、麥蒂跟我著迷似地談論人能浸在哪些液體裡：鹽水與清水、湖與游泳池、浪濤與平滑如鏡的水面。我們連在房子裡都無法洗手，至少在水槽被弄乾跟擦亮之後就不行。就算我努力在不能再碰水槽之前洗過手，卻永遠有一些收尾的手續要做，例如在出了房子後，還得把最後擦地板的髒抹布扭乾。也許我在某間房子裡被蟲子咬了，也可能是我為了努力圖得一點乾淨，把消毒劑直接噴在手上的關係。發疹三天之後，我又到老果園海灘一趟，就那麼穿著衣服走入海中（我沒想到要從西嶼帶泳衣來），試著假裝我是不小心被海浪打到海裡，而不是某個可憐的街友，把海當成澡盆用。

除此之外，還有其他因素不利我維持那種自以為是英雄的得意。在心裡，我曾對自己能跟得上小我二、三十歲的女人的工作，甚至表現還超越她們而感到沾沾自喜，但結果，我這種比較之下的優點，對她們的好處其實大於對我。我們彼此之間要說有什麼連帶感的話，也是在身體狀況的層次上。一個人若體力衰弱，會造成其他組員的額外負擔。大家時常彼此交換訊息，討論以哪些草藥和免處方箋藥物來止痛。如果說我不了解我的同事如何靠這點薪水過活，或她們如何看待這種地獄般的處境，那麼我倒是了解她們的背痛、抽筋和關節炎發作。蘿麗和寶琳因為背痛而不能做吸塵工作，這個意思是，妳會害怕被分到跟她們同一組。海倫一隻腳扭傷了，而泰德某天在解釋她為何缺席的時候暗示，那都是因為她偏執地堅持穿一雙便宜、不合腳的鞋。瑪姬的關節炎使擦抹工作成了一項酷刑，另一名女子的旋轉肌則到了必須找復健師治療的地步。羅莎莉告訴我，當她還是個「孩子」的時候（在我眼裡，她現在也仍是個孩子），因為撿藍莓的關係傷了肩膀，我腦中浮現自己孩提時的景象：在一個炎熱的七月天裡，我漫步在田野間，邊走路邊摘一把藍莓吃。但當羅莎莉還小的時候，她是在緬因州北部的藍莓田裡工作，而她肩膀受的傷是職業傷害。

所以，我們生活在一個疼痛的世界裡，靠著益斯得寧和布洛芬止痛藥來勉強度過，用香菸來平衡，或者在一、兩個人的情況裡（而且只限週末），靠喝幾杯來平衡。那些屋主到底知不知道，他們的屋子之所以能完美得像間汽車旅館，是靠多少人的悲慘在支撐？若他們知道了，又會良心不安嗎？或者他們會對自己所買到的服務，有種虐待狂式的驕傲？譬如對晚宴上的客人誇耀他們的地板只用最純粹的人類淚水來清潔？我曾跟一名屋主短短交談過幾句，她是一個講話直率的結實女子，從她書桌上的東西看來，她兼職當私人健身教練。當時我正在吸地，而她注意到我滿身大汗。「這可真是激烈運動，對吧？」她指出，語氣算得上友善，此外她還真的提議給我一杯水喝，這是唯一一次有屋主對我做出這樣的提議。我藐視在屋內不得吃喝任何東西的規定，接受那杯水，並且留下一英寸高的水沒喝光，以免她以為我暗示她再給我一杯。這名訓練師告訴我：「我都跟客戶說，如果你想保持身材健美，就只要把你的女清潔員開除，自己來做那些家事就得了。」我能發出的回答只有：「呵呵。」因為我們並不是坐在健身房裡閒聊，此外我也無法跟她說明，這種形式的運動完全沒有均衡可言、無情地不斷重複，而且對肌肉骨骼結構的破壞遠大於鍛鍊。

有一次，我的自制能力面臨極大挑戰。在一棟百萬豪宅裡（我猜大概值這麼多，因為它有整整三層樓，再加上能飽覽雄偉岩岸的視野），一名女主人帶我到主臥室，而根據牆上一張框起來的相片看來，她認識真正的芭芭拉．布希。她向我說明她的淋浴間問題，淋浴間的大理石牆似乎「流血」到黃銅製的設備上，因此她問我能不能特別用力刷洗石頭間的縫隙？我很想告訴她，流血的不是妳的大理石，而是全世界的勞工階級。是他們刨挖出這些大理石、編織妳的波斯地毯直到眼睛瞎掉、收割那些被妳放在餐室當秋季擺飾主題的蘋果、鎔鑄那些做成釘子的鋼、開卡車、建造起這座屋子，而如今則彎著腰、匍匐在地、汗流浹背地清理它。

就算在以底層勞工角色生活的時候，我也沒有天真地想像自己就是這些被壓迫的勞工之一。我之所以能一小時接一小時地工作下去而沒累倒，全是因為幾十年來我有高於一般水平的醫療照顧、高蛋白質的飲食，以及在每年收費四百或五百美金的健身房運動。若我如今還算是一個有生產力的假勞工階級，那也是因為我從事高度體力勞動工作的時間，還沒長到弄壞身體的地步。但我可以在此為自己說句話：儘管幾年來伴侶和丈夫都催我僱用家事清潔員或使用清潔服務，但我從來沒這麼做過（只除了兩次，那是要把房子整理成可以短期出租的樣子）。當孩子還小的時候，能有一名幫手確實很不錯，但我當時負擔不起。

後來到了我負擔得起的時候，我還是對這種做法有股反感。之所以如此，我想一部分是我母親的關係，她相信一個由自己所打掃的家，是女性美德的證明。另一部分原因則在於，我真實從事的工作是久坐不動型，因此我會以這邊擦擦十五分鐘、那邊掃掃三十分鐘的方式做家事，家事於是變成工作之間的休息。但即便一些上層中產階級的朋友已經在僱用幫傭（他們內疚地並盡可能遮遮掩掩地這麼做），我還是十分抗拒這種做法，因為我就是不想跟另一名人類建立這樣的關係。[17]

17 在一九九九年，有百分之十四到十八的家庭僱用幫傭做清潔工作，實際的家庭數字呈現急遽增加。媒體標竿調查公司（Mediamark Research）的報告顯示，從一九九五到一九九九年間，一個月僱用清潔員或清潔服務一次以上的家庭數成長了百分之五十三。而馬利茲市調公司（Maritz Marketing）發現，在一九九九年使用家事服務的人之中，有百分之三十是從該年才首度開始使用。在新興企業清潔服務業界（比如我所工作的公司），經理們不只把他們的成功歸因於流入勞動市場的女性，還歸因於家事問題所引發的緊張關係。一九八八年，僱用幫傭的趨勢正要開始大幅流行時，快樂女傭公司麻薩諸塞州阿靈頓分店的店長在《基督教科學箴言報》（*Christian Science Monitor*）上表示：「我會跟一些女性開玩笑。我說：『我們甚至有拯救婚姻的功能。在新的八〇年代，妳會對男性伴侶有更多期待，卻通常得不到預期中的合作態度。所以妳的另一個選擇就是付錢讓別人來做。』」

讓我們談談屎吧。跟貼在保險桿上的小標語寫的一樣，屎爛的鳥事會發生，而且它每天都發生在清潔員身上。我第一次以女傭身分遇見一個沾滿屎漬的馬桶時，我被自己必須被迫貼近它的感覺嚇到了。幾個小時前，某個被養得肥肥的屁股才從這個馬桶座上吃力地抬起來走人，如今我則得在這裡把他留下的爛攤子擦乾淨。為了那些從來沒清過真正髒馬桶的讀者們，我在此應該說明一下。屎漬有三種，一種是殘留在馬桶缸內側的大塊拖曳痕跡，一種是留在馬桶座底側的噴濺彈射殘餘，此外還有一種最噁心的，有時候會有一團褐色的硬塊黏在馬桶座邊緣，應該是一坨屎在潛入水裡的途中不小心擦撞到。你不想知道這些事？我自己也不想滿腦子想著這種事好嗎？但不同的屎漬會需要不同的清潔方式。留在馬桶缸內側那種稍微好點，因為能用刷子來攻擊它們，刷子算是一種能在一段距離外發動攻擊的武器。在馬桶座上結成硬塊的則最可怕，特別是在需要都斃和抹布介入的時候。

不然我們也可談談浴廁清潔員的另一個大報應：陰毛。我不知道美國上層階級的人到底是怎麼了，但他們似乎正以一種嚇人的速度掉陰毛。你會發現它們出現在淋浴間、浴缸、按摩浴缸、排水孔裡，甚至還會匪夷所思地出現在洗碗槽裡。我有一次趴在一個巨大的四人用按摩浴缸裡足足十五分鐘，簡直快發瘋，因為那些暗色小捲毛藏身在茄子色陶製浴缸的背景裡，難找得要命。但我一面又著迷地想像那些經濟菁英們私處的樣子，因為照這種掉毛速度，他們那裡應該早就禿光了。

當然，除了拉屎和掉毛之外，屋主還能做出更糟糕的事，例如暗中監視我們。有一次我問一名同組的組員，為什麼要規定我們不能在屋子裡講粗話，她告訴我，聽說有屋主會把我們的工作情況錄音。公司的官方說法還提到攝影機，他們說屋主會把攝影機放在有價值的物品附近，以便能逮到試圖偷竊的清潔員。無論這些說法到底是真是假，泰德都要我們在打掃每間屋子時想像自己是在別

見〈被陳年灰塵伏擊〉（Ambushed by Dust Bunnies），《基督教科學箴言報》，一九八八年四月四日。另一家快樂女傭分店的店長則學會更直接利用家務爭吵。他有百分之三十到三十五的案子，都是在週六早上九點到十一點之間打追蹤拜訪電話成交，因為那段時間是「對整個房子是一團亂這件事起口角的典型時段」，見〈家中藏著骯髒祕密〉（Homes Harbor Dirty Secrets），《芝加哥論壇報》（*Chicago Tribune*），一九九四年五月五日。

人的監視之下工作。[18]有些屋主則會對我們設陷阱。我在打掃某一間屋子的時候被組長嚴厲斥責，原因是我沒有把零散地鋪在木質地板上的波斯地毯一張張拿起來吸底下。組長之所以反應激烈，是因為這間屋子的屋主喜歡把很小堆的灰塵留在那裡，當我們清掃完後，他們就能檢查那些灰塵有沒有被清除掉。更常見的狀況是，屋主會算好時間，當我們來清掃的時候還留在家裡，以便能在現場監控我們。有一次，我在一間房子裡負責吸地，屋主是一對已經退休的夫婦。我回頭查看一個剛完成清潔的房間，結果一進去竟發現，女屋主那繃在紫色衣服裡的屁股從地板上直朝著我翹起。我沒想到她身手還能那麼矯健，硬是爬到桌子底下想找出沒被吸到的灰塵微粒。

我是想多談談那些屋子本身，但我沒有足夠詞彙來描述那些五花八門的牆面裝飾、室內地板材料、燈光裝置、壁爐配備、門廊和雕像。說到室內裝潢，我從以前就覺得，我們身上沒有毛皮又必須住在室內，真是一件不幸的事。像建築、傢俱這些由於人類生物學上的弱點所導致的後果，從來就引不起我的興趣。對我來說，能讓我了解屋主們臉上肌肉的抽搐、偽裝跟不安全感的東西，是書籍和其他與印刷有關的工藝品。我得知一名屋主是山達基教（Scientologist）[19]

信徒；另一名屋主則驕傲地宣稱自己屬於某個蘇格蘭氏族，跟我的祖先其實是同一族。另外還有一名屋主則把一張認證裱框起來，上面寫著她被列入《美國婦女名人錄》（*Who's Who of American Women*）。至於書籍方面，在比較通俗的文學品味群中（大部分屋主均屬此類），我發現有葛里遜（John Grisham）[20]和林伯（Rush Limbaugh）[21]的書；較深奧的則大多為譚恩美（Amy Tan）[22]的作品，有一次我甚至瞄到翁達傑（Michael Ondaatje）[23]的書。但在大多數情況裡，書只是展示用。從食物汙漬跟亂丟的衣物數量來判斷，屋裡的人實際上生活在放著大螢幕電視的房間裡。唯一讓我覺得非常受不了的書，是那些一定是整批買下的「古董書」。有時候屋

18 當時我只覺得這是為了嚇唬我們的誇大說法而已，但後來我看到許多隱藏式攝影機的廣告，比如「不可思議地小如硬幣的」高科技七號攝影機，它的設計是讓人能「對保母的行為留下影像監控紀錄」以及「監視員工，防範偷竊」。

19 譯註：一種認為基督只是眾多先知之一的教派。

20 譯註：約翰．葛里遜，著有《黑色豪門企業》、《失控的陪審團》等法律法庭小說的暢銷小說家。

21 譯註：羅許．林伯，美國保守派極受歡迎的談話性節目主持人。

22 譯註：譚恩美，華裔美國作家，以《喜福會》一書聞名美國文壇。

23 譯註：麥可．翁達傑，著有《英倫情人》等書。

主會把它們攤開放在茶几上，表示某種古風和真實感，彷彿屋主真的會把閒暇時間花在讀一本一九二〇年的書上，而且標題還是《維蒙特的雪橇比賽：一名男孩的冒險》（*Bobsledding in Vermont: One Boy's Adventure*）。不過，時間壓力無可避免地削減我進行文學探索的機會。對一名女傭來說，真正重要的是每座書架上的書有**幾本**。若超過十二本書，就可以當作一整個不要動的大型物件，只需把整排書四周的灰塵弄乾淨即可，但若少於十二本書，就必須要一本一本拿起來撢。

並非所有的屋主都很有錢。約四分之一到三分之一的屋子看起來只是中產階級程度。此外，不曉得是不是因為缺人幫他們做點輕微的打掃工作，我們每週或每兩週來打掃一次的時候，有些屋子真的是非常髒。但階級也是一種相對性的東西。有一次我們連續打掃兩間屋子，居住者的總數顯然多於屋子裡的臥房數量，而且泰迪熊是擺起來做裝飾而並非放心把玩，顯然表示有某種財務危機。在清完這兩間屋子之後，我問當天的組長荷莉，接下來我們要掃的房子是不是「有錢人的」。她的回答是：「如果我們得打掃他們的房子，那他們就是有錢人。」

當我發現自己每天都被分發到荷莉那一組的時候，時間無疑已經是秋天了。早上會有晨霧，農產品展售攤都以南瓜為主打商品。我們在公務車上聽廣播電台，老搖滾電台一整天放好幾次〈瑪姬梅〉（Maggie May）來突顯季節：九月即將結束，我真的該回學校了。其他人都出門上班或上學去，我們則像灰姑娘一樣，留在被他們拋諸身後的家裡。熱門音樂電台播放的則是珍珠果醬樂團（Pearl Jam）唱的〈最後一吻〉（Last Kiss），他們把這首歌唱得如此悲傷卻美麗，使得喪失親友幾乎像一場值得嫉妒的遭遇。但我們並沒有在車上談論過電台音樂，也沒談過女傭公司和一長串客戶房屋之外的世界。在我加入過的所有小組中，荷莉這一組最盡責而嚴肅，每天早上的對話一定全是關於當天預定要清掃的房子。比如：「墨菲家，那不是第一次掃的時候花了四個小時的房子嗎？好吧，不過一旦洗完主臥室浴缸之後就ＯＫ了，你會需要用到黴菌清潔劑，用在……」諸如此類的。不然我們會輪流傳閱當天的路線圖，並研究泰咪在圖上草草寫下的屋主「超級在意點」。典型的「超級在意點」有踢腳板、窗台和天花板掛扇。至於貧窮、種族主義或全球暖化問題，當然從來沒上榜過。

不過荷莉令我在意的一點是，她看起來就身體不好，臉色大概比整個州的人還蒼白，而且幾乎天天如此。我說的不只是白種人的白，而是會讓人想到純白新娘禮服、結核病和死亡那種白。我對她的了解不多，只知道她二十三歲，結婚快一年，努力靠一週三十到五十美金的薪水養活她丈夫、她自己和一名年長親戚。這筆錢只比我一個人必須花在吃上頭的錢多一點點而已。我猜她在吃早餐前的體重不會超過九十磅，當然前提是假設她還會吃早餐。在長達八到九小時的工作時間裡，我只看到她吃那種小小一份的花生夾心餅乾而已。各位很可能以為她根本不想吃東西，但每天下午大概兩點半左右，她就會在車上談起有關食物的幻想。她會問瑪姬：「妳昨天晚餐吃什麼，瑪姬？」瑪姬是我們小組裡最年長，生活也最優渥的一個，因為她有一名持續在工作的職業漁夫老公。她有時會跟我們說她到一些好地方吃飯，例如星期五餐廳（T. G. I. Friday's）。有時候我們開車經過一家冰雪皇后（Dairy Queen）餐廳，荷莉就會說：「那裡的四方形最好吃了（四方形是當地一種聖代的名稱），妳知道，有四種淋汁。妳可以點巧克力、草莓、奶油硬糖跟棉花糖，還有任何想吃的冰淇淋。我曾在那裡吃過一次，我先讓冰淇淋稍微融化一點，噢，**老天**。」諸如此類的。

但在今天，就連一向旁若無人地嘮叨自己生活瑣事的瑪姬（「那隻蜘蛛真是大得不得了」或「所以她就在烤豆子裡加上一點點黃芥末……」），都注意到荷莉看起來有多麼搖搖欲墜。「妳只是消化不良還是覺得噁心想吐？」她問。當荷莉承認她是噁心想吐的時候，瑪姬想知道她是不是懷孕了。荷莉沒有回答。瑪姬又問了一次，荷莉同樣沒回答。「我在跟妳說話，荷莉，回答我。」當時氣氛相當緊張，瑪姬窮追猛問，但荷莉無論怎樣就是不回答。不過，最後是身為組長的荷莉贏了。

當天組裡只有我們三個人，狄妮絲因為偏頭痛無法工作。於是在第一間屋子的時候，我建議那天全部吸塵工作都由瑪姬和我來負責。瑪姬沒有接口贊同我的提議，但反正也沒有差別，因為荷莉立刻說絕對不行。我決心要以最快速度清除完灰塵，這樣就能儘量分擔荷莉的工作。當我除完灰塵衝進廚房的時候，眼前的景象實在太具衝擊性了，使得有一刻我以為自己從「清除灰塵」那部錄影帶走出來，到了另一部截然不同的電影裡。眼前的荷莉一點都沒有平時組長的氣勢，她頹喪地趴在廚房流理台上，臉埋在手臂裡。「我今天真不該來的，」她說，抬起毫無血色的臉看著我，「我跟我先生大吵一架。我今天早上不想來上班，但他卻說我非來不可。」這份突如其來的信任，完全不像平常的荷莉，以致我一時語塞。問題也許在於她懷孕了。她懷孕七週，害喜到無法控制的地步，這就是為何她吃不下任何東西，變得如此虛弱。但她想把這件事保密，直到她能自己告訴泰德為止。

我有一位社會學家朋友曾告訴過我，緬因州鄉村居民生性非常保守。我謹記著這點，小心翼翼地伸手碰觸她的手臂，然後告訴她不該這麼勉強自己。就算她覺得自己還撐得住，可能也不該接近清潔用的化學藥劑。她應該回家休息。但最後我只勸得動她吃一條我隨身帶著的純蛋白質乾糧棒，我總是會在袋子裡塞一條這種乾糧，以免我中午吃的三明治撐不到下班時間。起初她推拒不吃，但我再度請她吃下，她說：「真的可以嗎？」才終於收下。她用顫抖的手指剝下小塊，放進嘴巴裡。還有，今天剩下的路程能不能由我來開車？因為她頭暈到不信任自己能把車開穩了。

自從我以女傭身分過活以來，第一次有了比符合新英格蘭中產階級美學標準還強烈的使命感。我會做兩人份的工作，有必要的話做三人份也行。接下來那間屋子的屋主，被荷莉和瑪姬稱為「天殺的婆娘」，結果她簡直就像瑪莎・史都華（Martha Stewart）[24]本人，再不然也是她的忠實信徒之一。這屋子每個地方都讓我感到惱火，就算我只是來這裡喝杯雞尾酒而不是得在裡面做牛做馬，有些地方也讓我非常受不了。這是一棟蒼白又毫無活力的房子，門口的黃銅飾板上寫著這座屋子建造的時間（十八世紀中），小酒吧裡炫耀地排著整列純麥蘇格蘭威士忌，臥室的床不但巨大無比，還是四根柱子加頂棚那種，按摩浴缸大到必須爬上樓梯才能進去，灌滿水的時候大概還能潛水。我飛快地打掃完臥室，甚至當其他人還在做原本被指派的工作時，我已經打掃完廚房了。此時瑪姬出現在廚房，指著掛在天花板附近架子上的一整排銅製湯鍋和平底鍋。她告訴我，根據我們得到的指示，那些鍋子每一個都必須拿下來，用屋主特別選用的亮光劑擦亮。

好吧。唯一能拿到那些鍋子的方法，是爬上流理台，跪在那裡，然後盡可能伸長手把鍋子拿下來。在此我得說明一下，這些鍋子不是拿來烹調用，而是擺在那裡捕捉散射的陽光，或反射屋主那張無疑花了大錢擦亮磨光的臉。最後一個鍋子超乎想像地重（那些鍋子是依大小排列），當我跪在流理台上伸手拿它

24 譯註：以倡導高級優雅而講究的生活方式聞名，提倡所謂的生活美學。

的時候，它從我手裡滑走，掉下去砸破一個用大理石精巧布置的魚缸。魚兒飛跳，大理石滾落一地，而在我們的工作裡被視為危險汙染物的水，則浸濕了每樣東西，包括一疊烹飪書，裡面有《美味廚房》（*Cucina Simpatica*）[25]、幾本以普羅旺斯為背景的烹飪書，此外，沒錯，還有瑪莎・史都華自己寫的。沒人對我發脾氣，就連辦公室裡的泰德也沒有，照理說發生這種事應該會有人責怪他。我的懲罰是看到荷莉的表情，因為當她聽到那聲巨響，衝進廚房看到是怎麼回事的時候，整張臉因為恐懼而幾乎完全變形。

意外發生之後，荷莉決定我們可以到便利商店暫時休息一下。我給自己買了一包菸，出去坐在雨中吞雲吐霧（我已經好幾年沒抽菸了，但反正這麼做有點幫助），其他人則坐在車子裡喝可樂。我訓誡自己，我得克服這種拯救別人的情結才行，沒有人想被一個笨手笨腳的傢伙拯救。在這一刻，連我的動機都似乎顯得不太光明。沒錯，我想協助荷莉和所有需要幫助的人，如果可能的話全世界的人我都想救。我是個「好人」，我在看護之家照顧的痴呆症病患們都同意這點。但是，或許我也討厭自己突然變得這麼無足輕重，也許我想「成為某號人物」，就像傑西・傑克森（Jesse Jackson）[26]喜歡講的那句話一樣。我想成為某個慷慨、能幹、勇敢的人，也許最重要的一點是：一個被人注意的人。

女傭是不被人擺在眼裡的一種職業，就算我們有進入別人的視野，往往感覺也很不好。[27]在前往那棟像瑪莎．史都華住的屋子路上，荷莉和瑪姬抱怨那名屋主從以前就態度傲慢，我鼓起勇氣問她們，為什麼很多屋主似乎對我們有

25 譯註：一本以介紹普羅旺斯地區佳餚聞名的烹飪書。

26 譯註：美國非裔民權運動者，曾寫過一首名為〈我是號人物〉（I Am-Somebody）的詩，該詩在芝麻街演出過，並被收入書中出版。

27 這種不被看見的情況，在宏觀層次也是如此。根據人口普查局（Census Bureau）的報告指出，一九九八年有五十五萬名家庭幫傭，比一九九六年成長百分之十。但這個數據很可能跟實際人口相差甚多，因為有太多幫傭活動是在地下進行，不然也是位於檯面上的極低位置，很少數據收集者敢於涉足這個領域。例如在一九九三年，也就是拜爾德（Zoe Baird）由於僱用非法外籍移民當保母而失去當司法部長機會那年，據估計，在一年付給家庭清潔員超過一千美金的美國人之中，只有不到百分之十向美國國稅局呈報這些錢。社會學家瑪麗．羅麥羅曾舉例說明政府可能多嚴重低估情況：一九八〇年時，人口普查局只在厄爾巴索（El Paso）發現一千零六十三名私人家庭勞工，即便在同一時間，該市的規畫、研究與開發部估計，實際數量應該是一萬三千四百名，而當地巴士司機則估計，每天兩萬八千三百名搭巴士的乘客中，有一半是往返工作途中的女傭。（見《女傭在美國》，頁九二）自從拜爾德醜聞案發生後，雇主的誠實度有所增加，但大多數專家相信，從事家事服務的勞工，仍有很大部分既沒有被主流經濟計算在內，也沒有被看見。

敵意或鄙視我們。荷莉的答案是：「因為她們認為我們很笨。」瑪姬也突然看起來正經許多：「這些人根本看不起我們，我們只不過是女傭。」在其他人眼裡，我們也沒多被看得起。就算是一小時也只賺六塊美金的便利商店店員，也似乎瞧不起我們。在西嶼的時候，我身上穿的馬球衫女侍制服總能讓我跟店員打開話題，比如店員可能會問：「妳在傑瑞餐廳工作？從那裡再往上一點的大道上有一間鬆餅店，我以前在那裡工作過。」但女傭制服則會造成反效果。有一次，我們在一個有用餐吧檯的小餐館停下來買點提神食物，我想點冰茶外帶，但女侍卻一直站在那裡跟同事聊天，完全不理我一直禮貌地叫：「麻煩妳。」除此之外還有超級市場。我以前習慣在工作回家的路上順便去採購，但我受不了別人看我的眼神。那些眼神的意思很容易解讀：「妳在這裡幹什麼？」或者「難怪她會窮，你看她的購物車裡有啤酒！」沒錯，工作了一天之後，我的樣子不太好看，而且聞起來大概像廁所跟汗水加起來的味道，但實際上，卻是我身上穿的閃亮綠黃相間制服洩了我的底，就像逃犯身上穿著黑白橫條犯人裝一樣。我突然想到，也許我正有那麼一點點可能稍微體會到，身為一名黑人的感覺是什麼。

此外，看看我現在的樣子：坐在加油站的護欄上吞雲吐霧，雨似乎永無止境地慢慢下著，而我全身早已因汗水而濕透，淋不淋雨也沒差了。我當時心想，我不可能比現在還悽慘了。然而，那是可能的，真的可能！而且還確實發生了。在打掃下一間屋子的時候，我正要把刷馬桶的刷子從拉鍊密封袋拿出來，結果在袋子裡積了一天的汙穢液體竟然潑到我腳上，純度百分之百的廁所原汁流經我的鞋帶，鑽入我的襪子裡。在普通人的生活裡，假設如果有人真的撒尿在你鞋子上，你應該會馬上脫掉鞋子和襪子並把它們全扔了。但我腳上這雙卻是我僅有的鞋子。我別無他法，只能拚命努力忽視浸濕我雙腳的噁心東西，然後像泰德說的那樣，用工作撐過去。

以前的我給現在的我一句話：放慢腳步，還有最重要的是，拉開距離。若待在受苦的人四周讓我受不了，那我就不該涉入低薪工作的世界，無論是以記者或其他的身分都一樣。除此之外，我也有自己的問題得擔心，最急迫的是經濟問題。在我最初的計算中，若從長期看來，而且沒有突發事件阻礙的話，我的經濟靠兩份工作應該游刃有餘。但我從在女傭公司開始上班的第一個週五到現在，都還沒有拿到任何薪水支票。公司的說法是，新進人員第一筆薪水會被扣住，直到最後離職時才發還，顯然是為了避免員工跑去痛快地花掉，第二週之後就不來上班。除了那場疹子的額外花費之外，我還很愕然地發現，我在藍天堂旅館的第一週租金是兩百美金，不是一百二十美金，因為老闆認為旅遊季還不算完全結束。再加上雖然我租的屋子名義上是「附傢俱」，但當我搬進去的時候幾乎沒附任何廚具，於是我不得不在沃爾瑪量販店自己花錢買鍋鏟、開罐器、「萬用菜刀」、掃帚等必需品。若兩邊工作的薪水都開始進入戶頭，我就可以應付得來，但現在已經到了第二個禮拜後半，我預見接下來一週會極度吃緊，就算加上可以在木冠吃免費午餐也一樣。

這些努力工作的窮人能得到什麼協助嗎？能，但卻需要一個非常有決心，而且不是真的一窮二白的窮人才能得到。週四下班後，我開車到女傭公司對街的美孚加油站，打電話到普瑞布爾街資源中心（Prebles Street Resource Center）。在電話簿中，它被列為可提供免費食物和各方面協助的資源中心之一。結果我得到一個語音回答，表示該中心在下午三點就關門了（對得上班的窮人還真「好」啊！），請在這個時間之後改撥七四四救援專線。我打過去，電話足足響了四分鐘才有人接起來。我告訴接電話的人，我剛到這一帶，有工作，但需要一些立即的食物補助或現金協助。他想知道，如果我有工作，為什麼還需要錢？難道過來這裡的時候我沒帶一些錢嗎？我告訴他，那些錢在租房子的時候就用完了，而且租金比我預期的貴。那我為什麼在搬過來之前不先查查此地的租金？我很想把我出疹子的事件也告訴他，看他願不願意高抬貴手從輕發落，但我決定我們的關係還不到我想跟他討論身體的地步。最後，他終於讓步，給我另外一個電話號碼。接下來又輾轉打了四通電話之後，我才遇到一個願意幫忙的人類：葛羅莉亞。她告訴我，我應該在明天早上九點到下午五點之間到位於畢得佛（Biddeford）的食物發放站。這些人到底為什麼會假設飢餓的人都整天沒事，能四處開車到那些所謂的社區行動中心（Community Action Center）和慈善廠商那裡去？結果葛羅莉亞要我打另一個電話號碼，這回是一個名叫凱倫的女子接聽，她是另一名義工，結果她說我不在她管轄的郡內。我非常緩慢地向她解釋，並且努力用正式的語氣，彷彿是打電話去銀行問信用卡條款，我用盡腦袋裡的時間和地理知識再一次地告訴她：我確實一週工作七天，確實一天工作至少八小時，而我此刻確實正好就身在她所管轄的地理區域內。成功！凱倫讓步了。我不能拿現金，但她會打一通電話，讓我可以在南波特蘭一家買得省（Shop-n-Save）大型超市領食物券。她接著問我：「晚餐想吃什麼？」

這個問題似乎有點可笑或嘲諷的意味。我晚餐想吃什麼？來份淋上香蒜醬的烤鮭魚派和一杯羅爾酒廠的夏多內葡萄酒[28]如何？但凱倫是認真的。我不能拿現金，想必他們認為我會把錢全拿去買醉；我也不能享有任何能引起人食欲的真正食物。她向我說明，我只能從以下的東西中選兩樣：一盒義大利麵、一罐義大利麵醬、一罐蔬菜、一罐烤豆子、一磅漢堡肉、一盒調味漢堡用的醬汁，或一盒調味鮪魚用的醬汁。沒有新鮮的水果或蔬菜，沒有雞肉或起司，而且奇怪的是，沒有鮪魚可以調味。至於早餐，我可以選穀片和牛奶或果汁。夠好了。我開車到買得省超市，在客服部領取我的食物券（上面再次列出我貧乏的食物選項），然後開始名符其實地省錢購物。我得到一品脫牛奶、一盒穀片、一磅絞肉，以及一罐四季豆，我想最後這兩樣可以用來做一鍋墨西哥辣肉醬，或至少可以把豆子再炒過做辣豆子醬。還好，當我在收銀台要求把四季豆換成烤過的豆子時，女收銀員沒有刁難我就讓我換了。我想跟她說謝謝，但她卻把視線移開，漫無目標地看著別處。總結下來，我花了七十分鐘打電話加開車，再扣掉兩塊八毛錢的電話費，才終於獲得價值七塊兩分錢的食物。換算一下，等於時薪三塊六毛三。

除此之外還有週末在木冠的工作。我一直試著把這些日子當成真正的週末來看，彷彿我是在做了一個禮拜徒勞無益、多半像是在替房子上妝的工作之後，志願做些有用的事來轉換一下。我姊姊跟我一起經歷過父親得阿茲海默症去世的過程，她寫信給我表示：「這工作一定讓妳難受極了。」但其實並不會，一旦妳跟那些病患一樣，忘掉他們曾跟其他人一樣能正常生活，就能把他們想像成一群正在開茶會的幼兒，只不過乾癟了一點而已。除此之外，跟我在女傭公司的女同事們比起來，木冠的同事們簡直算得上熱情又外向，雖然他們的面孔似乎每週都會換一輪。由於我努力跟彼特拉開一些距離（部分原因在於我不想養成每週末都抽菸的習慣），我至少跟十幾名廚師、護士、合格看護士及其他飲食助手建立一點交情，起碼他們看到我還會打聲招呼。而且更主要的是，我很享受我的自主性和分分秒秒的行動自由。週末尤其是沒人督導的日子，而本來就

28 譯註：羅爾（J. Lohr）是加州著名葡萄酒廠，夏多內（Chardonnay）則是釀造葡萄酒的著名葡萄品種。此處意指奢侈食品。

不是個獨裁者的琳達自從第一天後就很少露面。我可以從任何喜歡的地方開始整理餐桌或掃地，不用管什麼從左到右、從上到下的鬼規則。我可以決定午餐是否需要多添點冰淇淋，還可以決定是大理石巧克力口味還是草莓口味。若一名住戶不想吃菜單上提供的雞胸肉或肉丸，我還可以提出自己的建議選擇：要不要我幫妳弄一個好吃的烤起司三明治和熱番茄湯呢？我完全能出於自己的意願，把餐巾和桌布都熨燙一遍。

但行動和自由也可能會有太多的時候。在發生金魚缸意外那週的禮拜六，我早上七點上班時才發現，應該跟我一起當班的飲食助手沒請假就不來了，我變成負責整個阿茲海默症院區的唯一飲食助手。更糟的是，當我必須在外面負責上餐的時候，無論是彼特或其他中央廚房的廚師，都沒辦法照常在院區的小廚房裡把食物裝盤。而且這些「更糟的是」還不只一個：樓上靠近阿茲海默症院區的洗碗機壞了，所以餐盤全部必須在樓上預先洗過，裝到推車上，再用人力推到位於中央廚房隔壁的洗碗機清洗。最後還有可怕的一點：用來進入樓上廚房和從上鎖院區出去的鑰匙不見了，所以每當我需要打開其中一扇門，就得找到一名護士幫我開門。我對這天的記憶已經糊成一片，而我當時寫下的紀錄筆記，看起來活像一個剛用光最後一罐氧氣的聖母峰登山客所發出的電子郵件，掙扎著喘息又驚慌不已：「盤子清過沖水放手推車，第一趟推去洗碗機。收掉沒用食品（糖漿、牛奶等）。拿回第一車乾淨盤子，收到樓上餐具室。收回桌巾、餐墊、餐巾，丟進洗衣機。掃椅子底下。吸椅子周圍地上。」我總算熬過這天，感謝看護助理們幫忙支援上餐，還有我在傑瑞餐廳當女侍時學到的一課：別停下來，別思考，一刻都不能暫停。因為萬一你這麼做了，就會意識到自己的雙腿正被疲勞征服，然後疲勞就會獲勝。

那天下班後，我決定去彼特一直極力想帶我去的州立公園，稍微讓自己享受一下美麗的秋日。孩子們爬到緊鄰著海的黑色大石頭頂上，通常我也會這麼做，但好幾個小時以來一直盡責地服侍著我的雙腿，此刻已經癱軟無力，所以我只是坐在一塊石頭上發呆。今天到底是怎麼回事？怎麼會整天只讓一個臨時請來的人管大半個看護之家？[29]是沒錯，這裡是唯一真正查證我履歷內容的機

29 美國衛生與公眾服務部（U.S. Department of Health and Human Services）在二〇〇〇年七月發表的一份報告指出，大多數看護之家的人力都短少到幾近危險程度，特別是營利性質的看護之家，例如我這

構，但萬一我是那種死亡天使型的照護人員怎麼辦？說不定我會偷偷害死病患，然後利用病患本身意識模糊的半條命狀態來脫罪。我更關切的一點是，如果像這樣一直持續做兩份工作，沒有一天休息地連做好幾個月，會把人變成什麼樣子？我在以寫作維生的生活裡，通常一週也是工作七天，但寫作是可以滿足自我的精神食糧，完全能由自己作主，而且不時能得到他人的讚賞。然而在這裡，沒有人會注意到我週六上班時的英勇表現（雖然我後來刻意對琳達提起這件事，但她只有心煩意亂地點個頭表示回應）。如果你一年有三百六十天以上都卑躬屈膝、彎腰駝背地做這些一再重複的枯燥低薪工作，會不會你的精神也跟肌肉一樣，出現因過度重複使用而造成的傷害？

我沒有答案，而且也不打算找出來，但我可以猜得到，其中一種症狀是眼界變得狹隘。你的眼裡只剩下工作，你的同事們要不是變成自己人，就是生死大敵。小事可以被放得很大，一場斥責則可能到夜裡還迴響不已。若我在吸地的時候犯錯（而且經常如此），就可以想見傍晚會被留下來斥責，弄得我必須提出辯駁：「但錄影帶上沒有說要吸到踏腳墊底下啊。」諸如此類的，雖然我早忘了錄影帶裡演什麼。我在木冠那場個人演出的隔天是週日，結果半夜三點我驚醒過來，完全被一個念頭攫住：是彼特故意陷害我。他應該要在那裡跟我一起把食物裝盤才對，但他一定是氣我最近都沒去跟他抽菸談心，於是決定扯我後腿。不過結果顯示，我這番推論根本是空穴來風。在下一個週六，彼特還帶一個自己做的滿福堡請我吃。但無論如何，我竟然會把寶貴的睡眠時間花在想像某人暗地放我冷箭，光是這項事實就是一個嚴重警訊：這位小姐，妳該控制一下自己了！

我在女傭公司第三週的目標，是達到一種超脫的淡然境界。因為就像新世紀論者[30]說的一樣，憤怒會毒害心智；除此之外，也沒有任何證據顯示我的同事

次工作的地方。根據這份報告，人力短少的後果之一，是使一些原本可以被避免的問題沒有被確實避免，例如嚴重的褥瘡、營養失調、脫水、充血性心臟衰竭和感染。雖然我在木冠工作的食堂區從未看過有病患被忽視不管或照顧不周，但一名助理會很容易犯下足以危害生命的錯誤，例如把含糖的食物給一名糖尿病患吃。我覺得自己和我的病人們都非常幸運，因為在我必須一個人餵飽整個阿茲海默症院區那天，並沒有不慎傷害到某個人。

30 譯註：New Age（新世紀），或New Age Movement（新世紀運動），以去中心、個人精神的最高提升為主要訴求。

們跟我一樣，會為她們的處境感到憤怒，起碼不是以外顯的方式表現出來。我只有發現兩種反抗跡象，而它們都沒有挑戰到籠罩在我們之上的社會階級秩序。其中一種是偷竊。我在工作期間沒有目睹過任何偷竊行為，但女傭公司的規定和官方說法一直不斷影射著這項可能性。以我們身上那套過分亮眼的制服和所開的鮮亮綠黃相間車子為例，兩者的設計目的很可能是要使我們跟一般的竊盜集團有所區別。而我也猜想，我們的制服褲之所以沒有任何後口袋，也是想打消我們在裡面塞滿珠寶和錢幣的念頭。有些屋主會留下好幾堆硬幣或一大堆散鈔在家裡，我猜他們大概在附近架了攝影機，以便能抓到某個手指太過靈巧，或者是特別飢餓的女傭在行竊。泰德在某一次晨間會議嚴肅地告訴我們，有一件「意外」發生，而作案者已經被開除了。他表示，這種事情很少發生，因為驚準測驗幾乎百分之百能把不誠實的人剔除掉（當然啦，除了我以外）。

另一種反抗形式是公然違反女傭公司的端莊言行規定。我有一些同事（事實上是組長們）喜歡把汽車油門踩到底，恐嚇一下那些要求我們卑伏打掃的高雅社區。若有人打電話給泰德抱怨，表示在一個有好幾間屋子要我們打掃的社區裡，某輛車曾在裡頭橫衝直撞，引擎轟轟作響，還大聲播放著反覆叫囂「去你的，王八蛋」，和其他露骨性暗示言詞的饒舌歌曲，害某名推著嬰兒車的屋主難為情地縮在人行道上，我也不覺得意外（在此我連駕駛者的名字也不想指出，以免即便是假名，還是因為一些蛛絲馬跡而猜得出是誰）。我們在車子後座一面笑得肚子都痛了，一面緊抓住車子扶手，努力別因為暈車而吐出來。但這種形式的反抗，只能威脅到很少數在外面散步的屋主而已。在這個階級不平等的陡峭岩壁上，大部分時候，我的同事們似乎都認命地待在自己還攀得住的小小位置上。畢竟，要是沒有這些擁有太多錢、地板和雜七雜八物品的人，也很難有女傭的存在。

因此，在一面用力擦抹、噴清潔劑和拋光的同時，我一點一點地四拼八湊起一種漂亮的「勿執著」哲學。耶穌雖然被排拒在那場帳棚復活夜之外，我還是依循了祂的訓示，他曾說過，最後的其實應該在最先，而若有人跟你要你的斗篷，就把你的袍子也一起給他。我還添加一點從朋友那裡聽來的二手佛教資訊，他告訴我，北加州有一個修道院，有錢人會付錢去那裡冥想、做各種包括家務在內的勞動雜務，以這種方式度過週末。當我第一次聽到這種修道院的時候，反應是大笑不已，但如今，一群網路大亨為了提升自己的靈魂而在那裡奮力打掃的景象，卻成了我可以神遊的材料。除此之外，我兒子有一次在電話中告訴我一件事，出於某種我不十分了解的形而上理由，西蒙娜．薇依（Simone Weil）[31]曾去工廠當過女工，所以我也把這點加進我的自創哲學裡。結果得出的美麗幻想是：我不是為一家女傭公司工作，而是加入了一個神祕集團，這個集團致力從事最受鄙視的任務，而且要欣然、幾乎免費地去做。事實上，我們還應該心懷感激，因為我們有機會經由對人卑躬屈膝、經歷種種苦難而獲得恩寵。如果荷莉想的話，她可以在我面前流血至死，我只要想像這是神祕莫測的上帝特別給她的恩寵，就跟耶穌的情況差不多。我甚至決定不要抱怨第一筆薪水被扣著不發，以及我們每天的薪水都被去頭去尾地少算了。公司要我們七點半就上班，但卻直到八點上車出發才開始計算時薪。除此之外，每天外出打掃回來之後，我們還得在公司花半小時左右整理要洗的髒抹布、重新灌滿清潔劑等，但這些時間也沒算進工資裡。可是，我能領到錢幹嘛還抱怨？那些在佛教寺院修行的人還自己花錢來做這些工作咧！

我這種崇高的心情大概維持了一天吧，而且即便在這段期間中，也有墮落的時刻。舉例來說，在一棟牆壁花樣都是以手工繪製的豪華鄉村大屋中，我發現一整座塞滿新保守派書籍的書架，那些書不僅大言不慚地對社會不公的現狀大加讚揚，對於當時身為一名女傭的我而言，更在個人層次感到深受侮辱。我很想發動一場**生化戰**爭來對付這名屋主（武器就在我的圍裙口袋裡），我只需要把剛擦完馬桶、滿是大腸桿菌的那塊髒抹布拿來「清潔」廚房流理台就得了。這個計畫讓我開心了大概一個多小時。但詭異的是，這棟摧毀我崇高心情的屋子，卻是一名真正的佛教徒所有。我們在其他屋子裡也看過許多標榜「靈性」的東西，例如類似《我在花園中學到的十項生命道理》（*Ten Things I Learned about Life in My Garden*）的書，以及掛在牆上一些勸人靜心的勵志文字等。但這裡的屋主顯然是來真的（不過當然是一名皈依的白人信徒），他不只有平裝本的禪學書，還在客廳裡放了一座三英尺高的佛祖雕像。雕像那祥和而毫無皺摺的前額上被貼了一張便條，警告我們絕不能碰它，甚至連撢灰塵都不行。

當我們離開屋子的時候，就跟平常一樣提著桶子衝向車子，荷莉不小心踩進地上一個凹洞，她摔倒在地，接著就尖叫出聲。我立刻猛然轉身，發現她哭

31 譯註：二十世紀法國哲學家、社會活動家、神祕主義思想者。十分關注勞工處境。

了，她的臉從慘白一下子變成深紅色。「有什麼斷掉了，」她哭著說：「我聽到斷掉的聲音。」我協助她站起身，命令嘴巴開開地呆站在一旁的瑪姬扶住她另一隻手臂。「我們一定要帶妳到急診室，」我說：「立刻照X光。」但是不行，她只同意到下一間屋子的時候打電話給泰德，雖然這段車程必須由狄妮絲來開。我在車子裡一直試圖勸她，努力胡謅出各種骨折和扭傷的情況，彷彿我真的很了解那些病理，但荷莉只是不斷哭泣，說她前幾週已經多少天沒來上班了，而其他兩人則似乎根本沒在聽我們兩個講話。

當我們抵達下一間屋子的時候，荷莉讓我看她的腳踝。我彎腰查看那裡的時候（當然是看不出什麼所以然），她小聲告訴我，現在真的痛得很厲害。「妳不可以工作。」我說：「妳聽見沒有，荷莉？妳腳踝這樣子，**不可以**再工作了。」但她還是堅持不從，她只同意從廚房打電話給泰德。我站在那裡，聽她哭著向他道歉，還說芭芭拉太大驚小怪了。我感覺到心裡美妙的禪式超然隨著臉上的汗水一起通通流走。我伸出手，堅持要荷莉把話筒給我。就在我說出「你給我聽著」這幾個字的前一刻，我聽到他說的第一句話是：「讓我們先冷靜下來，芭芭拉。」即便他已經老到應該知道，「冷靜下來」這幾個字通常是怒火的引爆點。

我爆發了。我不記得我用的確實字眼，但我告訴他，他不能再一直把錢看得比員工的健康重，而且我不想聽他再講什麼「用工作撐過去」那一套，因為這個女孩的情況真的很糟。但他只會一直說「冷靜下來」，而在此同時，荷莉則跛著腳在浴室裡跳來跳去，把四處的陰毛抹乾淨。

我掛他電話，然後跟著荷莉進入浴室強調我的主張。我是不是該說：「聽著，我其實是一個受過高等教育的人，事實上還是博士，而我不能就那麼袖手旁觀……」但這聽起來太瘋狂了，而且荷莉幹嘛在乎這點？就我所知，荷莉若不來上班，她丈夫就會打她。所以我只能做當時唯一能做的事，我說：「如果妳不去醫院，我就不工作。不然至少妳也得坐下來把腳抬高，工作就由我們其他人來做。」我望向狄妮絲尋求支持，她正跟在我們身後偷看浴室裡頭。「這叫作停工。妳們聽過這回事嗎？這是場罷工。」狄妮絲只是回頭去工作，臉皺成一團，或許是出於困窘，也許是厭惡。

「我只要打掃浴室就好了。」荷莉為了讓我息怒而這麼說。

「怎麼掃，用一隻腳嗎？」

「我來自一個很頑強的家族。」

「是嗎，我該死的也是。」

但荷莉的祖先贏了。她身為組長這一點，壓過我身為母親這一點。而且，若我真的走人，又能到哪去？屋外，馬兒在牧草地上啃著青草，遷徙中的鳥兒以完美的隊形俯衝又爬升。我根本不知道我人在哪裡，在波特蘭北部，還是西部？我是可以叫一輛車，但我身上沒有足夠現金坐車回家，就算回到家也挖不出那麼多來付車資。也許我可以跳上一匹馬（如果我知道怎麼騎馬的話），越過一塊塊牧草地，穿過人家的後院和高速公路，一路騎到海裡去。就算假設我有方法可以離開好了，但這麼做的唯一後果是增加其他人的工作量，而且還包括荷莉在內。因為她已經表達得很清楚，她一定會堅持工作下去，直到有人從她那雙冰冷死白的手裡硬搶走最後一塊清潔抹布為止。

所以我別無選擇，只能隱忍下來。我全身顫抖不已，不只是因為對泰德的憤怒、瑪姬和狄妮絲的背叛，更是因為自己徹底而可鄙的無力。但我只能背上吸塵器，拉緊身上的束帶。我眼裡滿是熊熊燃燒的熾熱怒火，很難專注在散落的地毯上。這些熾熱的怒火一直燃燒著，吞噬一幢又一幢的房子。我的清掃工作一塌糊塗，狄妮絲帶著明顯的敵意指出我的錯誤，結果我必須把一樓整個重吸一遍。車子裡有好一會兒寂靜無聲，只有瑪姬願意抬眼看我，她跟平常一樣很快回復到原本的步調。荷莉則又開始浸淫在她的午後綺麗幻想中，談論她心愛的食物：「妳今天晚餐打算吃什麼，瑪姬……喔，是嗎？不加番茄汁？」

我坐在車子裡，在漫長的回程途中試圖保持怒火的強度，方法是默默演練待會兒我被泰德開除時要講的話，他應該會以不服從上級為理由開除我。「聽著，」我會說：「這個工作要面對的那些噁心東西，包括屎啊鼻涕啊什麼的，我都可以忍受，唯一讓我無法忍受的是有人那麼痛苦。很抱歉，我有試著不理會這件事，但當我跟她們一起工作時，看著她們掉眼淚、快暈倒、快餓死，明顯正在受苦，我的效率怎麼也高不起來。所以，我同意，你最好找一個比我鐵石心腸的人來做這個工作。」總之，就是類似這種內容的強硬演說。當我們只剩幾條街就要抵達辦公室的時候，瑪姬轉頭望著我，臉上帶著近似同情的表情。我知道在這篇故事裡，瑪姬看起來並不是個大好人，但我們其實有多次親密長談，討論有關荷爾蒙、抗憂鬱劑和其他中年時必須面對的事情。也有一天，我們彼此調侃對方的汗流得多到不像話，於是當我們打掃完那棟房子，兩個人就一起跑進大雨裡，頭往後仰，雙手張開，笑得像只想玩樂的大孩子。我因為這些而愛她。如今她說：「妳看起來很累，芭芭拉。」其實她該用的字是**挫敗**，但我只是說（聲音大得讓前座的荷莉和狄妮絲也聽得到）：「我正在為面對泰德做準備。」

「他不會開除你的，」瑪姬爽朗地說：「別擔心。」

「噢，這我不擔心，外面還有幾百萬個工作。看看徵人廣告就知道了。」狄妮絲半轉過身，表情茫然地從側面打量著我。她們難道都不看徵人廣告嗎？她們難道不明白，光是如此缺人這一點，就可以讓她們揪住泰德，予取予求。比方說，要求一小時七點五美金的時薪，而且從早上出現在公司那一刻算起，直到每天處理完髒抹布離開為止。

「但我們需要妳。」瑪姬說。接著，彷彿這句話聽起來太充滿感情了，於是她又說：「妳不能就這麼丟下泰德不管。」

「妳們幹嘛這麼擔心泰德？他會找到別人的。隨便哪個人，只要能早上七點半清醒地出現在公司，而且還站得直就行了。」

「不對。」荷莉終於插嘴了：「妳這麼說不對，不是誰都能得到這份工作，妳要通過測驗才行。」

測驗?那個「驚準」測驗?「那個測驗,」我等於是大吼著說:「根本是狗屎!誰都能通過那個測驗!」

這是句不可原諒的氣話。第一,它很侮辱人,特別是對荷莉來說,因為她就是靠著這份脆弱的專業感才能撐過那些病痛和傷害。就我所知,荷莉只有基本識字能力,做這份測驗對她來說並不容易。這裡每個人都識字,但荷莉有時候會問我怎麼拼「拿」(carry)和「重」(weigh)[32]這些字,因為她必須把工作時發生的所有事件都寫在報告上。第二,當然,這句話違反公司規定不能在公務車裡講髒話的條款。再說,**我自己**的專業性又在哪裡?我不是也該一路以記者的客觀性為準則行事嗎?

但搞錯生氣對象的怒氣很難持久,而最後一絲怒火也活該地溺斃在羞辱和挫敗的冰水裡。我看得出來,荷莉會恨我一輩子,不只因為我公然藐視她身為組長的權威,也因為她曾經好幾次讓我看見她滿臉淚水和恐懼的樣子。狄妮絲當然也會恨我,因為我把事情弄得讓她很不舒服,或單純只因為我害工作進度

32 譯註:在英語中,這兩個字算是只有兩個音節的較簡單字彙。

變慢。瑪姬則會完全忘了這件事。但即便是好幾個月後的現在，我還是想不出到底應該怎麼處理當時的情況。我應該在荷莉摔倒的時候就閉上嘴巴，一句話都不講嗎？還是應該堅持我的一人罷工，因為搞不好她最後會妥協，讓我們帶她去急診室，或至少坐下休息？我能確定的只有一件事：不管是在我身為女傭還是其他角色的生活裡，那時都算得上是最糟的時刻。

泰德沒有開除我。隔天我在停車場遇到荷莉，她正嚴重跛著腳走向自己的車。「妳相信嗎？」她對就在那一刻出現的瑪姬說：「泰德竟然叫我回家！」彷彿這是毫無道理的不公平事件。若瑪姬不在那裡，我會開口對荷莉講一些話，像是「對不起」和「請好好照顧自己」。但時機一晃即逝，而我的辯白苦澀地留在嘴中（如果這些算得上辯白的話）。在辦公室裡，泰德感謝我的「關心」，說他已經聽取我對荷莉的建議，叫她回家。但是（總一定會有「但是」），你沒辦法幫一個不想要人幫忙的人。我很彆腳地回答：「我猜那是我心裡的母性使然吧。」對於這句話，他的回應是惱羞成怒地說：「我也是為人父母呀，我也沒有因此變得比較沒有人性！」在此我可以驕傲地向各位報告，我當場非常鎮定地告訴他：「你應該變得更有人性才對！」

當然，泰德沒有再回答我。幾天後，我跟仍然跛腳的荷莉同一組。自從那天以來，她就一直把我當成某種非人的東西看待，某種不太可靠的清潔工具，就像一罐效力不佳的守衛桶（Janitor in a Drum）[33]清潔劑。泰德忽然透過呼叫器要她把我載回辦公室，因為他要派我到另一組，幫忙清潔某間難搞的新屋子。為什麼是我？我不曉得，也許他只是想找機會跟我講話。他載我出門時，車上只有我們兩個人，他劈頭就說我表現優秀（他得到的報告都說我很棒），所以要幫我加薪到每小時六點七五美金。我不敢相信，打破金魚缸和威脅要罷工叫作表現優秀？但他繼續講，說我該知道他不是個壞人，而且他非常關心自己手下的女孩。我得明白，他手下有一些很棒的女孩，像荷莉和莉莎，但也有一些不滿於現狀的人，而他希望她們能別再抱怨了。所以我了解他的意思，對不對？我想，這八成是在暗示我抖出幾個人的名字，因為根據同事間的傳聞，這就是泰德的做法：要人打小報告，設計讓一個女人出賣另一個女人。例如他曾告訴

33 譯註：一種老牌強力清潔劑。

我們，若某個人缺席，倒楣的是小組裡的其他人，因為這樣就不夠人手完成工作。但我利用這個機會問他一個問題，自從荷莉跌倒之後我就很想問：他叫她回家那一天，她有薪水可以領嗎？因為她畢竟是在工作時受傷的。「噢，當然會啊。」但他的輕快語調聽起來有點勉強：「你以為我是什麼，吃人不吐骨頭的怪物嗎？」呃，不是，雖然我沒說出口，但我想到的字眼是**皮條客**。

既然外面有那麼多工作機會，為什麼還有人要忍受這種對待？事實上，有一名女子的確為了她認為待遇比較好的工作而離職：去Dunkin' Donuts甜甜圈店當櫃檯人員。但這些人之所以黏著女傭公司不走，有一些實際的理由：若換工作，就意味著可能超過一個禮拜沒有薪水支票進帳。再加上這份工作還有所謂「媽媽時間」的誘因，雖然實際上我們往往得工作到下午五點才能下班。另外一個較為隱而不彰的因素，是想獲得泰德的肯定。這點的重要性也許跟金錢一樣，支撐著荷莉忍受嘔吐感跟疼痛繼續工作。就連一些較有活力、較勇敢的女人，也對於他的看法異常敏感。她們會因為被泰德「訓斥」而難過一整天，會反覆回味一句小小的讚美數週之久。寶琳最後一天來上班的時候，我清楚看到泰德的認可在她們身上展現的力量。她已經六十七歲，工作年資比所有人都久（兩年），已經長到可以在公司總部發布的新聞報裡表揚一番。她的背早已不行了，但她之所以終於辭職，是因為膝蓋要動一場大手術。據她表示，這是因為太長時間趴在地上用力擦地的結果。然而她要離職那天，泰德在早上的晨間會議裡完全沒有提到她要離職，也沒有私下謝謝她，或在那天工作結束時請她珍重。我之所以知道這些，是由於我那天提議載她回家，因為平常應該來載她的那輛車顯然不會來了。當我們開車在下著雨的南波特蘭街道穿梭時，她談到手術跟之後好幾週的恢復時間。她必須出去再找一份工作，而她只希望這份工作能不需要太經常彎腰、搬東西和蹲在地上。但她講得最多的是泰德，還有她心中那種受傷的感覺：「自從我因為背痛沒辦法吸地以後，他就一直不喜歡我。」她說：「我問過他，為什麼其他人領的錢都比我多，」我猜她的意思是其他一樣資深的人，「而他說，『喔，要是妳能吸地的話……』」她聲音中沒有苦澀的指責，只有一個凡人的悲傷，她往前看，看到自己生命的盡頭，還有下著雨的灰色街道。

這裡面的一大問題就是，為什麼泰德的認可如此重要。我想到的答案是，因為我這些同事們的情感需求長期被忽略。屋主不會感謝我們把工作做得很好，而老天在上，街上的路人也不會把我們當成無產階級勞工的女英雄，向我們喝采。沒有一個屋主會知道，就在不久之前，有一個快暈倒的女人才扶著他正用來切法國麵包的流理台以免倒地，也不會因此決定頒發一面勇氣獎章給她。某天我連吸了十個房間的地板後，還有時間去擦抹廚房地面，這時沒有人會說：「老天爺，芭芭妳真行！」就像彼特說的，工作原本應該拯救你免於變成一個被放逐的人，但我們所做的卻是被放逐者的工作，不只被人忽視，甚至遭人厭惡。在我們這個照理說沒有種姓制度而民主的社會裡，看門人、清潔婦、挖水溝工人、替成人換尿布的看護卻是沒人要碰的人物。也因此，像泰德這種人才會有他根本不配擁有的個人魅力。他也許貪婪又出乎意料地殘酷，但在女傭公司裡，他卻是唯一一個活生生的代表，代表著一個更好的世界，在那裡人人都可以上大學、穿著體面地去上班，週末時還能把逛街花錢當成消遣。若某天公司要打掃的房子沒那麼多，他還會派某一組人去打掃他自己的房子，以免有人閒著。據去打掃過的人說，那房子「真的不錯」。

也或許，低薪工作普遍說來就是有這種效果，使你覺得自己像印度種姓制度裡的賤民一樣。當我晚上一面吃晚餐一面看電視的時候，我看到的是每個人幾乎都能賺十五美金以上時薪的世界，而且我講的不只是那些電視節目主持人而已。電視上的喜劇和戲劇裡，演的都是時裝設計師、學校老師或律師的故事。所以，一名速食店員工或看護助理很容易得到一個結論：她自己才是不正常的，她（幾乎）是唯一沒被邀請加入那個美好世界的人。在某個意義上來說，這個結論沒錯，因為窮人已經從主流文化裡消失了，無論是在政治語彙、知識研究或日常娛樂裡，都消失無蹤。就連宗教對窮人的慘況也似乎沒什麼話要說，這點可以從那場帳棚復活聚會得到印證。放高利貸的人終於把耶穌逐出教堂了。

在女傭公司工作的最後一天下午，我向當天跟我同組的同事們說明我的真實身分，以及我為什麼來這裡工作。這一組的成員比平時荷莉的組員有活力得多。我的自白引起的反應小到我必須再重複說一遍：「妳們可不可以聽我講話？我是一個作家，而且我要寫一本關於這裡的書。」最後，蘿莉總算從前座轉身過來對大家說：「嘿，這聽起來很有趣。」她要大家安靜一點，然後跟我說：「所以妳算是，怎麼說，在調查囉？」

呃，其實我不是只有在這個地方工作，而且我也不完全算是在「調查」，但蘿莉已經滿腦子都是這個想法。她尖聲大笑：「這個地方可值得好好調查！」現在似乎大家都懂了，但懂的不是我的真實身分和我到底在這裡幹嘛，而是無論我在做什麼，泰德都要倒楣了。

至少我現在既然「出櫃」了，終於能問她們一些我一直想問的問題：她們有什麼感覺？不是對泰德，而是對那些屋主。那些屋主擁有這麼多財產，但其他人（像她們自己）卻幾乎連生活都快過不下去，她們有什麼感覺？蘿莉的椎間盤二十四小時都在痛，而且她背負著八千美金的卡債，她的回答是：「我能想到的只有，哇，我希望自己將來有一天也能擁有這些東西。這是我的動力，而且我一點也不怨這些屋主，因為，妳曉得，我的目標就是要爬到跟他們一樣的位子。」

柯琳是一名有兩個小孩的單親媽媽，通常她都有話直說又活潑，但現在她則直盯著前方某一點，彷彿某個逃過馬鈴薯大飢荒（Great Potato Famine）[34]的祖先正在那裡瞪著她，就跟此刻緊盯著她等待回答的我一樣：「我不介意，真的，因為我猜我是個簡單的人，我並不想要他們有的那些東西。我是說，那對我不算什麼。但我會希望能偶爾請一天假……如果我不得不請的話……而且隔天還是能有錢買點雜貨。」

我在木冠工作最後一天之後，就請病假不去。抱歉了，琳達、彼特，以及妳們這群可愛、瘋狂的老女士們！我週日去拜訪蘿莉，讓她把我的制服拿去還給泰德，隨便她怎麼解釋我為何離職，只要那個理由能讓她覺得爽快就好。

34 譯註：十九世紀中期發生在愛爾蘭的大飢荒。

第三章

在明尼蘇達州賣東西

Selling in Minnesota

從空中往下看，明尼蘇達州正是初夏時分的完美景色。湖水和天空交織成一片藍，造型俐落的雲朵點綴各處，還有淡綠色和鮮綠色交錯的農場。這是一幕豐饒、和煦的景象，從哪個角度來看似乎都漂亮。好幾個月來，我一直想去沙加緬度市，或者加州中央谷地其他離柏克萊不遠的地方工作，因為我想在那一帶度過春天。但許多人跟我說那邊會很熱、會有過敏問題，更別提所有低階工作和住處都可能已經被拉丁美洲人先馳得點——這是常有的事；我因此打了退堂鼓。總之，別問我為什麼想去明尼亞波利斯，也許我只是對落葉喬木有種莫名的渴望。不過我同時也知道，它位於一個（某些方面而言）比較自由的州，也比很多州善待福利制度下的窮人。在網路上搜尋約半小時之後，我發現那裡的市場很缺勞工，廣告上新進人員的薪水從時薪八美金起跳，單人住的公寓月租是四百美金或更少。若某個有冒險精神的記者突發奇想，要在最黑暗的愛達荷州或路易斯安那州測試低薪生活的話，這種情況對她來說會比較有利。各位可以說我膽小，但這次，我想要一種收入和租金之間比較平衡的生活，比較溫和一點的冒險，起碼能先穩當地降落。

我到廉價租車公司，從一個和善的傢伙手中取到車子（這一定是著名的「明尼蘇達式好心」），他主動告訴我國家公共廣播電台（National Public Radio）和古典搖滾電台的調頻位置。我們都討厭搖擺樂，而且要不是我正身負一項西嶼搖滾狂所謂的「天賦使命」，也許我們還能多發現幾個共通點。我手上有一份在機場用十塊錢買來的雙子城（Twin Cities）[1]區地圖，此外，一位朋友的朋友們因為要去東部拜訪親戚，所以願意讓我在他們的公寓免費住幾天。呃，其實不是完全免費，因為我必須幫忙照顧他們養的鸚鵡。為了這隻鳥的身體和精神狀況著想，我必須每天把牠放出籠子幾個小時。在電話裡我不假思索地答應這個條件，但真正快到公寓時，我的腦袋才清醒過來，想起自己生平最害怕的三樣事物，就是太大型的蛾、任何柳橙製的東西，以及跟鳥類近距離接觸。我順利抵達公寓，很高興這個城市跟我手上的地圖配合得這麼完美，之後花了一小時跟其中一名主人學習鸚鵡新知。這位主人在講解過程中把鳥放出籠子，結果牠直直朝我臉上撲過來。我用盡全力克制自己，低下頭、閉上眼睛，任牠在我的頭髮上跳來跳去、又啄又扯。

各位可別被鸚鵡的存在給誤導了，這可不是一間雅痞風格的高級公寓。它是個只有一間臥室、塞滿東西的小公寓，傢俱宛如救世軍發送的救濟品，裝潢品味則是七〇年代末的畢業生風格。等兩位屋主離開後，我翻翻找找，食物櫃裡不見任何橄欖油或醋的蹤影，冰箱裡也沒留下半瓶沒喝完的夏多內葡萄酒，唯一的酒精類飲料是標準藍領階級的西格拉姆（Seagram）七系列威士忌，而他們最喜歡的抹醬則是人造奶油。這個公寓其實已經很不錯了，甚至稱得上舒適，有一張堅實的床，可以看到種了一整排行道樹的街道，唯一的缺點就是那隻鳥。

不過，我在緬因州工作的時候，有好幾名同事都必須跟許多人一起生活在擁擠的空間裡。她們的經歷告訴我，寄人籬下的時候，往往必須忍受一些討厭的事情，要不是很難相處的親戚，就是必須長時間排隊等著用廁所和浴室。所以，

1 譯註：聖保羅市（St. Paul）和明尼亞波利斯市被並稱為雙子城。

就讓這隻鸚鵡來擔任替身吧（後來我都叫牠寶弟，而不是牠原本那個裝模作樣的名字），讓牠代替那些闖來的姻親和吵鬧的室友，因為當一個人沒有多少選擇，只能跑到一個陌生城市投靠遠房親戚的時候，通常就是會遇到這些狀況。

先不管這個。我早上第一件事就是出去找工作，這回我絕不再做女侍、看護或清潔女傭了。我打算改變一番，也許去當售貨員或工廠女工。我開車到最近的兩家沃爾瑪量販店，填好應徵表格，然後前往城市另一頭，到另一家開車要四十五分鐘才能到的沃爾瑪分店。我填好應徵表格，正準備前往標靶（Target）量販店跟凱瑪量販店的時候，腦海中冒出一個念頭：我的應徵資料裡根本沒寫任何相關經驗，誰會僱用我呢？在我的應徵資料裡，只跟平常一樣寫著我是一名二度就業的離婚主婦。我該做的其實是親自去見徵人主管，讓她們看到我開朗而自信的一面。所以我走到店門前方的付費電話，打電話到這間店裡，然後要求跟人事主管說話。電話被轉接給蘿貝塔，她對我的主動感到印象深刻，立即要我走到店後方，到她的辦公室見她。蘿貝塔是一名淡金色頭髮、年約六十歲的活躍女性，她說我填的「應徵資料」一點問題都沒有，因為在進入沃爾瑪工作之前，她也獨自養大六個小孩。在沃爾瑪工作幾年後，她就升到現在的位置，因為她是個「與人為善的人」。她現在就有工作機會可以提供給我，但我必須先完成一份小小的「測驗」。她向我保證，這份測驗裡沒有對或錯的答案，我只要照實寫下內心想法就好。由於我在緬因州的時候已經做過一次沃爾瑪測驗，因此這回泰然自若地迅速完成。蘿貝塔把測驗結果拿到另一個房間裡，那裡有一台電腦會對這份測驗「打分數」。大約十分鐘後她再度現身，告訴我一個令我心頭一驚的消息：我錯了三題。呃，其實我不是真的錯，只是需要進一步討論一下。

基本上，我應付職前人格測驗的戰略是：對於明顯的「犯罪行為」（例如濫用藥物和偷竊）採取毫不寬待的態度，但在其他地方則留下一點灰色地帶，好讓我看起來不像是在造假。但這個戰略錯了。如果你想表現自己會是個好員工，就一定要阿諛奉承、卑順到極點才行。拿這題來說好了：「隨時隨地都要切實遵守規則」，我的答案是「強烈」同意，而不是「非常強烈」同意或「完全」同意。結果蘿貝塔想知道我為何這麼回答。我說，規則有時候也需要人的詮釋，因為我們必須謹慎判斷狀況，否則就把一切工作交給機器就得了，不需要由人類來做。她聽了大為讚賞：「謹慎判斷，非常好！」還寫下一些筆記。我解釋其他兩項錯誤答案的時候也如法炮製，於是蘿貝塔就開始向我介紹沃爾瑪到底是什麼。她自己在到這裡工作之前，曾拜讀過山姆・沃爾頓（Sam Walton）[2]的書（他的自傳《美國製造》〔*Made in America*〕），發現沃爾瑪公司的三大經營哲學跟她的想法完全契合。這三大哲學是：服務、卓越（好像是這個字），而第三項她記不起來了。總之重點是服務：幫助別人，解決他們的問題，協助他們購物。她問我對這點有什麼看法？我當場言之鑿鑿地告訴她一個跟零售事業有關的感人故事，講到後來，我自己都快覺得跟蘿貝塔之間有某種心靈相通，而眼眶微微濕潤。接下來我只需要通過藥物檢測就可以了，她安排我下週一開始就做。

若不是因為有這場藥物檢測，我可能當場就決定不去找其他工作了，但前幾週我在服用化學藥物方面有點不謹慎，我很擔心自己通不過測驗。在蘿貝塔面試我的房間裡，牆上貼著一張海報，警告應徵者若在過去六週內有吸毒的話，就不要來「浪費你自己或我們的時間」。若我是吸古柯鹼或海洛英的話反而沒關係，因為這兩種毒品是水溶性，而且幾天內就能排出體外（至於LSD迷幻藥則根本不在檢測之列）。但我卻不慎吸了唯一常被檢測出來的東西：大麻。大麻是脂溶性，而且會在體內停留幾個月之久。此外，我還因為慢性鼻腔充血的問題持續服用處方藥物，萬一會讓我有點飄飄然的「樂敏錠」（Claritin-D）[3]，在檢測結果上看起來卻像「冰毒」（Crystal meth）[4]怎麼辦？

所以我乖乖回到車子上，拿起《明星論壇報》跟《就業新聞》傳單，查看用紅筆圈起來的徵人廣告。我去了幾家人力派遣公司，想找工廠類的勞動工作。我表明自己身體強健，可以把二十磅的東西舉到頭頂上，不過如果能告訴我到底需要搬多重會更好。接著我得開上一大段路到城市另一頭去，因為我已經預約面試一份組裝員的工作。我好幾年沒在都會區高速公路上開車了，而我給自己在車流中不怕死地敏捷穿梭打九十分。但到頭來，我還是被下午的高速公路交通打敗了。我找不到那家工廠在哪，起碼來不及在傍晚五點以前找到，於是我開進一個購物中心的停車場，想找地方上交流道往回開。結果我發現自己停在一家麥那茲（Menards）家用五金量販店前面，這是主要開在美國中西部的大型

2 譯註：沃爾瑪量販店創始人。
3 譯註：一種抗過敏藥物，含有可製造非法毒品的麻黃素等成分，因而需要處方箋才能取藥。
4 譯註：甲基安非他命，俗名冰毒。

家用五金連鎖店。我看到有個牌子寫著徵人，所以就想：何不再來測試一次單刀直入的應徵方式？我摸索著走到店後方的木材放置場，叫住一位工作人員，名牌上寫著他叫雷蒙，他願意帶我走到人事辦公室。我想知道這裡的工作環境如何，他說這裡還不錯，雖然這只是他的第二份工作；此外他也不會生客人的氣，因為木材質料很爛並不是他的錯。「客人」？我猜他指的是「顧客」[5]。我很慶幸能先從他這裡學到這個詞，才不會在從管理階層口中聽到的時候，不小心露出嚇到或瞠目結舌的表情。

雷蒙把我丟給保羅。保羅是一個手臂粗壯的金髮男子，跟蘿貝塔比起來，他與人為善的程度真是令人痛苦地低。我跟他說明我的家管資歷之後，他只咕噥著說：「我沒差。」接著就把人格測驗卷塞給我。這份測驗比沃爾瑪的短，而且顯然是針對一個更粗獷的族群設計：「我比別人更容易還是不容易對人拳腳相向？」、「是否在有些情況下，販毒不是犯罪？」此外還有一長串針對偷竊行為的反覆詰問，特別以下列這個問題為最：「在過去一年裡，我偷了雇主價值（請在以下的金額數上打勾）的東西。」我做完之後，保羅用力盯著問卷，然後突然大聲問我：「妳最大的缺點是什麼？」噢，缺乏經驗（顯然如此）。「妳主動積極嗎？」我人在這裡，不是嗎？要不然我可以只填應徵表格就走了。好，就這麼說定。保羅認為我適合負責裝配水管，起薪是時薪八點五美金。至於藥物篩檢結果，當然是還未定。我跟他握手成交。[6]

星期五晚上，我到明尼亞波利斯大約十五小時，就已經從南部郊區開車到北部郊區，投了半打履歷資料，參加過兩場面對面的面試。就算對沒有隱情的求職者來說，找工作都是相當耗損心力的事情，而我更特別感到筋疲力盡。以

5 譯註：在英語中，「guest」（客人）跟「customer」（顧客）的意味有時相當不同。「顧客」特別有強調消費者權益跟身分的意思，在商店的脈絡下已經是約定俗成的用法，用「客人」這個稱呼會顯得商店非常缺乏尊重客戶的意識。

6 以聖保羅市為總部的「立刻就業聯盟」（Jobs Now Coalition）估計，以一九九七年為例，在雙子城都會區，一名有一個孩子的單親父母若要養活自己跟孩子，就必須賺到時薪十一點七七美金的「可活命薪資」。這份報告以一些每月基本開銷為根據，包括兩百六十六美金的食物費（每一餐都自己煮並在家裡吃），兩百六十一美金的孩子養育費，以及五百五十美金的房租，見〈明尼蘇達州生活費：一九九七年立刻就業聯盟明尼蘇達州家庭最低基本開銷報告〉（The Cost of Living in Minnesota: A Report by the Jobs Now Coalition on the Minimum Cost of Basic Needs for Minnesota Families in 1997）。沒有人將二〇〇〇年雙子城房價加速攀升（見頁二〇一註十一）這點計算在內，更新這個「可活命薪資」的數據。

人格測驗為例好了，其實我心裡的真話是：我才不在乎我的同事有沒有在停車場裡飄飄然一下，甚至偶爾偷拿一點零售商品，就算我看到也絕不會打小報告。我也根本不相信管理階層有神聖的權力或高人一等的知識，使他們可以統治一切。然而在那些測驗裡，我們卻必須對這種題目一律答「非常同意」。這種測驗逼得一個人要在十五分鐘的測驗時間內說謊五十次，儘管它的目標似乎是要篩選出道德更高的人。除此之外，要一連半小時以上使自己看起來既有自信活力但又唯命是從，也是非常令人筋疲力盡的事。因為我必須展現出「主動性」，但又不能顯得像會組織工會起來罷工的人。再加上還有藥物測驗的威脅懸在那裡，就像一場即將要舉行的大學學力評估測驗（SAT）一樣籠罩在我頭頂。於是我痛苦而真實地了解到，原來我相信自己能貢獻給他人的一些迷人特質（例如和善、可信賴、願意主動學習），都可能因為一泡尿而被全盤否定。[7]

我以痛悔自己犯下多項罪孽的心情，決定將週末奉獻給解除身上的藥毒這件事。在網路上搜尋一陣子之後，我發現有這種需要的人還真多。有幾十個網站為將要接受藥物檢測的人提供協助，大部分是吃下去讓身體代謝的產品，但有一個網站則保證能寄給顧客一瓶純淨、無任何藥物的尿液，而且還可以用電池加熱到跟體溫一樣自然。訂購和等待能迴避藥物檢測的產品寄達需要時間，對我來說已經來不及了，所以我在某一個網站流連許久。那個網站上有數百篇標題是：「救命！！三天內就要驗了！」的文章，而一個名叫亞歷克的人則鎮定地替大家解答。我從這個網站得知，原來我瘦還有好處，因為如此一來就沒有太多地方讓大麻衍生物躲藏了。而且，要去除藥性的唯一有效方式，是用大量液體把這些該死的東西沖掉，每天至少要喝三加侖。為了加速這個過程，還有一種名叫「清淨P」（Clean P）的商品可以用，在GNC連鎖藥局就買得到。所以

7 工作場所的藥物檢測往往宣稱有許多效果，包括減少意外和曠職情況、降低健保制度的負擔，以及增加生產力等等。但根據「美國公民自由聯盟」（American Civil Liberties Union）在一九九九年發表的報告〈藥物檢測：一項糟糕的投資〉（Drug Testing: A Bad Investment）指出，上述這些效果沒有一項獲得證實。研究顯示，職前藥物檢測並沒有降低曠職率、意外或人事變動率。此外，至少在接受研究的高科技產業區塊，這種測驗實際上還會降低生產力，原因很可能是它對員工士氣產生的負面影響。除此之外，這項檢測還非常花錢。一九九〇年，聯邦政府花費一千一百七十萬美元檢測兩萬九千名聯邦員工。由於結果只有一百五十三個人出現陽性反應，所以算起來，檢測出一名用藥員工的成本是七萬七千美元。雇主為何如此堅持要做這道手續？部分原因很可能是產值約二十億美元的藥物檢測業者所打的廣告，但藥物檢測也有貶低員工的效果，我猜這點可能也對雇主產生某些吸引力。

我開了十五分鐘車到最靠近的一家分店，一路上牛飲我裝在依雲（Evian）礦泉水瓶子裡的自來水。到那裡之後，我支支吾吾地問管店的年輕孩子，他都把，呃，解除藥毒的東西放在哪。也許他早就習慣許多看起來一副媽媽樣的女人跟他討清淨P，因為他面無表情地帶我到一個大得驚人的上鎖玻璃櫃前。之所以上鎖，也許是因為GNC的解藥毒產品平均價格是一罐四十九點九五美金，也或許他們認為，會來買這類產品的是一群狗急跳牆又不怎麼守法的傢伙。我細讀產品成分後，一共花三十美金分別買了兩項產品：肌酸酐（Creatinine）和一種名為熊果（Uva ursis）的利尿劑。我的計畫如下：不斷喝水，頻繁地服用利尿劑，而且（這部分是我自己的科學貢獻）避免吃任何加鹽的食物，因為鹽分會促使水分滯留。所以，我不能吃任何經過保久處理的食物、速食或任何辛辣調味料。若我想得到麥那茲的裝水管工作，就得先把自己變成一根暢通無阻的水管才行：排出來的水跟喝進去的都一樣純淨到能喝的地步。

我另一項週末任務是找房子住。我打給電話簿上所有的房屋仲介公司，包括「屋市」、「找屋子」、「有屋子」等等，並留下想租屋的訊息。除此之外我也打給所有列在電話簿上的公寓大樓，其中只有兩棟大樓真的有人接電話，但他們表示租約要訂十二個月才行。我走到超級市場買週日報紙，順便也應徵了一下那裡的工作。他們說，他們是用得上幫手，因為月初福利金支票一發放下來，店裡真的是忙壞了；我可以下週再來問一次。不過，報紙真是讓我失望不已，在偌大的雙子城區只列了一間附傢俱的單人公寓，而且對方週末還不接電話。不過，也許正實行「沖刷」飲食法的我，眼下這種幾近尿失禁的狀態，最好還是別去看什麼屋子比較好。我的晚餐是在超市買來的四分之一隻烤雞，沒加任何鹽，配著一種大家熟悉、低科技的利尿劑沖下肚：啤酒。

把所有狀況考慮進來的話，我得說這不是我最春風得意的時光。若我能對自己越來越排水不止的狀態投降，拿本小說捱過週末，情況還會好些。但此刻「家」並不是一個可以安坐休息的地方，而比較像軍隊裡所講的「戰區」。當我在家的時候，寶弟就想到籠子外，牠會嘎嘎大叫昭告天下，不然就是在籠子裡瘋狂踱步，這比大叫還糟多了。而牠一出籠子，就想坐在我的頭頂上，撕咬我的頭髮和眼鏡框。為了把損傷降到最低，我會先穿上連帽運動衫，把帽子拉上，將帽口的綁繩儘量拉到最緊，包住我的頭髮和大部分臉，然後才把牠放出來。但我還是必須不時把牠從最喜歡的面對面接觸位置（我的肩膀），勉強移到我的前臂左右，然後牠又一定會找到路爬回我的臉上。這時候如果有任何人來敲我的門，就會看到這一幅景象：一個人畏縮在一角，眼鏡從連帽運動衣上僅剩的一個小洞突出在外，頭上則頂著一隻有羽冠的巨大異國白色鳥禽。我只能想像那隻鳥應該挺滿意自己這個君臨天下的位置。我關牠禁閉的時間遠不如我希望的多。然而這是我的職責，不是嗎？當這隻生物的朋友，充當他的鳥類同伴代表，是我為了能借住在這裡必須做的事。

不幸的是，寶弟沒辦法為我發揮同樣功能，於是週日我決定出去找自己的人類同伴。我在紐約有個年輕非裔朋友是女性主義者，她曾敦促我去看她住在明尼亞波利斯的姑姑。我之所以去拜訪這位姑姑，除了社交之外還有一個原因：我一直擔心，我在這裡和緬因州的低薪生活情境，其實是完全不符合真實的人為狀態。在真實生活中，誰會把自己丟到一個完全陌生的環境裡，沒有住的地方、沒有往來的親人或工作，還妄想成為能養活自己的當地人？結果，我朋友的姑姑竟然真的就在一九九〇年代初期這麼做了。她自己帶著兩個小孩，在紐約搭上一部灰狗巴士，最後在完全陌生的佛羅里達州下車。這是我一定要聽的故事，所以我打電話去，得到對方謹慎的邀請，要我今天下午去拜訪。以下我就以凱洛琳來稱呼這位姑姑，她是一位很有氣勢的人物，顴骨很高，有一雙動得很快、宛如巫師般的謎樣眼睛。她幫我端來飲料（水），介紹我給她的孩子們認識，並向我說明，今天是她先生放假的日子，所以他正在樓上休息睡覺。她為這棟房子不夠好向我致歉，雖然對當時的我而言，一棟有三間臥房、月租八百二十五美金的獨立透天厝，似乎沒她說的那麼不好。她逐條向我細述房子的缺點：臥室太小，街頭毒販充斥，只要樓上的浴室有人用，飯廳的天花板就會漏水，抽水馬桶只能靠倒一整桶水進去的方式沖水。那他們為何住在這裡？因為靠她在市區一家旅館擔任助理記帳員賺的九美金時薪，再加上她丈夫當維修員賺的十美金時薪，扣掉日常用品和每週五十九美金的健康保險費用後（她自己是糖尿病患，五歲的孩子則有氣喘病），就只租得到這種房子。然而若純從數字來看，他們兩人加起來一年收入接近四萬美金，足以讓他們在官方資料上被列入「中產階級」之林。

儘管我那位朋友似乎已經向她做過簡報了，但我還是向她說明我在明尼亞波利斯的任務，然後請她告訴我十年前她搬到佛羅里達州的事。因為她並不介意我做筆記，所以下面差不多就是這個故事的原貌——一名女性在真實生活中做了我只為報導目的而做的事：

她原本一直住在紐澤西，在一家銀行工作。後來她決定離開丈夫，原因是他不願意跟孩子「有牽扯」。她搬到皇后區跟母親同住，但發現住在那裡往返紐澤西上班實在不可能，再加上她還得每天早上把最小的孩子載去日間照護中心。後來她兄弟也搬進來跟母親一起住，結果就是三個大人和兩個小孩擠在一個只有兩間臥室的公寓裡，這根本行不通。所以她毅然決定到佛羅里達州，因為她聽說那裡的房租比較低。當時她的全副家當只有母子三人的衣服、灰狗巴士車票，和一千六百元現金，除此之外什麼都沒有。她們在奧蘭多往南一點的一個小鎮下車，一名好心的計程車司機（到現在她還記得他的名字）載她們到一間低價位旅館。下一步就是找到一間教堂，她說：「切記要找教堂。」教堂的人載她到WIC的辦公室（意指Women〔女人〕，Infants〔嬰兒〕與Children〔兒童〕，這是一項聯邦政府措施，為懷孕婦女和有幼兒的母親提供食物方面的協助），載她去找學校為十二歲的女兒辦理就學，還載她去為寶寶找日間照護中心。有時候他們也會幫忙買一些日用雜貨給她。不久之後，凱洛琳找到一份旅館清潔員工作，每天要清潔二十八到三十個房間，一個房間二到三美金的薪水，一週加起來收入大約是三百美金。那是一段「背痛著上床，背痛到醒來」的日子。她年紀還小的女兒必須去日間照護中心把寶寶帶回家，看著他直到凱洛琳晚上八點下班回來為止，等於沒有什麼機會出門和玩耍。

在一個全新的地方一切從頭開始，是怎樣的感覺？「焦慮極了！妳明白嗎？」她認為是這種壓力使她得了糖尿病。那時候她總是覺得口渴、視線模糊，而且私處搔癢不已，但她根本不曉得這些症狀意味著什麼。有一個醫生告訴她，她一定是得了STD，[8]但她上次有性行為已經是很久很久以前的事了。有一天早上，上帝告訴她：「去醫院吧！用走的，不要搭公車。」於是她走了三十條街，最後昏倒在醫院裡。也許上帝要她用走的原因是：這樣她就會暈倒，而總算被人稍微注意到。

8 譯註：Sexually Transmitted Disease（經由性交傳染的疾病）的縮寫。在此是為了不明講而用的略語。

不過，還是有一些好事發生。她在旅館擔任清潔員的時候，曾幫助過一名得癌症的男子。她帶食物給他，甚至幫他清潔散發出惡臭的潰瘍。他非常感激，有一次就拿了三百二十五美金給她，因為他知道她的房租就是這個金額。除此之外她還有一個好朋友愛琳，凱洛琳是在「一個大型垃圾車」遇見她的。愛琳是非裔加印地安裔混血，生活很不順遂。她是一個農場的移工，曾被人強暴過，她男友找到強暴她的人，把那個人砍死，結果被判終生監禁。然而，她男友也曾虐待她，在她臉上留下一道醜惡的疤痕。凱洛琳把愛琳帶回家一起住，有一陣子狀況非常不錯。愛琳在塔可鐘（Taco Bell）連鎖墨西哥速食店找到一份工作，還幫忙凱洛琳看小孩，為他們操心，愛他們如己出。後來愛琳開始喝酒，在酒吧裡的「椅子上跳舞」，最後離開他們去和一個男人同居。凱洛琳很想念她，有一次甚至專程回佛羅里達想找到她，但她可能已經死了。有一次，凱洛琳看到一個有兩角五分硬幣那麼大的惡性腫瘤從她右邊乳頭突出來。很難不去想會有什麼結果。

凱洛琳是在佛羅里達遇到現在的丈夫，他是個白人，但她的苦難並沒有因為結婚就結束，而是繼續下去。她有好幾次無家可歸，還有更多次帶著孩子坐上灰狗巴士到別州去的經驗。兩個小時之後，當我起身告辭要離去時，凱洛琳問我是不是吃素，我道歉說我不是，結果她立刻跑進廚房，出來時拿著一個家庭用尺寸的大保鮮盒，裡面裝滿她自己做的燉雞肉。我滿心感激地接受了：這是晚餐。我們擁抱對方，她陪我走到停車的地方，然後我們再次擁抱。所以，我在明尼亞波利斯有朋友了，而且奧妙的一點是，她才是真正的先驅：一名女子自己決定脫離過去的一切，最後靠一己之力站起來，而且還是在真實生活中，帶著孩子完成這件事情。相較之下，我不過是在模仿，是一個蒼白不毛、沒有孩子負擔的偽裝者。

不過到了週二，陣亡將士紀念日過後那週開始的時候，我的生活似乎顯得夠真實了，而且充滿陰霾和險惡的氛圍。今天是我要接受藥物檢測的日子，交通繁忙，天空穩定而貼切地下著能讓括約肌放鬆的雨。第一場是沃爾瑪的檢測，過程算是沒有太大痛苦。檢測在一名按摩師的辦公室進行，從沃爾瑪走高速公路再往下幾英里就到了。他們發下兩個塑膠容器給我，第一個要讓我尿進去，另一個則是要小心地把第一個容器裡的尿液倒入，做成檢測樣本。弄好之後，他們叫我穿過走廊到一個普通的大眾休息室裡等。如果我口袋裡有一瓶別人的尿，或在休息室裡遇到一個可能捐尿液給我的人，應該很容易把檢測樣本調包成別人的。下一場是麥那茲的檢測，我得開車到西南部郊區，到一個普通的大眾醫院，那裡四處有躺在推床上的病人被推來推去。我被告知要到史克美占（SmithKline Beecham）[9]醫療室等候，那裡已經有十幾個人在排隊。從一些常見的階級特徵看來，他們大多是低薪勞工。等候處的電視被調到蘿蘋・吉文斯（Robin Givens）[10]主持的脫口秀節目《原諒或遺忘》（*Forgive or Forget*）。今日的討論主題是「你讓我住進來，我把你偷光光」。看樣子，似乎十八歲的柯瑞把讓他住進去的表哥偷光光，結果毀了表哥女朋友和她孩子們的耶誕節。柯瑞並未感到懊悔，實際上他還找理由解釋自己為什麼必須一路騙人又偷竊，他的生命一直是這樣。蘿蘋揮舞著拳頭，大叫：「柯瑞，柯瑞，別再把自己當成**受害者**！」顯然，比起偷竊，自以為是受害者這項罪行更嚴重。隨著對柯瑞的聲聲譴責，攝影棚裡的觀眾也越來越激動地鼓掌，認為他很壞。一些正在這間等候室裡漠然看著的觀眾命運也一樣，他們很快就會透過排出的尿液而被論斷和譴責。我的思緒飄回先前的沃爾瑪測驗，有一題要我們表示「同意／不同意」的題目：「在每一個公司裡，不願意被規則束縛的人還是有生存空間。」可是，不！不！我們很快將會發現，正確答案其實應該是：「完全不同意」。

終於，等了四十分鐘之後，一名身穿藍色手術衣、態度不甚客氣的女子把我叫出等候室。他們打算做什麼？若我沒能尿出足夠檢測用的量，他們就要把我的膀胱切掉嗎？我問她，這裡除了藥物檢測之外是否還負責其他工作，她說沒有，差不多就是做這項檢測而已。她檢查我證件上的照片，然後往我手掌上噴一坨看起來像肥皂的東西，可是我沒看到任何洗手台的蹤影。原來我必須到廁所裡用水把手洗乾淨，而她則在外面等，我的皮包也得留給她看著。我停了一會兒，舉著兩隻濕黏黏的手，思考我跟她之間浮現的信任問題。舉例來說好了，既然她懷疑我會把某種解毒劑灑進我的尿裡，我又為什麼該相信她可以保管我的皮包？但我不敢冒險，任何不順從的表現都可能使她以偏見判斷檢測結果。所以我逆來順受地進入廁所，把手洗乾淨，然後尿尿（她恩准我把門關起

9 譯註：英國著名的大型藥廠，在二〇〇〇年經過合併，成為全世界第二大藥廠。
10 譯註：非裔女演員與主持人，曾是拳王泰森的妻子。

來尿），然後我們這場小小的醫療鬧劇就閉幕了。包括開車和等待的時間在內，這次檢測花了一小時又四十分鐘，跟接受沃爾瑪檢測的時間差不多。於是我突然理解到，藥物檢測的效果之一就在於限制員工的流動性，這點甚至可以說是藥物檢測的功用之一。若要應徵新工作，雇主一定會要求（一）應徵資料，（二）面試，以及（三）藥物檢測，而這第三項要求會使人三思，因為這牽涉到每加侖兩美金的油錢，更別提可能還得請保母來看孩子的費用。

在確定藥物檢測結果之前，我覺得自己必須繼續找工作才行。這些過程大多不出所料而前景黯淡，不外乎填寫應徵表格和被告知要等待對方聯絡之類的。但跟其他所有企業化、重法律、用詞委婉和感覺完全光明正大的公司比起來，有一家公司顯得很特別。該公司打出的廣告是徵求「客戶服務」人員，我通常會避免這種工作，因為對方會要我提出履歷表，而我就得在某些方面支吾其詞。但這份客服工作的描述是「入門級」。當我打電話去詢問時，對方告知我要在三點準時到，並確定要「穿著專業服裝」。後面這道指令是個難題，因為我衣櫃裡除了T恤和牛仔褲之外，只有兩條其他質料的長褲，不過由於我來明尼亞波利斯的途中需要在紐約停留，因此還帶了一件外套和一雙體面的鞋子。有這兩樣東西，再加上口紅和及膝長襪加持，就能弄出一副搶眼得要命的打扮，至少我自己這麼想。我抵達座落在一條便道旁的「山中空氣」公司（假名），它位於一棟毫無特色、像個白色方盒的建築裡，裡面已經有其他九名應徵者在等待。結果這是在一個大房間裡舉行的集體面試，主持人陶德是個大約三十歲左右、穿著俐落的男子，他一面對我們演講，一面播放投影片。

陶德用單調的節奏講得飛快，顯然這些話他一天要講好幾次。他說山中空氣是一個「環境顧問公司」，為有氣喘病和過敏的人提供協助，而且這是一項「免費服務」。公司會指派我們開自己的車拜訪受這種問題之苦的人，而若在三十天內，我們能完成五十四回一次兩小時的面談，就能賺到一千六百五十美金。不過我們當然不會懶到只想賺這麼多吧，他說。除此之外，還有許多不可思議的好處，例如週末時，公司會在全國各地舉辦訓練課程，他表示課程中「當然會辦正事，比如聽了會激起動力的演講，但你也可以帶配偶一起來享受美好時光」。只要我們是十八歲以上、素行良好、有自己的車和聯絡電話，並且在明尼蘇達州居住滿一年以上的人就行。這可糟糕了！他問我們之中有沒有人不是明尼蘇達州的長期居民，當我舉手的時候，他表示這項要求有時候可以省略。山中空氣真正要的是(他唸出投影片上的文字):「自律/以金錢為動力/積極的態度。」

我注意到,他完全沒談到提供服務或治癒病痛這方面的事情。事實上,跟沃爾瑪虛情假意的服務倫理比起來,陶德如此強調最赤裸的底線確實令人耳目一新。他告訴我們,我們不是員工,而是獨立的承包人,意思其實是:「如果你對客戶撒謊,公司不用因此負責。」但我想不通,如果這些謊話是公司教給我們的推銷口號,難道也一樣不用負責?陶德向我們保證,整件事其實很簡單,只不過是「去接觸一些有嚴重問題的人(雖然這項問題也許根本不如他們自己所想的嚴重),然後讓他們變得快樂」。有任何問題嗎?有,我想說這些話對我來說完全狗屁不通,但我克制自己,只問他產品到底是什麼(如果有任何產品存在的話)。陶德打開一個毫不顯眼地放在腳邊的硬紙板盒子,拿出一個看起來像某個蹲踞在那裡、有點威脅感的器具,產品的名字叫作「過濾皇后」。「所以這是推銷員工作嗎?」某個人問道。「不是,」陶德有點激動地回答:「我們有一項產品在這裡,如果有人需要就提供給他們。」雖然他的意思不可能是免費提供。接下來我們要接受每個人三分鐘的個人面試,輪到我的時候,他問我為何想做這份工作，我沒有多加思考就回答：因為我想幫助有氣喘病的人。我以為我在哪裡啊？沃爾瑪嗎？我依指示在兩小時後打電話去問結果，他們的回答是，現在沒有適合我的工作，不過我有被列入候補名單。也許是缺乏長期住民資格害了我，不過我猜想，挑了一個錯誤的場合來展現偽善，大概才是真正原因。

另一方面，搜尋住處的行動越來越一籌莫展。在這個故事裡，無論此刻我看起來正在做什麼事情，請各位讀者還是在腦中描繪一幅景象：我同時一直在等電話響，不然就是在找機會打第二、三或第四通電話給某個租屋仲介。現在已經不是週末了，所以電話線另一端有時候會有活人來應答，但他們要不是態度倨傲，就是令人氣餒。在電話裡，有人建議我去看放在人行道旁箱子裡的租屋廣告傳單，但那些傳單上列出的公寓，都是包含熱水按摩池和附設健身房的屋子，一個月租金要價超過一千美金。另一個人則告訴我，我選了一個糟糕的時機來明尼亞波利斯，因為空屋率低於百分之一。此外若我們談的是租金還負擔得起的屋子，空屋率很可能低到只有這個數字的十分之一。《明星論壇報》上頭要不是列著少得可憐的屋子，就是根本沒半間屋子。我給對方的電話留言則完全沒有人回。除此之外，我太遲才了解到，跟西嶼或緬因州的波特蘭比起來，明尼亞波利斯幅員更為廣大，我現有兩個可能的工作機會（沃爾瑪和麥那茲）之間隔了大約三十英里，而我越來越不想在雙子城的高速公路上穿梭。無論我去哪裡，某些從來沒聽說過明尼亞波利斯式好心的傢伙，都會開著小卡車緊跟著我的車尾，讓我很想把之前看過好幾次的保險桿貼紙貼一張在我車後：「除非你是一顆痔瘡，否則滾離我的屁股。」就連古典音樂電台播的歌曲都不支持我，如果是聽著清水合唱團（Creedence Clearwater Revival）或甚至ZZ Top的歌，我都還可以忍受有人以時速七十五英里的高速緊跟在我後面，但老鷹合唱團和杜比兄弟合唱團（Doobie Brothers）實在是一點幫助都沒有。所以我完全不想住在一個距離工作場所遠到毛骨悚然的地方。當然，這是還得假設我有工作可做。

在整個雙子城地區，有可能讓人以週或月為單位，用「可負擔得起的租金」租到附傢俱公寓的地方，竟然只有一個。這個叫作霍普金斯公園廣場（Hopkins Park Plaza）的地方，成為我接下來三週夢想的居住地點，我心目中的香格里拉。我打第三次電話時（前兩通都沒有人回），終於找到一位名叫希爾蒂的女子。她表示此時應該沒有房子可以租，但我還是可以去那裡看看，並先付二十美金的申請費，而且要付現。公園廣場是由數棟兩層樓紅磚建築物構成，當我抵達時，還有好幾名找房子的人也在那裡等希爾蒂，包括一名頭髮染成紅褐色的中年白人男子、一名西班牙裔男子（在加州是稱作拉丁裔〔Latino〕，但在這裡則稱作西班牙裔〔Hispanic〕），以及一名較年長的白人女子。這說明為什麼希爾蒂都不回我電話，因為市場完全站在她那邊。希爾蒂最後終於帶我四處看看。這個地方看起來似乎還可以，雖然走廊陰暗吵雜，還充滿廚餘的味道。如果我願意的話，現在立刻有一個沒附小廚房的房間可租，但它位於地下室，而且一週一百四十四美金的租金似乎高得有點過分，所以我決定等有附廚房的房間空出來。希爾蒂向我保證很快就會有空屋，因為住戶流動率一向頗高。在當時，這似乎是一項審慎而節儉的決定，但結果卻是一個大錯誤。

我想一定是我哪裡做錯了，沒想通某些關鍵因素。寶弟的主人們都認為，「找公寓」仲介公司能幫我找到地方住。我打電話給另一個朋友的朋友，他在一所位於聖保羅市的大學當教授，曾經向我簡要說明雙子城的工業歷史。他承認，他注意到雙子城租金合理的住屋短缺，這是一項「危機」，但他完全不曉得我該怎麼辦。幾個好心到願意跟我談話的租屋仲介們都提出同一項建議：找一間以週為單位出租的汽車旅館，然後住在那裡等到有其他屋子可以租為止。[11] 因此，在打了數通電話之後，我列出雙子城區十一家以週為單位出租房間的汽車旅館，它們全都不是大型連鎖旅館，但所要求的租金價格應該沒有人會認為是「負擔得起的」。租金從沙科皮（Shakopee）山景旅館（Hill View）的兩百美金一週，到明尼亞波利斯南方雙子湖旅館（假名）的一週兩百九十五美金，而且許多地方都客滿了。我從山景旅館開始看房間，那裡要六十美元現金的押金。我車子開了又開，開到手上地圖以外的地方，遠離市郊和商業街道，進入寬廣的鄉野。純就開車而言，這是個不錯的心情轉換，但是要住在這裡則是另一回事。山景旅館附近沒有任何餐館、速食連鎖店或雜貨店，完全沒有任何商業設施，只有幾棟放農具用的倉庫。這種開車距離我實在無法接受，房間也是。當我進房間看的時候，發現沒有微波爐，沒有冰箱，光一張床就占掉房間裡絕大部分的空間。萬一我不想待在床上的時候怎麼辦？難道要我來一場農用拖拉機倉庫之旅？

雙子湖旅館至少還位於明尼亞波利斯境內。東印度群島裔的旅館主人告訴我，他旅館裡所有的房客都是長期住戶，是有工作的人，而我可以住在一間位於二樓的房間，這樣我白天就不用把窗簾拉下來保護隱私。這裡也同樣沒有微波爐和冰箱。我軟弱地告訴他，這個房間我要了，而且在幾天後會搬來。他表示沒問題，甚至連押金都免了。但我對這個地方有種不好的預感，除了因為每樣東西看起來都灰暗而沾有汙漬，也因為在投幣式洗衣烘乾機旁，有一個看起來精神錯亂的傢伙在那裡，用那雙充血的藍眼一直尾隨著我。

不過在工作方面，事情卻相當輕快地向前推進。麥那茲通知我週三早上十

11 過去幾年間，在全國各地租金合理的住屋持續減少。在一九九一年，每一百個低收入家庭平均有四十七間租金合理的居住單位可以租，到了一九九七年，每一百個低收入家庭只有三十六間這類的居住單位可租，見〈租屋協助——惡化的危機：住屋需求的最壞情況之國會報告〉(Rental Housing Assistance-The Worsening Crisis: A Report to Congress on Worst-Case Housing Needs)，住宅暨都市發展部（Housing and Urban Development Department）出版，二〇〇〇年三月。雖然沒有任何可靠的全國（甚至地方）統計數字可證明，但顯然越來越多窮人被迫住在汽車旅館裡。戶口普查員將標準汽車旅館跟住宿型汽車旅館區分開來，前者多為觀光客入住，而後者常以週為單位出租給長期住客。但許多汽車旅館的住戶其實混雜了這兩者，或可能因為季節的不同而從一種換到另一種。汽車旅館的長期住戶數量肯定比檯面上的數字還高，因為汽車旅館主人往往拒絕普查員進入調查，此外住戶本身也可能不願意承認自己住在汽車旅館裡，還甚至可能得和超過四個人以上擠在一個房間裡生活，見薇樂比·瑪莉安諾，〈旅館與戶口普查結果〉(Willoughby Mariano, The Inns and Outs of the Census)，《洛杉磯時報》，二〇〇〇年五月二十二日。

點要出現在公司，到那裡「認識環境」。由於我假設自己應該要通過藥物檢測才會被錄用，所以我打電話確認他們是否真的要我出現。沒錯，他們會等我。我希望他們要我去的目的，不是只為了告發我是個藥物檢測不及格的傢伙。但認識環境的過程很友善，也令人感到很有希望。黎安是一名看起來很疲憊的四十出頭女子，她和我一起坐在桌子這邊，對面則是華特，他用愉快而不怎麼深思熟慮的方式告訴我們主要注意事項：對客人態度好一點，就算是他們因為換貨不成而發怒的時候也一樣，他們老是想著要換貨。不要沒請假就不來。要提防某一個高層經理，那個人每次來店裡都會騷擾女人，而且基本上行為就像個「屎蛋」。我們必須繫皮帶，上面會附一把刀子（為了割開硬紙板箱用，我猜吧），和一個捲尺，這些東西的費用會從我們第一筆薪水中扣掉。他一面說一面把這些東西推到我們面前。噢對了，我們不時還會得到一些「小禮物」，例如原子筆、馬克杯，以及特別促銷季節商品時發的T恤。接著華特把背心和名牌遞給我們，我頗為感動地看到他還為我準備了兩個名牌，一個寫著「芭芭拉」，另一個寫著「芭芭」，我可以選擇我要用哪一個。

當華特暫時離開房間的時候，我問黎安：「這表示我們被僱用了嗎？」因為我覺得很奇怪，剛才他沒有提出任何僱用條件，也沒有要我們接受。「看來是這樣。」她說，然後她告訴我，她甚至連藥物檢測都沒做。她有去檢測藥物的地方，但她的皮夾被偷了，所以身上沒有任何附照片的身分證明文件，而若沒有可以證明她身分的照片證明文件，他們當然不願意檢測她。隨後華特回到房間，帶我到外面的賣場裡跟史提夫見面，一個據他表示是「超級棒的傢伙」，此人會是我在水管零件部的督導人員。但到了賣場樓層時，我心中的疑慮才一擁而上。在多到宛如延伸好幾英畝的成排架子上，放滿我完全不知道名稱的水管裝置，我頓時體會到失語症病患的感受。我有可能靠比手劃腳和含糊咕噥來撐過去嗎？史提夫臉上的笑容比較接近幸災樂禍，彷彿他正在解讀我的腦袋，而且發現裡面沒有一丁點水管接線知識。他告訴我，週五開始上班，時間是從中午到晚上十一點。我以為我聽錯了，除此之外，我也不敢相信華特告訴我的薪水數目，他不是要給我一小時八點五美金的時薪，而是不可思議的一小時十美金薪水。

我心想，我現在不需要沃爾瑪了。不過結果他們卻需要我。蘿貝塔打電話來，用一種過分矯飾的聲調告訴我，我的「藥物檢測沒問題」，並且排定我明天下午三點去認識環境。對我而言，藥物檢測結果並沒有產生預期中那種無罪開釋的效果，甚至沒讓我覺得自己比較乾淨一點。事實上，我既覺得惱火又無法不去想：就算不多花那三十美金和折磨三天、喝到發脹來解毒，是否也可以得到同樣的檢測結果？我問她薪水是多少（在此我得特別註記一下，這項資訊不是她主動提供），她說一小時七美金，於是我心想：好，這裡不用考慮了。但出於謹慎和求知的精神，我還是決定參加沃爾瑪的新進人員訓練。結果，由於一些出乎意料之外的生理原因，這又變成另一個大錯誤。

純粹就壯觀度、規模和威嚇度而言，我懷疑還有任何公司的新進人員訓練能超越「沃爾瑪」。他們告訴我，整個過程要花費八小時，其中包含兩次十五分鐘的中場休息和一次半小時的用餐時間，而且我們還能以平常上班的時薪領到薪水。我穿著俐落的T恤和卡其褲到達現場，感覺這身穿著很適合自己身為沃爾瑪未來「工作伙伴」的身分。我發現那裡除了我之外，還有其他十名新進人員在場，他們大部分都既年輕又是白人。蘿貝塔帶頭和其他兩個人擔任「導覽工作」，我們坐在一個跟面試時一樣完全沒有窗戶的房間裡，裡面有一張長桌，我們就圍著這張桌子坐著，每個人面前擺了一大疊文件。我們聽蘿貝塔又重複一遍她的說詞，說她如何養大六個孩子，是個「與人為善的人」，以及她怎麼發現沃爾瑪的哲學和她自己的一樣，諸如此類的話。我們開始看一卷大約十五分鐘長的錄影帶，影帶內容是關於沃爾瑪的歷史和經營哲學，但若用人類學觀察者的話來說，這卷錄影帶其實也可以叫作「對山姆的膜拜行為」。錄影帶一開始，年輕的山姆．沃爾頓身穿制服，從戰場歸來。他開始經營一間平價雜貨店，結婚並生了四個漂亮的孩子，獲布希總統頒發自由勳章（Medal of Freedom），之後很快就死了，騰出地方給後人頌揚。但公司仍然持續下去，確實如此。自此開始，故事軸線開始毫不停留地往上攀升，只偶爾停下來標示幾次公司擴張的里程碑：一九九二年，沃爾瑪成為全世界最大的零售公司；一九九七年，營業額達到一千億美金；一九九八年，沃爾瑪工作伙伴的數量達到八十二萬五千名，使沃爾瑪成為全國最大的私有企業雇主。每個有里程碑意義的日期都會伴隨一張簡報，展示成群的顧客、一大堆工作伙伴，或美輪美奐的新店面和鄰接的停車場。我們從旁白的話和圖解裡，一次又一次聽到和看到「三大原則」：尊重個人，超越顧客的期待，追求卓越。這些原則彼此之間其實根本毫無對應關係，簡直有種令人惱火，甚至挑釁的意味。

「尊重個人」是適用於我們這些工作伙伴，因為沃爾瑪是如此龐大，身為個人的我們如此微小，因此每件事情都仰賴我們。山姆總是這麼說（在錄影帶上）：「最棒的創意來自於工作伙伴」。就像是「和善招呼者」這個主意：要一名較年長的員工（對不起，應該是「工作伙伴」才對）站在店門口，對每個走進店裡的顧客打招呼。整個訓練活動從下午三點一直持續到晚上十一點，在這個過程中，我們被足足提醒了三次，說這個創意僅僅是由一名工作伙伴想出來的。誰知道我們之中還有誰具有革命性的零售創意呢？所以公司歡迎我們提出自己的創意，再歡迎不過了。除此之外，我們不應該把經理們當作上司，而應該當作「服務領導」（Servant Leader），他們既服務顧客，也服務我們。當然，不可能在每一種場合裡，工作伙伴們和他們的服務領導都和樂融融。有一卷錄影帶是關於「工作伙伴的誠信」，裡面演出一名收銀員當場被抓到從收銀機偷拿錢，隨後他被銬上手銬帶走，還被宣判四年徒刑，背景音樂的鼓不祥地一直敲。

因此，要透過正確的思想和積極態度來克服雙方潛在的張力，這項主題持續到下一卷十二分鐘的錄影帶，影帶標題是「你選了一個很棒的地方來工作」。在這卷錄影帶裡面，各單位的工作伙伴做出證言，表示「跟傳聞中的一樣，沃爾瑪就像個大家庭」，最後導出的結論是我們不需要工會。錄影帶上說，工會有一度（很久以前）在美國社會裡占有一席之地，但它們「已經沒有什麼好處可以提供給勞工了」，這就是為何人們「成群結隊」離開工會。沃爾瑪興盛不已，工會正在凋零，所以你們自己判斷吧。但我們得到這樣的警告：「好幾年來，工會都把沃爾瑪視為目標。」為什麼呢？當然是因為會費。想想你加入工會將有哪些損失：首先，你得交會費，一個月可能要二十美金，「而且有時候還更高」。第二，你會失去「自己的聲音」，因為工會都堅持替你發言。最後，你甚至可能會失去工資和福利，因為「在談判桌上，這些都會陷入危機」。錄影帶上這種說法會使你不得不開始懷疑（幾個參加這場訓練的青少年可能就正在這麼想），那些組織工會的邪魔歪道擺明了就在勒索，怎麼還能讓他們在這片土地上自由逍遙。

還不只這些，還有更多、更多我吸收不了的東西，就算分散成一整個學期的時間我也沒辦法。我們的訓練者大概心知肚明，在場沒有一個人打算回家之後安穩地窩著讀《沃爾瑪工作伙伴手冊》，所以他們乾脆開始大聲唸給我們聽，每唸幾段還停下來問「有任何問題嗎？」完全沒人說有。貝瑞是一名坐在我左邊的十七歲青少年，他咕噥著說自己「屁股好痛」；索雅坐在我對面，她是一名嬌小的非裔女性，看起來似乎已經嚇呆了。我已經放棄讓自己看起來很有精神，只能努力使自己的眼皮別閉上。我們得知：不能穿鼻環或在臉上戴其他珠寶；耳環必須小而低調，不能垂掛下來；除了週五之外不能穿牛仔褲，如果你那天要穿，還得為這份特權付一美金。禁止「吃草」，意思是我們不能從任何因不明原因而開啟的包裝食物中拿東西吃；禁止「偷時間」。最後這項規定讓我的思緒飄到科幻小說的方向去：「於是這名時間竊賊帶著他從二十一世紀洗劫來的週末和假日，回到西元三四二〇年去……」最後，終於有人問了一個問題，那是一名受僱擔任「和善招呼者」的年長男子，他想知道「什麼是偷時間？」答案是：在工作的時候做不是工作的事情，任何工作以外的事都算。然而，偷竊我們的時間卻不是問題。有好幾次，三名訓練人員都跑走好幾分鐘之久，留我們呆坐在那裡或不安地在座位上蠕動。要不然就是有某個資深訓練人員才剛唸過訓練手冊的一個章節，出去辦事情的蘿貝塔回來後又重新整個唸一遍。我眼皮直往下掉，很想走人。我曾在機場因為班機延誤等了七個小時，但此刻的時間過得比那時還慢。事實上，我開始懷念起那七小時的等待時光了，因為那時候起碼還可以拿本書來讀、起來走動一下或是去撒泡尿。

中場休息的時候，我到沃爾瑪內設的「廣播放送台」（Radio Grill）速食店買咖啡喝，而且是含有咖啡因的真貨色。我之所以這麼做，主要是因為擔心弄到這麼晚，開車回家會精神不濟，而不是因為覺得有任何需要記得沃爾瑪那些瑣碎雜事。在這裡，我得告訴諸位向毒品宣戰的人，還有一種各位應該更多注意一點的毒品。由於我平常根本不喝咖啡（通常一杯冰茶就已經算我的提神飲料了），這杯咖啡的效果簡直就像檢驗用的高純度「右旋安非他命」（Dexedrine）[12]：我的脈搏狂跳、腦袋過熱，結果造成一種譫妄狀態。我發現自己連一些幼稚園程度的任務都做不好，比如我們要把個人條碼黏到自己的名牌卡上，然後用凸面字母貼紙貼在名牌上，拼出自己的名字。那些字母貼紙一直捲起來又黏在我的手指上，所以我只拼到「芭芭」（BARB）就停了（事實上是歪七扭八地貼成「BARB」），然後就開始神遊，去想哪些人在這幾年把自己的名字改得更高雅好聽，比如從派斯蒂（Pastry）改成派翠西亞（Patricia），從迪克（Dick）改成李查（Richard），而此刻我卻朝完全相反的方向發展。接著我們輪流到電腦前面，開始「透過電

12 譯註：一種強力中樞神經興奮劑。

腦來學習」，我被一個宛如從ＨＩＶ病毒得到靈感而命名的單元嚇呆了，標題是「血液挾帶的病原體」，內容是關於賣場地板上出現一大灘人血的時候該怎麼辦。好，要在那灘血四周放上三角錐警告標示，戴上防護手套等等。但我忍不住一直想像，到底怎樣的情況才會導致地上出現一大灘血：工作伙伴們紛紛揭竿起義？顧客大暴動？我連看了六個單元，比規定的還多了三個（剩下的我們得在接下來幾週找出時間看完），才被其中一名訓練者以溫和的動作從電腦前硬是拉開。我們現在得到允許，可以走了。

接下來的一夜，是我多次失眠經驗中最糟的一次。在沿著州際公路開車回家的路上，一名車速高達八十英里的傢伙從右側以幾埃米[13]之差擦過我，清楚說明任何高速公路都有比肉眼可見更多的「出口」，無止境地多（就是那種終結一切的出口）。在這種接近午夜的時刻，我花了十五分鐘才找到一個停車位，又再花了五分鐘走回公寓。公寓裡，寶弟已經因為我這麼長時間不在家而發狂了，完全陷入暴怒狀態，羽毛紛紛散落在籠子下方的地板上，即便我慷慨地給牠放風四十五分鐘，牠還是拒絕回到籠子裡去。明天是我第一天上工裝水管，我想精神煥發地去（我還是選擇要去麥那茲工作），但有一大堆小事情出錯，而在我當時的經濟狀況下，沒有一件出錯的事情是夠小的。我手錶的電池沒電了，我得花十一美金換電池。我的卡其褲上出現一塊顯眼的墨水漬，我用洗衣機足足洗了三次（三點七五美金），再加上一罐Shout強力除漬劑（一點二九美金）才弄乾淨。除此之外還有在公園廣場付的二十美金申請金，再加上麥那茲規定要的皮帶也花了我二十美金，雖然我是比價半天，才在一個寄賣商店裡買下。再說，我為什麼沒問刀子和捲尺要扣我多少錢呢？我發現電話已經打不進來，也沒有錄下留言，所以誰知道我錯過多少租屋機會？大約凌晨兩點時，我吞下一顆易睡寧（Unisom）安眠藥，中和仍在狂飆的咖啡因，但到了五點，寶弟展開報復，雖然黎明還在一段安穩的遙遠距離之外，牠卻發出一連串嚇死人的嘎嘎大叫，向黎明前的景致打招呼。

我應該要在中午到達麥那茲。到了這個時候我才意識到，雖然我並沒有正式接受這兩個職位，但麥那茲和沃爾瑪兩方其實都已經正式錄用我。也許我會結合這兩個工作，或者捨棄沃爾瑪去比較高薪的麥那茲工作，但新人訓練長到

13 譯註：極小的長度單位，相當於一公尺乘以十的負十次方。

幾乎永無止境的沃爾瑪卻已經向我伸出魔掌。做兩份工作的人必須能挺得住失眠之苦（若像我昨天在沃爾瑪從三點待到十一點，今天白天又在麥那茲工作一天的話，就會經歷一天這樣的生活），但我挺不住。我整個人搖搖欲墜，大腦感覺就像無毒美國之友（Partnership for a Drug-Free America）廣告裡的那顆煎蛋。[14]我連把花生醬抹上土司組合成早餐的專注力都快沒了，怎麼還可能精通水管產品的技術？整個世界就像一大堆高反差照片般壓向我，而且彼此之間完全沒有任何連貫性可言。我打電話到麥那茲，找到保羅來接電話，請他確認我到底幾點該到那裡上班。史提夫（還是華特？）說工作時間是從中午到晚上十一點，但這樣等於連上十一小時的班，對嗎？

「沒錯，」他說：「你要做全職不是嗎？」

而你們要付我一小時十美金的時薪？

「十美金？」保羅問：「誰跟妳說十美金的？」他得好好查證一下，一定是弄錯了。

現在我嚇到了，我告訴他，我不可能做一連十一小時的班，除非八點以後就算加班。我沒告訴他，有好幾代勞工正因為每天工作十小時、晚上八點以後還得工作，而必須如何辛苦求生，甚至因此而死亡，雖然這些話就縈繞在我的腦海裡。[15]我只有告訴他，我會把我的刀子、背心和捲尺寄回去。接下來之後的幾天，我試著合理化這項決定，我告訴自己，由於沃爾瑪是全國最大的私有企業雇主，我在那裡經歷到的一切都將有巨大的社會代表性。但這只是在試圖粉飾我因為那杯咖啡而犯下的另一個愚蠢錯誤。令人難堪的真相是：我只是虛脫到無法工作，特別是一連工作十一個小時。

這一切關於薪水和工時的問題，為什麼我沒有早點開口問？特別是當蘿貝塔打電話通知我藥物測驗通過的時候，我為什麼沒跟她討價還價，跟她說如果員工福利包括一棟位於湖岸、附熱水按摩浴池的公寓大樓，那我就可以接受一小時七美金的待遇？好幾週後我才想通，部分答案在於雇主處理僱用過程的靈

14 譯註：這是一個全美反毒民間組織，該組織有一個著名廣告叫作「吸毒後，你的大腦就是這樣」（This Is Your Brain on Drugs），用打一顆生蛋放入煎鍋煎的方式比喻吸毒對大腦的破壞。

15 根據勞動基準法規定，一週工作超過四十小時以上就必須以加班費計算，若不如此就是違法。某些領域的勞工不在此限（例如專門人員、經理以及農夫），但零售業勞工適用於這個標準法。

巧手段。一開始你是一名應徵者，接著你就突然變成必須認識環境的人。雇主先是交給你一份應徵表格，幾天之後，他們又交給你一套制服，並警告你不能穿鼻環和偷竊。整個過程中沒有任何轉換期，你沒有機會把自己當成一個擁有自主權的人跟未來的雇主交鋒，或感覺到自己有正當權利和對方交涉。而在應徵和僱用的階段之間嵌入藥物檢測，又使整個情勢更倒向對雇主有利的方向，變成你（而不是雇主）才是必須證明什麼的一方。我想，大概沒有哪個市場比明尼亞波利斯還需要勞工了，我走進任何一棟商業建築，應該都會接到歡迎應徵的邀請。但即便是如此需要勞工的市場，明明有珍貴勞力要賣的人，卻可能會被弄得感覺自己很低下，非常低下，就像一個攤開雙手乞討的人。

時間到了週六，也到了我必須離開免費住處和神經質鳥類同伴的時候。我在兩位屋主預定回到家的幾個小時以前打包好，前往雙子湖旅館。到那裡我才發現（我已經不太意外了），所有二樓房間都已經租給別人。旅館主人告訴我，先前我特別指定一間往外看出去是後院而不是停車場的房間，那裡如今住著一名女子和她的小孩，他不好意思叫她們搬到較小的房間裡住。我決定這是我抽身的機會，於是打電話到清單上另一家以週計費的旅館：清景旅店（假名）。這家旅館有兩大優點：它離我工作的沃爾瑪分店只有二十分鐘車程，從雙子湖旅館則要至少四十五分鐘；除此之外，每週租金是兩百四十五美金，而不是雙子湖的兩百九十五美金。這個價格仍然高得要命，比我扣掉稅款後的週薪還高，但我跟希爾蒂上一次交談時她保證，下週末會有一間附廚房的房間空出來，而且我有自信能在之前應徵的超市得到一份週末班工作，幸運的話還會是烘焙部。

要宣稱某個地方是全國最糟的旅館並不容易，當然是要面對相當大的挑戰。[16] 我自己在旅行的時候也遇到不少其他候選者，例如在克里夫蘭住到一家晚上會搖身一變成為妓院的旅館，在布特住到一家房間窗戶一看出去就是另一個房間裡面的旅館，但清景旅館把這些對手遠遠拋在後頭。一層玻璃窗擋在我和

16 我也許得收回這句話。位於馬里蘭州南部的停車道汽車旅館（Parkway Motel）直到一九九七年因為違反防火規定而關閉之前，以外露的電線、房間門上的洞以及浴室地板上的汙水而聞名。但若把價格也算進比較行列，清景旅館可能還是勝出，因為當時停車道汽車旅館每日租金只有二十美金。陶德·薛茲，〈查爾斯嚴懲破敗汽車旅館〉（Todd Shields: Charles Cracks Down on Dilapidated Motels），《華盛頓郵報》，一九九七年四月二十日。

東印度群島裔旅館老闆之間（東印度裔人士似乎控制了中西部的汽車旅館業），我從窗底下把兩百五十五美金現金塞進去（額外的十美金則是電話服務），接著他太太就帶我去看一個房間。我對那個房間的記憶全是大肆蔓延的黴菌，我不可能找到那麼多樂敏錠來對抗數量如此龐大的黴菌，而我還得靠捏著鼻子來表明這點，因為她會的英文沒多到包含過敏這個概念。當她終於懂我意思之後，轉而提出建議：空氣清淨機？薰香？當我們返回辦公室，她丈夫表示還有一個比較好的房間，但是（此刻他瞇起眼睛瞪著我），我最好別「亂搞」它。我努力擠出一個讓他放心的輕笑，但這句警告令我耿耿於懷好幾天。難道這麼多年來我都在自欺欺人，以為自己看起來既成熟又穩重，但其實大家都認為我是個會蓄意破壞東西的傢伙？

一三三號房裡有一張床、一把椅子、一個五斗櫃，和一台固定在牆上的電視。我向房東求來一盞檯燈，取代裸露在天花板上的一顆電燈泡。空氣裡沒有黴菌味，但取而代之的是刺鼻油漆味，混合著我後來判定是老鼠屎的味道。但真正的問題全都跟窗戶和門有關：房間裡唯一的小窗戶沒有紗窗，房間裡又沒有空調或電扇，窗簾薄到等於透明，而房門上則根本沒有鎖。由於沒有紗窗，晚上窗戶就必須關上，意思是我會悶死，除非我願意冒險讓蟲子和鄰居跑進來。鄰居都是哪些人？這家汽車旅館圍著停車場形成一個馬桶座的形狀，我能看到令人費解的住民組合：一名手上抱著孩子的女人倚在一個房間門口，兩群一黑一白的青少年似乎就住在彼此隔壁，此外還有好幾名年齡各異、沒有攜家帶眷的男性，其中包括一名穿著工作服的較年長白人男子，他的保險桿貼紙上寫著：「別偷東西，政府討厭有競爭對手。」彷彿他之所以沒住在設備頂級的大使套房酒店（Embassy Suites），唯一原因就是要交所得稅。天色變暗後我走到外面，透過我房間的窗簾往裡瞧，沒錯，差不多什麼都看得見，起碼都看得到輪廓。來這裡的路上，我在一家超市買了熟食。把東西吃掉後，我把身上的衣服全都穿著，就這樣上床，但不是睡覺。

我天生就不是一個膽小的人，這點可以說怪我母親也好，也可以說拜她所賜，她從來就沒有費事警告我，身為一名女子會有什麼特別的弱點。直到上大學，我才大概曉得強姦是怎麼回事，並發現在別人眼裡看來，我不管日夜都喜歡走路探索陌生城市的習慣，與其說是高雅的離經叛道，其實多半更是有勇無謀。我住在西嶼的拖車屋公園或緬因州的汽車旅館時，都沒有像現在這樣的擔憂，可是拖車的門有鎖，而且那兩個地方都有實在的遮光罩和紗門。但在這裡，只有因為窗戶緊閉而造成的窒悶空氣，才讓我感覺到自己還身在室內，否則我基本上等於暴露在旅館裡所有人的眼光之下，也暴露在任何可能從高速公路上下來的人眼前，而我可不認為能仰賴旅館主人的幫忙。我有想過戴上耳塞擋住從隔壁傳來的電視機聲音，以及戴上眼罩遮掉停車場販賣機上一直閃的胡椒博士(Dr Pepper)飲料招牌，但我後來決定，讓五官保持警覺才是比較聰明的做法。我不斷睡睡醒醒，聽見汽車來了又走，看著陰影從我窗戶前緩緩行過。

在大約清晨四點的時候，我漸漸明白到，這些反應不意味著我是隻軟腳蝦。比起房子裡有兩道鎖、警報系統和丈夫或狗的女子們，貧窮女子確實有更多要害怕的事情（特別是單身女子，即便她只是因故暫時居住在窮人之中）。我之前一定聽過這樣的理論，至少曾聽誰發表過類似的看法，但直到如今，我才第一次真正體會到它的道理何在。

所以週一的時候，我就是從這樣的家出發去上班，開始以沃爾瑪的一分子過生活。經過那場嚴酷的認識環境訓練後，我期待會有一場很有組織的歡迎活動，也許會舉行一場儀式，授與我亮藍色的沃爾瑪制服背心，或花四十五分鐘訓練我們操作休息室的販賣機。但當我抵達那裡準備上早上十點到下午六點的班時，似乎完全沒有人預期我會來。我被告知要加入「柔性路線」，這個詞有著美麗而柔軟的發音，但我完全不知道那是什麼意思。某個人事處的人告訴我，我是在女性服飾部工作（我這才知道，那是柔性路線的一個部門），並要我到試衣間旁邊的櫃檯去，我又從那裡接連被轉手給別人，最後終於停在艾莉那裡。她沒有穿制服背心，顯示她屬於管理階層。她要我為波比．布魯克（Bobbie Brooks）的夏季針織裝進行「分區」，這項任務簡直能當成一場考驗認知能力的高難度智力測驗。第一，所有服裝要先以顏色分類（這一次是以橄欖色、桃色或薰衣草色來分），接下來再以圖案分類，例如有葉子狀花樣的緊身上衣、單獨一枝花的，或很多朵花的；最後，在每種圖案的衣服中，則要再分大小。當我終於完成這項任務的時候，差點沒累垮。然後瑪麗莎來了，她只比我早幾個禮拜來這裡工作，位階跟我差不多。她請我幫忙把凱西．李（Kathie Lee）的針織裝弄得更聚集一點，以便讓該品牌的絲質服裝能放在「形象」位置，也就是客流量極高的轉角。幾個小時後，我從跟瑪麗莎的零散交談中得知，她在做這份工作之前是一名女侍，丈夫在建築工地工作，孩子們已經長大。她以前曾出過一些狀況，包括生了一名非婚生的孩子、有酗酒和藥物問題，但那些全都過去了，她已經把生命奉獻給基督。

我們的工作一整天都很瑣碎，基本上就是使女裝保持在「可供選購」的狀態。當然，若顧客有需要（而她們越來越常被我們稱為「客人」），我們當然要提供協助。起初我還費事展現訓練錄影帶中要求的「積極款客之道」：只要有任何人走進一名銷售工作伙伴周圍十英尺之內，該名工作伙伴就要溫暖地微笑，並提供協助。但我從來沒看到任何更資深的工作伙伴這麼做過，原因是：第一，客人通常討厭有人打斷她們買到陶然暈茫的狀態，第二，我們還有更急迫的事情要做。在女裝部有一項大任務，這是像家用品或園藝等部門遠遠比不上的，那就是收好「退回品」。它們大部分是顧客試穿過認為不合身而不要的衣服，少數是買了之後退回來的商品。除此之外還有很多被顧客弄得亂七八糟的東西，有的掉到地板上，有的被人從衣架上拿下來，扔在衣架掛桿上，不然就是被拿到離原本該在的位置很遠的地方。當然，這些東西每一樣都必須精確地放回原來位置，符合顏色、圖樣、價格和大小分類，因此我們剩下的時間全都花在把衣服收起來歸位。當我在電話中向凱洛琳描述這個情況的時候，她以憐憫的口氣說：「唉，完全不用大腦的工作。」

但沒有什麼工作是像外人看起來那麼簡單的。雖然說是收衣服，但問題是要收到哪？上班頭幾天，我大多數時間都花在記下女裝擺設的位置。女裝賣場總共有一千（還是兩千？）平方英尺大，四周圍繞著男裝、童裝、節日卡片和內衣部。賣場位於試衣間前方，面朝整間店的主要入口，形狀宛如好幾個超正常實用大小的大帳棚。位於最左側的是走最考究而昂貴路線的服飾（最高到二十九塊多美金），適合在約會時和半正式的辦公室裡穿著，包括全聚乙烯材質的凱西・李系列。以順時針方向往下走，則到了絕對中性的蘿絲（Russ）和波比・布魯克服裝，目標客群似乎是需要去參加重要烤肉聚會的矮胖小學四年級老師。接著，在耐用的白鹿（White Stag）系列服裝之後，則是設計給較年輕也較苗條女子穿著的褪色榮耀（Faded Glory）、無界線（No Boundaries）和裘達奇（Jordache）等品牌的系列服裝。這幾個大品牌之間穿插著許多較小品牌的產品，例如運動作品（Athletic Works）、基本裝備（Basic Equipment）。這區還有機靈古怪的華納卡通人物、小熊維尼以及米奇系列，這些服飾通常以各自的代表角色為圖案。在每個品牌區內，當然包括數十款服飾，甚至每一款還有數十種單品。舉這個夏季為例，依照長度和剪裁來區分，褲子就包括超短熱褲、經典褲、工作褲、七分褲、靴形褲或寬管褲，除了這些之外我大概還漏記了好幾種。所以我經常出現的姿勢是站在原地慢慢迴轉，眼睛睜大，手上拿著衣服，問自己：「我到底是在哪裡看到九點九六美金的運動作品針織吊帶褲？」不然就是其他類似的問題。有時候不免還是有一些神祕的衣服需要更多時間回想和喚起記憶，例如從少女裝或男裝部跑過來的衣服、收回來還沒重新打上價錢標籤的衣服，你知道，那種偶爾出現萬中有一的衣服。

然後，當我終於記得所有衣服的擺設位置後，突然間擺設又整個變了。我第三天上班時徒勞無功地搜尋好久，才發現蘿絲的襯衫短褲組合擠掉了凱西．李，占掉她的形象位置。當我咕噥地問艾莉是不是要害我以為自己得了老人痴呆症的時候，她真誠地向我道歉，並向我說明，一般顧客一週會來這裡逛三次，所以我們必須保持新鮮感。除此之外，服飾擺設幾乎是她唯一可以控制的事情，因為進貨種類和最初價格都是由位於阿肯色州的總公司決定。所以我才剛記好擺設位置，她又一股腦兒重擺一次。

我對這份工作的第一個反應是失望，以及某種帶有性別歧視的不屑。我本來可能正在裝配水管、精通各種閥門的詞彙，皮帶上懸掛著叮噹作響的工具，跟史提夫和華特談笑風生，但我此刻的任務，卻是把一件粉紅色比基尼上衣掛回「百慕達泳衣」架上的位子。沒有什麼重大的事情，而且就我所見，也沒有什麼事迫在眉睫。若我把工作搞砸了，沒人會因此挨餓或死掉。事實上，在顧客持續大肆破壞之下，誰看得出來我搞砸了沒有？除此之外，沃爾瑪規定我們一定要表現出一副彬彬有禮的樣子，這也讓我感到倍受壓迫。這裡是淑女裝區，而我們全是「淑女」，在整間店內都不得提高音量說話或咒罵。若再這樣過幾個禮拜，我會徹底變成一名小女子，不再大步行走，而是走小碎步，還會開始把頭往一邊傾。

不過，拜那些流動衣物的龐大數量所賜，我的工作並不像乍看之下那麼文雅。拿羅德和泰勒（Lord & Taylor）百貨公司[17]來比好了，沃爾瑪的顧客們可是推著超市級的購物推車在購物，在抵達試衣間的時候，她們推車裡的衣服可以滿到快掉出來。百分之九十的衣服會被退還給試衣間的服務人員，她們必須把這些

17 譯註：以紐約為總部的老牌高檔百貨公司。

衣服折好並套上衣架，再把它們放在新的購物車裡轉交給瑪麗莎和我。所以我們如何評估工作量呢？用購物車數量。當我上班的時候，班表比我早一點的瑪麗莎會告訴我目前狀況：「妳相信嗎？今天早上有八台購物車！」以及還有多少台車等著我整理。起初我平均要花四十五分鐘才能清掉一台購物車，而且還是有三到四件不知道該放在哪裡的神祕衣物留在最底下。我後來把時間縮短到半小時，但購物車還是一直來。

在大多數時間裡，做這份工作幾乎不需要跟任何人互動，無論是跟同事或上司之間都一樣，主要原因在於，這是一份只要管好自己就行的工作。我在輪班開始或休息時間結束的時候抵達賣場，評估我不在的這段期間客人造成多少破壞，計算所有等待我整理的購物車數量，然後就開始埋頭整理。我就算又聾又啞，也可以把大部分工作做好。雖然在新人訓練的時候，公司反覆強調員工必須微笑和保持友善，但在這裡，孤僻的個性其實是絕對優點。在一些比較清閒的時候，瑪麗莎和我會想出可以兩人一起做的任務，例如把泳衣分區。我們會一邊處理多得跟惡夢一樣的細綁帶，一邊咯咯笑，她用她的基督徒方式笑，我則是從比較女性主義的角度笑這些透明無用的小布料，它們只不過使被包裹的東西顯得更暴露而已。有時候艾莉會給我一些特別任務，例如把所有的「基本配備」T恤掛上衣架，並把它們整齊地吊在掛衣桿上，因為用衣架掛起來的東西賣得比較快。我喜歡艾莉，她是一名臉色蒼白、五十幾歲的女子。她絕對是「服務領導」的最高化身，或者用更大眾一點的話來說，是以「女性化」方式管理的最高化身。她會說「請」和「謝謝你」；她不會下命令，而是請求你做事。不過年輕的霍華卻不是這樣，他穿的制服上寫著「霍華協理」，所有柔性路線部門都歸他統治，包括嬰兒服飾、童裝、男裝、配件，以及內衣部。第一天上班時，我被叫離樓面去參加一個工作伙伴會議，他足足花了十分鐘點名，對每個人亮出一抹湯姆．克魯斯式的微笑（眉毛皺在一起，同時兩邊嘴角往上揚），然後向我們吐露他的「怪毛病」是什麼（又來了）：他討厭工作伙伴站著彼此聊天。而這個，當然是偷時間的典型例子。

到沃爾瑪任職幾天後的一晚，我回到清景旅館時發現房門開著，旅館主人在門外等我。出了點「問題」：下水道的汙水往回流，弄得我整個地板都是，但幸好我的行李箱沒事。我得搬到一二七號房，那裡應該會比較好，因為有紗窗。但結果所謂的紗窗簡直就像破布條，底部甚至沒固定，只能在風中無用地拍動。

我要求一個真正的紗窗，他告訴我他沒有任何合適的；我要求一個電扇，他說他沒有半台好的。我問他為什麼（我是說，這裡不是一間正在營運的汽車旅館嗎？）而他雙眼一翻，顯然意思是其他旅館住客害的：「我可以告訴妳一些故事……」

所以我把家當搬到一二七號房，開始試著重建我那小小的家庭生活。由於沒有廚房，我弄了一個堪稱「食物包」的袋子，那是一個超級市場提袋，裡頭裝著我的茶包、幾片水果、從速食店拿回來的各種調味包，以及半打可以撕成絲狀食用的起司。雖然起司的標籤上寫著要冷藏，但我想保存在塑膠包裝內應該沒事。我帶著筆記型電腦，這是我跟自己原本職業的基本連繫，而它成了越來越令我擔心的東西。這台電腦八成是整個清景旅館裡最值錢的物品，當我離開這裡九小時左右去工作的時候，可不想把它留在這裡。在沃爾瑪工作的頭幾天，氣候還算涼，所以我把電腦鎖在後車廂裡。但現在中午氣溫高達攝氏三十二度，我很擔心它在後車廂裡會被烤壞。除此之外還有一個更迫切的問題，那就是我的衣著。我把大部分衣服放在另一個可充當食物籃用的棕色紙袋裡，卡其褲在裡面已經放了一、兩天，另外還有兩件乾淨T恤可以撐到下一次進洗衣店的時候，但T恤有一個問題。亞莉莎曾和我一起參加新人訓練，現在任職於運動用品部。一天下午，她來女裝部問一款降到七美金的馬球衫，有沒有可能再降價？我當然不曉得（降價與否由艾莉決定），但為何亞莉莎這麼執著於這件馬球衫？因為公司有一項規定，我們穿的上衣必須要有領子，因此上衣必須是馬球衫，不能是T恤。不知怎麼地，我在新人訓練的時候漏聽了這一點，如今我懷疑自己那赤裸裸的脖子還有多久能不被霍華的法眼發現。在工作一小時只領得到七美金的情況下，一件要價七美金的馬球衫我實在買不下手。

現在時間已經過了晚上七點，我該展開每天傍晚例行的覓食行動。對於清景旅館裡沒有廚房的住客而言，鎮上只有兩項低價外食選擇（其實也沒有高價外食可選）：一家吃到飽中國餐館，或是肯德基炸雞。它們有各自的附帶娛樂。若我選擇在中國餐廳吃，可以看到成員眾多的墨西哥家庭，或是在體型上更為龐大的明尼蘇達州白人家庭；若我把肯德基買回房間吃，則可以在六個電視頻道中選一個看。後面這個選擇似乎稍微不孤獨一點，尤其是當我能找到自己喜歡看的節目時，比如《泰忒斯》（*Titus*），或《外星人報到》（*Third Rock from the Sun*）。沒有桌子吃飯是件麻煩事，我得把食物放在五斗櫃上，並在腿上鋪一個超市塑膠袋，因為當你歪著身體吃東西的時候，就很難避免濺出來，而濺出來就表示要在洗衣店花時間和錢。今天我發現新的刺激節目：CBS電視台播出的《我要活下去》（*Survivor*），內容是一些「真實的人」掙扎著要在一個荒島上點起火。這些瘋子是誰啊？怎麼會自願進入一個人工弄出的險惡環境，用那種半調子的求生努力來娛樂幾百萬名陌生人？接著我想起自己身在何處，還有我為什麼會在這裡。

吃完晚餐後，我把吃剩的殘渣塞進剛才當成桌巾用的塑膠袋裡，把袋口綁緊，好讓那些飛進來的蒼蠅死心，牠們已經可以自由進出我這個基本上等於沒有紗窗的住處。我做了一些晚上要做的事情，包括寫每日紀錄和讀一本小說，然後把燈關掉，把門打開一點，坐在門邊呼吸一下空氣。兩名住在我隔壁的非裔男子也把他們的門打開了，由於那扇門白天有時候也是開著的，我注意到他們的房間跟我一樣只有一張床。不過這並不是同志幽會，因為他們似乎輪流睡床，一個人睡在房間裡的時候，另一個人就在外面的車子裡打瞌睡。我把門和窗關上，摸黑脫衣服，這樣別人從窗外才看不見我。我對清景旅館的其他住客仍然所知不多，因為身為一名單身女子已經夠糟了，特別是一名有錢到能自己睡一張床的女子，而且還不是半夜會很吵的那種。就我觀察所及，這個地方並不是毒販和賣淫者的溫床，這些人只是沒有錢租一間正常公寓的勞工。即便是一開始令我有點擔心的那些青少年，也似乎都跟母親之類的人住在一起，她們很可能是單親媽媽，因為白天都在工作，所以我之前才沒看到她們。

最後我終於躺下來，再次呼吸壓在胸口的停滯空氣。幾小時後我醒來，聽著不是從任何人的電視裡發出來的聲音：一名女子清亮的女低音，唱著一段世界上最悲傷的歌。在高速公路呼嘯來去的卡車聲中，歌詞內容已經模糊難辨。

我一天的開始，是開車到假日加油站附設的便利商店，買可以塞滿一個保鮮盒份量的冰塊跟兩顆煮蛋。買冰塊是要製作冰茶，因為汽車旅館裡沒有冰，茶則是靠著把茶包泡在塑膠杯裡的水中一整夜弄出來的。吃完早餐後，我把房間整理好、鋪好床、用一團衛生紙把水槽擦乾，然後把垃圾丟到外面的大型垃圾箱。是沒錯，每天早上旅館主人的妻子（也可能是合夥人）都會推著一台清潔車到每個房間，但她的打掃行為顯示出嚴重的沮喪或可能是注意力失調症。通常她會記得換掉又薄又小的毛巾，那些毛巾即便是乾淨的時候也嵌著毛髮，而且聞起來有一股油臭味，但除此之外就沒了，只有偶爾一條忘了拿走的抹布或一瓶空氣清淨劑顯示她曾經來過一輪。我腦海裡浮現一個以「思想傳統，工作勤奮的妻子」為題的廣告，想像她在家鄉舉辦婚禮之後，咻的一下子，就被一名語言可能都不通的印度裔美國丈夫帶到明尼蘇達州的清景旅館，而她的家人、廟宇跟沙麗店，都遠在幾千英里之外。[18]所以我自己打掃房間，然後用足夠的髮夾固定住頭髮，使頭髮能在整個輪班的時間裡都保持整齊。這麼做的主要目的，是讓我看起來像晚上睡在有廚房、洗衣機和吹風機的正常家裡，而不是正瀕臨無家可歸的狀態。

之所以進行這些家務儀式的另一個原因是要打發沒有在工作的時間，我不能沒事一直待在沃爾瑪的停車場或休息室。住在那間旅館裡的生活比我以為的還難熬，若我不能讓自己抱著希望，相信下一次休假就是打包搬進霍普金斯公園廣場的時候，那麼我會恐懼即將來臨的休假。我開始出現一些小小的神經質症狀。有時候吃完早餐我就胃痛，這會讓我不太敢吃午餐，但若沒有至少一餐吃得飽，就根本不可能撐完一整天班。更令人心煩的是我新養成的壞習慣，我哪隻手只要一有空，就會去扯身上的上衣或卡其褲。這個習慣必須戒掉。我外婆一百零一歲，目前在某種層次上來說還是活著，她就是堅忍自律的完美例子。但她會抓自己的臉和手腕，弄出暗紅色的圓形潰瘍，而她聲稱不知道自己有做這些動作。也許這種動作會遺傳，我很快就會從拉扯布料變成拉扯皮肉。

我以最佳狀態抵達工作場所，先到試衣間跟當班的小姐打一聲招呼（通常會是跋扈自滿的蘿妲），因為負責試衣間的小姐跟我的關係，就像廚師跟女侍的一樣：如果她想，絕對可以整死我，把好幾車摻了不屬於女裝部或沒有折好、套好衣架的衣服丟給我。「我來了，」我張開雙臂誇張地宣告：「今天可以開始啦！」蘿妲的反應是皺一皺鼻子，在胸罩部工作的萊妮則扯起一邊嘴角微笑。我找到艾莉，她正用標籤槍不斷射出新的標籤，我問她有沒有什麼特別要我做的事情。沒有，只要把必須做的事情做好。接下來我去找瑪麗莎，詢問今天到目前為止的情況如何。今天她看到我的時候似乎有點不好意思：「我也許不該這麼做，可能妳也覺得這樣很傻……」但她帶了一個三明治給我當午餐。這是因為我曾告訴她，我如今住在汽車旅館裡，三餐幾乎完全吃速食，而她為我感到難過。現在，換成我覺得不好意思了。除此之外，我更深深被其中隱含的慷慨

18 在此我感謝索娜·帕依（Sona Pai）的協助，她讓我一瞥經營汽車旅館的印度裔美國人社群和移民新娘的生活。索娜是一名印度裔美國學生，在奧勒岡大學非小說類文學系就讀研究所。

所感動，這份善意跟籠罩著我們的企業貪婪是那麼不同。瑪麗莎大概不覺得自己是窮人，但我知道即便是很小的金額她都必須精打細算，例如她提醒過我兩次，每週二在「廣播放送站」買特餐可以省六十八分錢，所以一個三明治真的是一份不小的禮物。我推著我的購物車出發，滿足地哼著：「波比・布魯克的土耳其藍鬆緊短褲」和「褪色榮耀的V領紅色無袖背心」。

然後，在我工作的第二週，有兩件事變了。第一，我的班從早上十點到下午六點變成下午兩點到晚上十一點，成為所謂的打烊班，儘管這間店仍然是二十四小時營業。沒有人告訴我這件事，我是看到休息室外面公布欄上的時間表才發現的。如今我得工作九小時而不是八小時，雖然其中包括一小時無薪的晚餐時間，我每天還是得整整多站半小時。我有兩次十五分鐘的休息時間，原本這在十點到六點的班表顯得幾乎有點多餘，但此時卻變得分秒必爭。我要在晚餐前把兩次休息都用掉嗎？我通常在七點半吃晚餐，如果先用掉，就得在八點半到十一點之間最累的時候連續工作兩小時半。或者，我要在下午的時候試著連續工作兩小時半不休息，接著休息一次，再連續馬拉松工作三小時，直到能出去吃晚餐為止？接下來的問題就是如何把十五分鐘做最大利用，尤其是當你有三項以上急迫又同時發生的需要——尿尿、喝點東西、離開室內到外面曬一下自然光，以及更重要的是：坐下來。我做了點類似偷時間的事，多擠出一分鐘，上完廁所才打卡去休息（沒錯，我們連休息時間都要打卡，半分鐘都不能虛報）。從時間上看來，要花七十五秒才能走到店門口，若我想在「廣播放送站」停下來買東西，很可能得花上整整四分鐘排隊，更別說還要花五十九分錢買一杯小小的冰茶。所以我犒賞自己到店門旁邊一塊很小的空地放風，那是唯一允許員工抽菸的地方，然後讓自己的腳休息大約九分鐘。

另外一件改變的事情是，陣亡將士紀念日之後的小淡季結束了。如今店裡永遠有一打或更多顧客在女裝部流連不去，到了晚上更是進入高峰，一波波包含各種年齡層的人潮湧入，有祖母、母親、購物車裡的嬰兒，後面還拖著一群喧鬧而一臉不高興的小孩。新任務出現，例如每隔半小時左右就要把顧客丟下的購物車排好，再一起推到店門口前方歸位。如今我不只必須把掉落的衣服撿起來，還要把顧客從其他部門帶來丟在女裝部的東西拿回去，包括枕頭、裝潢用的鉤子、神奇寶貝卡片、耳環、太陽眼鏡、填充動物玩具，甚至還有整包肉桂小麵包。此外，除了永遠都會有的退回品，還加上大量被丟在地上，或不負責任地拿到錯誤位置的東西。有時候運氣來了，重新放好退回品、撿起散落在掛衣桿和地上的物品這兩項動作還能配合無間。若我撿起錯放的物品和放回退回品的速度一樣快，那麼我就永遠沒有清空手邊這輛購物車的時候，而一切東西都會流暢而可怕地回到試衣間去。蘿妲或她的夜班同事會嘶聲對我說：「妳有三車還沒弄，芭芭，**到底**是怎麼回事？」在此各位可以想像一下薛西弗斯（Sisyphus）[19]的處境，或者是嚴酷巫師的可憐弟子。

不過，在整個輪班時間的第一階段，我都還是友善助人的員工好榜樣，並且對前來購物的多元人種感到驚奇不已，有中東人、亞洲人、非裔美國人、俄羅斯人、前斯洛伐尼亞人、老派的明尼蘇達州白人等等。除此之外，我也很平靜地接受熱力學第二定律，特別是「混亂永遠會勝出」（Entropy always wins）這點。令人驚訝的是，我得到伊莎貝拉的讚美，她是一名嬌小的七十幾歲老太太，似乎是艾莉的助手。她說我表現得「很優秀」，而且更棒的是，我是「很好共事的人」。我昂首闊步走過一根又一根的掛衣桿，得意萬分。但不知道到了六點還是七點的時候，想坐下來的欲望變得強烈不已，一種宛如《化身博士》[20]的變身過程開始展開。我無法忽視這項事實：就是因為顧客的粗心大意和懶惰，才使得我必須不斷彎腰、趴在地上，四處跑來跑去。他們是購物者，而我則是購物者的反面，必須把賣場弄得彷彿他們根本沒來過一樣。到了這個時候，「積極的款客之道」讓位給「積極的反客之道」。他們的購物車用力撞到我的購物車，他們的小孩瘋狂地橫衝直撞。有一次我站在那裡，無助地看著某個還不太會走路的小孩，他把伸手抓得到的東西全部從衣架上扯下來，我頓時心想：墮胎用在還沒出生的孩子身上真是浪費。這個念頭一定顯露在我臉上，因為他媽媽最後終於出聲制止他。

我甚至開始因為一些不相干的理由怨恨顧客，例如在本國白種人的情況裡，我怨恨她們的體積。我不是指過大的小腹和屁股，而是從一些不可思議位置冒出來的巨大肉塊，例如脖子和膝蓋後面。這個夏天我常在溫蒂漢堡買午餐，我

19 譯註：希臘神話中，薛西弗斯被懲罰不斷推一顆巨石上山，快到山頂時巨石又會滾落，使他必須永遠重複推石。

20 譯註：史帝文生（Robert Louis Stevenson）著，描述一名平時良善的心理醫生內心潛藏著邪惡的一面，並藉由喝藥水而完全改變成另一種樣子。

在那裡認識了一個新字：大大號（Biggiesize）。比如店員會問：「您要把套餐加到大大號嗎？」意思是把薯條和汽水都換成大號，而這樣的份量似乎特別吸引女性客群。大家都知道，中西部人（特別是中下階層）都悲劇性地背負著幾代以來吃洋芋片和法國土司棒留下的後遺症，而且我大概根本不該把這件事說破。在我整個輪班時間的前半期，身為還沒化身之前的博士，我對這些肥胖人士深感同情，因為她們必須從那些式樣誇張的服裝裡挑選衣服，例如短短的綁繩短褲和上面有巨大橫條紋的T恤，這些設計簡直是在揶揄她們。但我心中的同情隨著輪班時間持續下去而逐漸流逝。由於一些顯而易見的理由，在女裝部工作的都是相當苗條的一群人（而且在明尼蘇達州的標準下，大概快被列入需要打緊急營養針的名單），我們活在害怕被某位突然猛衝的胖大女性壓死的恐懼下，她幻想能穿上凱西．李的修長緊身洋裝，於是在狹窄的走道上奔跑起來，從褪色榮耀衝到成年女性尺寸區。

不過，我是跟衣服心連心，不是顧客。如今在我的新輪班時間裡，有一件滑稽的事情發生在我身上：我開始想像這些衣服是我的。我的意思不是把它們當成可以拿回家穿的衣服，因為我沒有這種打算，而是把它們視為由我來組織和統治的衣服。瑪麗莎和艾莉在晚上六點下班回家，九點之後連伊莎貝拉都走了，於是這個地方就開始歸**我所有**。閃一邊去，山姆，現在這裡是芭爾瑪了。我推著購物車巡視邊界，迅速走去撿起放錯地方或掉落的衣物，讓一切看起來整潔俐落。我不會像顧客一樣撫弄衣物，我會啪地一聲用力把它們放到該在的位置上，命令它們直挺挺地垂下，立正站好，不然就是以完美的秩序服從地躺在架子上。在這種心智狀態下，我最討厭的就是有顧客冒出來把東西弄亂，打亂整個秩序。事實上，我痛恨有東西被賣出去，它們從自己原本該在的家被連根拔起，突然被帶到某個天知道秩序亂成怎樣的衣櫃裡。我想要把女裝部所有的衣服封死在一個塑膠罩裡，用卡車運到某個安全的地方去，某個類似零售歷史博物館的地方。

有一天晚上，我從最後一次中間休息時間回到賣場，整個人已經累垮了，結果我很不高興地發現有一個新人物出現。她是一名身高絕對沒超過四英尺半的亞裔美國人或西班牙人，正在白鹿區疊T恤，那是**我的**白鹿區。稍早我吃完晚餐返回賣場的時候，晚班試衣間小姐責怪我太慢回來（但其實我沒有），而且還說，如果霍華知道這件事，這次他大概不會罵我，因為我還算新人，但如果這種事再發生……我反脣相譏，說我才不在乎霍華罵不罵我，但由於我們被禁止說四個字母的那個髒字，我很難真正表達出我的感覺。結果我有點提防這名侵入白鹿區的人物，在我們互相簡短自我介紹之後，她開始對我展開攻擊。

「妳今天有收走這裡的東西嗎？」她質問我。

「當然有啊。」事實上，我今天到處都收走過東西，就跟其他每一天一樣。

「因為這一件不是放在這裡的，妳看看，這個質料不一樣。」然後她把那個跑錯地方的衣服往上朝我的胸口一推。確實，我可以看到這件橄欖綠的襯衫有一點點羅紋，而其他的則很平滑。「妳必須把它們放在對的位置，」她繼續說：「妳有檢查條碼號嗎？」

我當然沒檢查那些長達十幾個數字的電子條碼號，沒人會去檢查。她到底以為這裡是哪裡？國家科學研究院嗎？我不確定這個時候可以採取哪種防衛方式，她是我現在的督導人嗎？或者我跟她是在較量誰能統治九點到十一點這段時間？但這些我都不想管，反正她惹火我了，又弄亂我的東西。所以我告訴她以下的話（除了標題數字和被禁止的髒話）：（一）白天有很多人在這裡工作，更別說還有顧客來來去去，她幹嘛把這些怪到我頭上？（二）現在已經超過晚上十點，我還有另一台塞滿退回品的購物車要弄，如果我們兩個人能一起解決購物車，豈不是比計較那些該死的T恤應該在哪有意義得多？

她的反應是怒氣沖沖地告訴我：「我不**處理**退回品，我的工作是**折衣服**。」

幾分鐘後我發現她為何不處理退回品，因為她搆不到掛衣桿。事實上，她必須藉助一把梯子，才弄得到放在最高架子上的衣服。而各位知不知道，當我看到這個可憐的小傢伙把梯子推來推去的時候，心裡是什麼感覺？是一股驀然湧上的邪惡快意。我從自己正在工作的裘達奇區不時探頭偷看，希望能看到她啪的一聲摔到地上。

那天晚上我下班的時候，對自己回應這名入侵者的方式感到很震驚。若她是督導員，我一定會因為對她說了那些話而被呈報上去，但更糟的部分其實是我的想法。是我在這個地方變得苛刻起來，還是一連工作快九小時之後，一個人的正常反應就是如此？那天晚上我還有另一場惡念爆發。我回到試衣間旁邊的櫃檯，要拿另一台裝滿退回品的購物車，結果發現行動不便的年輕夜班接線生坐在輪椅裡，空茫地望著前方，看起來比平時還要悲傷。而我最直接的第一個想法竟然是：至少你還坐著。

這並不是我，起碼我自己不會想花多少時間跟這種「我」相處。同樣地，那位嬌小的同事可能也不是平時就愛找人麻煩。我後來才發現，她徹夜工作，白天她的寶寶睡覺時她才跟著一起小睡。除此之外我還得知，她並不是誰的督導員，而且只要她工作的時候伊莎貝拉也在場，伊莎貝拉就會一直挑她毛病。我必須面對的事實是：寫在我名牌上的這個「芭芭」，並不完全是身為「芭芭拉」的我。「芭芭」是我小時候的名字，我兄弟姊妹也仍然這麼叫我，而我意識到，在某個層次上我正在退步。若拿掉我的職業和較高的教育程度，也許剩下的就是這個原始的芭芭，若非她父親勉力脫離礦坑，她最後可能真的就在沃爾瑪工作。因此，看到芭芭最後變成的樣子很有趣，而且也非常嚇人：她會比我更苛刻，更狡猾，更滿懷怨恨，而且不如我希望的聰明。

要搬去霍普金斯公園廣場的那天早上，我一醒來就開始想像各種終於可以塞到冰箱而不用擔心腐壞的食品：美乃滋、黃芥末、雞胸肉。但我抵達那裡的時候才知道，希爾蒂已經離職了，接替她的是個頂著一頭高聳蜂窩髮型的女人，她說我沒搞清楚狀況，那個房間直到下週才會空出來，而且我來之前應該要先打電話才對。難道我真的被希望沖昏了頭，而「誤會」希爾蒂似乎已經很清楚的說明（星期六早上九點把錢帶來，妳可以在四點鐘搬進去）？還是有別人比我捷足先登？無論如何，我都清楚了解到下面這項事實：長期而言，僅僅在沃爾瑪做時薪七美金的工作，一定租不起公園廣場裡一週租金一百七十九美金的附廚房公寓。我的計畫是再找一份週末工作。我一開始借住的公寓附近有一家彩虹超市，他們已經初步同意僱用我，時薪接近八美金。

這兩份工作加起來，扣掉稅後我一週能賺大約三百二十美金，因此一百七十九美金的房租約占我總收入的百分之五十五。我開始覺得，這是一種「負擔得起」的狀況了。[21]但結果彩虹超市的工作也成為泡影，因為他們決定不要我上

21 實際上，房租通常應該占個人所得的百分之三十，才算「負擔得起」。房屋分析師彼得·德瑞爾（Peter Dreier）指出，有百分之五十九的貧窮租屋者（總共為數四百四十萬個家庭），必須把超過百分之五十的所得花在住屋上。見〈為何美國勞工付不出租金〉（Why America's Workers Can't Pay the Rent），《異議》（*Dissent*），二〇〇〇年夏季號，頁三八至四四。一項在一九九六到一九九七年間針對四萬四千四百六十一個家庭所做的調查指出，有百分之二十八收入低於貧窮標準百分之兩百（亦即年收入大約三萬美金）的父母表示，他們在付房租、抵押貸款和日用品費用這些方面都遇到困難，見《福

週末班，而是每週在那裡兼職五天，我還不能選擇到底是哪幾天要上班。霍華已經排定我一週休禮拜五，再下週則是休禮拜四和禮拜三，而我得拚死巴結他，才可能有更穩定跟合意一點的休假時間表。

所以，我要不是得像瑪麗莎一樣找個丈夫，就是得跟其他某些同事一樣，去找第二份工作。長期而言，若我把早上時間都投入找工作，同時等待公園廣場空出房間（或者更好的是，能等到一個每月租金四百美金或每週一百美金的正格公寓房間），那麼我的生活就過得去。但套句凱因斯（John M. Keynes）[22]會說的話：長期而言，我們都會破產，至少對我們這些從事低薪工作、住在租金過高汽車旅館裡的人而言，情況就是如此。我打電話到YMCA問他們是否有空房間，他們要我打電話到一個名叫平價宿舍（Budget Lodging）的地方，但那裡也沒有任何空房間，不過他們的通鋪房還有空床，一晚價格是十九美金，我會有一個屬於自己的上鎖置物櫃，此外他們早上也沒有強制出房的規定，如果我想整天賴在床上也沒問題。但即便有這些誘惑，當我得知他們的位置是在明尼亞波利斯市另一端的時候，坦白說還是鬆了一口氣，因為只要我還在這家沃爾瑪工作，就可以用車程和油資等理由排除平價宿舍這個選擇。也許我可以乾脆擺脫沃爾瑪的工作，搬到宿舍裡，然後以那裡為基地開始重新找工作。但事情的真相是，我還沒有準備好要離開沃爾瑪，那是我跟世界的連結，我認同的來源，是我的地方。

那間平價宿舍的櫃檯人員似乎多少了解低收入勞工的尋屋惡夢，所以他建議我還是繼續到其他汽車旅館試試看，他想一定還有每週價錢低於兩百四十美金的房間。同時，清景旅館開出很不合理的價錢，本次租約到期後，每加住一晚的房租漲到五十五美金。也就是說，只要再過幾天，幾乎任何汽車旅館都比那裡好了。我打電話給凱洛琳，問她對這樣的狀況有沒有什麼建議，而我早該猜到這麼做會帶來什麼結果：幾分鐘之後她又打電話給我，邀請我過去跟她一

利改革網絡新聞》（*Welfare Reform Network News*），第一卷第二期，一九九九年五月，女性政策研究所（Institute of Women's Policy Research）出版，華盛頓特區。我住在雙子城區期間，大約有四萬六千個勞工家庭把百分之五十以上的收入花在住屋上，而且令人驚訝的是，其中百分之七十三是擁有自己屋子的家庭，但卻被高漲的房屋稅逼得難以喘息，見〈住屋負擔問題襲擊低收入者〉（Affordable Housing Problem Hits Moderate-Income Earners），《明尼亞波利斯明星論壇報》，二〇〇〇年七月十二日。

22 譯註：約翰・凱因斯，著名英國經濟學家。

家人一起住。我說不行，先前我已經免費住過朋友家幾天了，現在我必須跟其他人一樣，在房屋市場裡碰運氣。但有那麼一會兒，我心裡湧上一種感覺，就像瑪麗莎帶三明治給我的時候一樣，彷彿那一刻我被天使眷顧了：我不是完全孤獨的一個人。我開始再次四處打電話給汽車旅館，而且把範圍擴大到市區之外，連北方的小鎮、西方的小鎮、聖保羅市的汽車旅館我也去問。但大多數旅館都沒有任何空房間，任何價格的都沒有，而且不只是現在，接下來幾週也通通沒有。對方告訴我的理由是：因為現在是旺季。雖然我實在看不出來，像明尼蘇達州清景旅館這類地方，到底會在一年中哪個時候變成觀光景點。只有舒適旅館（Comfort Inn）有房間，一晚要價四十九點九五美金，所以我在那裡預定了幾個晚上的房間。但是，終於能夠離開「全國最糟旅館」的解脫心情，卻被排山倒海的挫敗感抵銷。

我是不是應該能做得更好才對？我從沃爾瑪店門前的報紙櫃裡急切地取出報紙，那是六月十三日的《聖保羅先鋒報》（*St. Paul Pioneer Press*），結果發現一份來得太遲的實況報告。頭版斗大的標題寫著：「公寓租金一飛沖天」。光是二〇〇〇年的前三個月，明尼亞波利斯的房租就飆漲百分之二十點五，而根據當地房地產專家表示，這是前所未有的漲幅。跟我的情況更有關的是，雙子城區「是全國空屋率最低的地區之一，甚至很可能是最低的」。誰會事先知道這樣的事啊？我在來這裡之前匆忙做的行前調查中，根本沒發現任何紀錄顯示有住屋缺乏的情況，事實上，我還讀到感嘆雙子城區缺乏網路產業的文章。以上這些都使我相信，這個區域應該不會像加州灣區一樣受房地產價格狂飆的影響。但顯然，我們不需要網路新貴，就能把一個地方搞得讓低收入居民住不下去。《先鋒報》引述住宅暨都市發展部祕書長安德魯．庫摩（Andrew Cuomo）的話，他感慨經濟繁榮反而使全國各地價格合理的住所大量短缺，這是一項「殘酷的諷刺」：「經濟越強盛，促使租金往上漲的壓力就更大。」因此我並不是受貧窮之害，而是受繁榮之害。一般人往往認為，窮人和富人是在互相依賴的和諧狀態下生活（一方提供廉價勞力，另一方提供低薪工作），但顯然這兩方已經不可能同時並存了。

我帶著堅定的期盼住進舒適旅館，相信我只需要在這裡住一、兩晚就能找到其他地方住。但我並不知道，在某種意義上來說，這其實是我最終敗北的時刻。遊戲結束，故事說不下去了。如果是如何平衡收入和租金的故事，是真的說不下去了。在大約三週的時間裡，我用掉超過五百美金，但只賺到四十二塊美金——在沃爾瑪參加新人訓練一整天的薪水。還有更多薪水最終將會進帳（沃爾瑪跟無數以低薪僱用員工的業主一樣，會把你第一週的薪水扣住），但都將為時已晚。

我終究沒有找到任何公寓或負擔得起的汽車旅館，即便我確實做了最後嘗試，有天早上跑去一個慈善機構尋求協助。我打電話到明尼亞波利斯聯合勸募協會（United Way of Minneapolis），他們要我打電話給另一個機構，而該機構又要我打電話到一個名為社區緊急協助計畫（Community Emergency Assistance Program）的機構，它就位於離沃爾瑪十五分鐘車程的便利地點。該機構所在的辦公室裡，正上演著令人難過的一幕：兩名瘦得像竹竿的黑人（我從口音猜他們是索馬利亞人，而且雙子城區有非常多索馬利亞人）正在說：「麵包？麵包？」而得到的回答是：「沒麵包，沒麵包。」他們慌張混亂地出去之後，一名五十幾歲的白人女性走進來，同樣的情景又重新上演一回，她離開時，一抹懇求的微笑還尷尬地凍結在她臉上。然而，由於某種原因使然（也許是因為我有先預約，而且還沒讓他們不耐煩），有人帶我到內部辦公室，裡面有一名年輕女人心不在焉地對我進行面談。我有車嗎？是的，我有車。幾分鐘後她又問：「所以妳沒有車？」諸如此類的問題。

我跟她說我在沃爾瑪工作，也把工資金額告訴她，她聽了之後建議我搬進收容所，以便能存到足夠的錢交第一個月的房租和押金。隨後她就叫我去另外一個辦公室，說我可以在那裡申請住屋補助，並得到尋找住處方面的協助。但那個辦公室只提供一份合理租金公寓的影印本清單，一週才更新一次，早已失去時效性。我回到第一個辦公室時，面談我的那位小姐問我是否需要緊急食物補助，而我只得再跟她說一次我沒有冰箱。她說她會想辦法，隨後就帶著一個紙箱回來，裡面有一塊肥皂、一條止汗膏，以及一些在我看來頗為無用的食品：許多糖果、餅乾和一罐一磅裝的火腿。在沒有冰箱的情形下，我得一餐就把這磅火腿吃完才行。[23]（隔天我就把整箱東西原封不動帶去給另一個慈善機構，以

23 中產階級人士常常批評窮人的飲食習慣，但這家慈善機構似乎提倡我們該信任「沒營養的卡路里」。我拿到的那箱免費食品詳細內容如下：二十一盎司的通用磨坊（General Mills）牌蜂蜜核果早餐穀片，二十四盎司的波士特（Post）牌葡萄堅果穀片，二十盎司的密西西比烤肉醬，幾包裝在小塑膠袋裡的糖果，包括同笑樂（Tootsie Roll）巧克力、聰明豆（Smarties）水果糖、甜派（Sweet Tarts）水果糖，以及鷹牌（Ghirardelli）巧克力兩條，一包口香糖，一包十三盎司裝的冰凍甜餅乾，做漢堡用的麵包，

免顯得我不知感激，這樣做也才不會浪費食物。）

當我帶著這箱甜兮兮的贓物開車離開時，才恍然大悟這場經歷透露出多重要的訊息。在面談將近結束之際，那位小姐為她幾乎忘記我告訴她的一切而向我道歉（包括我有車子、住在汽車旅館裡等等），因為她把我跟另一個也在沃爾瑪工作的人搞混了，那個人幾天前才剛到這裡尋求過協助。我當然注意到許多同事都是窮人，他們有許多很難忽視的特徵可供辨識：扭曲發黃的牙齒是其中之一，另一個特徵則是不合適的鞋子。一連工作大約四小時後，我的腳就會開始痛，而我還是穿著舒適的舊銳跑運動鞋，但有一大堆女性是穿著鞋底很薄的廉價軟皮便鞋奔忙一整天。此外頭髮也是另一個階級線索，她們往往不是綁馬尾，就是臉上帶著典型沃爾瑪員工那種疲憊而無助的表情，頭髮留到及肩長度，中分後直直垂下，兩邊用小髮夾固定住以免落到臉上。

但現在我又多了解一點。我們在新人訓練的時候得知，公司的成功完全仰賴我們這些工作伙伴。我們身上的亮藍色制服背心上寫著這樣的話：「在沃爾瑪，我們的人員是關鍵所在。」然而事實上，在這些背心底下，卻是在真實生活中需要接受慈善救助的人，有的甚至還住在收容所裡。[24]

所以，不管怎樣，我在舒適旅館展開超現實的生活。我活在奢華中：房間有空調、門上有鎖，大大的房間窗戶還有一面完好無缺的紗窗保護著，我簡直就像個旅客或商務旅行人士。但每天我從那裡出發，到一個大多數商旅人士會覺得既寒酸又令人氣餒的生活裡：在溫蒂漢堡吃午餐、在斯巴洛（Sbarro）義大利速食店吃晚餐，還有在沃爾瑪工作。若某個舒適旅館的工作人員正巧來逛沃爾瑪，撞見我穿著制服在那裡工作，我會覺得很丟臉。當然，我認為自己隨時都

六包六盎司裝的美粒果（Minute Maid）果汁粉，一條維也納麵包，星際大戰水果糖，一條肉桂麵包，十八盎司的花生醬，十八盎司的荷荷芭洗髮精，十六盎司的罐裝火腿，一塊黛亞（Dial）牌香皂，四條家樂氏棉花糖米香棒，兩包麗滋餅乾，五盎司史瑣森（Swanson）牌罐裝雞胸肉，兩盎司類似酷雷（Kool-Aid）那類飲料的水果調味粉，兩條快速女士棒（Lady Speed Stick）牌止汗膏。

24 一九八八年，阿肯色州參議員傑．布拉福（Jay Bradford）指責沃爾瑪付員工太少薪資，使得他們必須轉而向州政府尋求福利協助。然而他沒辦法使沃爾瑪公司公開薪資給付紀錄，結果使得這項論點無法得到證實。見鮑伯．歐特嘉，《我們信任山姆：山姆．沃爾頓與全球最強大零售公司沃爾瑪的祕辛》（Bob Ortega, *In Sam We Trust: The Untold Story of Sam Walton and Wal-Mart, the World's Most Powerful Retailer*），時報出版社（Times Books），二〇〇〇年，頁一九三。

會離開那間旅館，只要霍普金斯公園廣場一有空房間我就搬。但此時此刻，我為這個住處的華麗陶醉不已，而且我驚奇地發現，這裡的單日租金還比我在清景旅館住的那個老鼠窩便宜五點零五美金。我不再需要擔心手提電腦會被偷或被烤焦，我可以安心地睡一整夜，而亂扯東西的病態小習慣也逐漸不再緊纏著我。我感覺自己就像快捷假日飯店（Holiday Inn Express）廣告裡的男主角，他在飯店裡住了一晚之後，感到整個人如此煥然一新，以致隔天就可以進行手術或指導別人如何使用降落傘。在沃爾瑪，我的工作表現也好多了，比我一開始能想像到的好得太多。

轉捩點在週六來臨，也就是各位讀者會大肆採購的日子之一。當我在下午兩點抵達店裡開始上班的時候，有兩大車衣服等著我整理，而在賣場幾個主要區域的地面上，四處亂丟的衣物竟堆了好幾英寸高。與其說有人在這裡採購過，不如說根本是被人洗劫過。在這種情況下，我唯一能做的就是所有事情同時進行：彎下身體、伸手撈衣服、蹲穩、抱起衣服、推著購物車從一根衣架桿跑到下一根。然後，它就那麼發生了。那是一種魔法般的流動狀態，每件衣服開始**自動**回到自己該在的地方。噢，我也有出一點力，但不是有意識地這麼做，我不是一面想著「白鹿牌海軍藍斜紋短褲」，一面頑固地找出類似的短褲，而是在腦袋裡形成這件衣物的形象，再將這個形象投影到視野前方，然後我的人再移動到現實世界裡有東西和那個形象配成對的地方。我不知道這是怎麼發生的，也許我的腦袋太忙著處理接收到的視覺資料，所以必須繞過左腦的語言中樞，省略掉累贅的命令：「前進到淑女服裝部西北角的白鹿牌區，在卡其短褲附近的低層衣架桿找找看……」又或者，其實祕訣在於讓自己明白到：每件衣物都想要跟它所屬的家族成員團聚，而在每個家族中，每件衣物也想要在顏色／大小的位階秩序中占有一個適當位置。因此，一旦我讓衣服掌管一切，明白自己只是促成它們再度團聚的工具，它們就會飛出購物車，回到自己天然的家園裡。

就在同一天，可能是因為如此敏捷完成工作讓我有餘裕清晰思考，我跟顧客和解了，同時還發現到自己的生命目標——起碼是在沃爾瑪裡。管理階層也許認為這個目標就是要賣出東西，但這實在是一種太過化約、太過狹隘的資本主義觀點了。事實上，我從來沒看到任何東西被賣出去過，因為買賣行為是在我看不到的地方進行，也就是在店鋪前端的收銀機那裡。我只看到顧客不斷把我們小心折好的T恤打開來，把洋裝和褲子從衣架上拿下來，隨意看一下，然後就把它們丟在其他地方，留給我們這些工作伙伴撿。對我來說，讓我擺脫敵對心態的線索，來自貼在員工休息室附近的一張海報，上面寫著：「你媽沒在這裡工作，所以請你自己把東西撿起來。」我曾經走過這張海報許多次，心裡想著：「哈，這就是我在做的事，跟在別人後面撿東西。」然後我突然醒悟到：那些把東西丟下讓我撿的人，多半自己就是媽媽。也就是說，我在工作時做的事，正是*她們*在家裡做的事：把玩具、衣服和其他雜七雜八的東西撿起來。所以對大多數來這裡購物的女人而言，購物最棒的地方就在於：*她們*可以表現得像乳臭未乾的小孩，不管購物車裡大嚷大叫的嬰兒，把東西四處亂丟，然後讓別人來撿。而如果衣服不是井然有序地排列在那裡，這麼做就一點也不好玩了。（不是嗎？）所以，這就是我發揮功能的地方，我不斷重新為顧客創造出整齊秩序，讓她們可以使勁破壞。以下這點很令人震驚，但確實存在於她們的天性中：只有以彷彿沒人碰過的處女樣貌展示的東西，才能引發她們的破壞欲。

我嘗試把這個理論告訴伊莎貝拉，說我們的工作就是不斷重新創造一個場景，讓女人可以在裡面發洩；若沒有我們，虐待兒童的案件會急遽增加；在某種意義上，我們的功能就像治療師，也許還應該比照治療師的薪水，以時薪五十到一百美金來計薪。「妳就繼續做妳的春秋大夢吧。」她說，一面搖搖頭。但她臉上帶著一抹謹慎的小小微笑，讓我覺得這並不是個太離譜的想法。

隨著我逐漸勝任工作，腦海裡也出現新的不平之鳴：**為什麼有人要忍受這麼低的薪水**？是沒錯，我大多數同事都有比我好一點的開始，他們跟配偶或已成年的子女同住，不然就是除了沃爾瑪的工作之外還有其他兼差。有一天晚上，我和蓮妮一起坐在休息室裡，那時我才得知，沃爾瑪只是她其中一份工作（她的班是六小時），一天中還有其他八小時的時間，她是在工廠擔任時薪九美金的工作。這樣難道不會累得要命？她說不會啦，她就是這麼過日子的。「廣播放送站」的廚師另外還做兩份工作。各位讀者可能以為我會聽到一點牢騷抱怨，或看到有人多少顯出不高興的樣子（比如在休息室的勵志海報上塗鴉、在工作伙伴會議上嘲弄地哄笑），但我完全沒看到這類行為。也許，當你用藥物檢測和人格測驗清除掉所有叛逆者之後，得到的結果就是這樣：一股卑屈而失去天然本性的勞動力，只希望將來某一天能被納入公司的分紅計畫，而且只抱著這樣的遙遠夢想就滿足了。開會的時候規定員工要做「沃爾瑪」歡呼，她們甚至也都乖乖照辦。晚班的試衣間服務小姐告訴我這件事，而我很幸運沒親眼目睹這終極的屈辱。[25]

但是，如果說「跳出框架」思考不容易的話，那麼跳出一個很大很大的框架思考則幾乎是不可能的事。當你身在沃爾瑪裡的時候，它就是一個整體，一個封閉的體系，一個自成一體的世界。有天下午我坐在休息室裡看電視，結果嚇出一身冷汗，因為我看到沃爾瑪的廣告。當一台位於沃爾瑪裡的電視上又冒出一個沃爾瑪，真的會讓你懷疑其他世界到底還存不存在。當然，你可以開五分鐘車到另一個地方去，於是你到了凱瑪量販店、家庭補給站（Home Depot）[26]、標靶量販店、漢堡王、溫蒂漢堡，或肯德基。無論你往哪裡看，都是超大規模的企業體，而在這樣的企業秩序之下，所有在地創意和主動性都被一個遠在他處的總部所禁止。就連樹林和草地都無法以沒有秩序的自然方式生長，被迫穿上水泥製成的制服。你所看到的就是這些（高速公路、停車場、商店），或者也可以說，這就是一切都被全球化、整體化、鋪天蓋地的企業化統治之後，我們所僅剩的東西。我喜歡讀衣服上的標籤，找出我們所賣的衣服是哪裡製造的（印尼、墨西哥、土耳其、菲律賓、南韓、斯里蘭卡、巴西），但這些標籤的作用其實是在提醒我：這些地方全都不再是「異國」，它們都被巨大而盲目、忙著獲益的全球化機器所吞噬。

我唯一能做的事情是去問：你（我們）為什麼要在這裡工作？你為什麼要留下來？因此，當伊莎貝拉第二次稱讚我的工作表現時（！），我藉機告訴她，我真的很感謝她的鼓勵，但我無法靠時薪七美金的薪水活下去，她是怎麼做到的？我得到的答案是，她和已成年的女兒一起住，那名女兒也有工作，再加上伊莎貝拉已經在這裡工作兩年，薪水「高升」到時薪七點七五美金。她勸我耐心一點：這樣的事情也可能發生在我身上。瑪麗莎有丈夫還在工作這項優勢，她說：「唔，反正工作就是這樣。」是沒錯，她當女侍的時候幾乎可以賺到兩倍

25 根據研究沃爾瑪的專家鮑伯・歐特嘉指出，山姆・沃爾頓在一九七五年的日本之旅後，也想要讓員工呼口號：「他看到那裡的工廠員工集體做體操，並且為公司歡呼，感到非常印象深刻。」歐特嘉表示，沃爾頓想出一種口號：「他會大叫：『給我一個W！』員工們會回應：『W！』，而後雙方繼續下去，直到拼完沃爾瑪的名稱為止。遇到當中的破折號時（譯註：沃爾瑪英文原名為「Wal-Mart」，中間有一個破折號），沃爾頓會大叫：『給我一個扭扭！』同時一面扭動自己的臀部，而員工們也會朝他扭回去。」見《我們信任山姆》，頁九一。

26 譯註：美國著名家居建材用品零售商。

薪水，但那個地方關門了，而且以她如今的年紀，一些小費高的地方根本不可能僱用她。我看得出一種不太想動的感覺，她不願意再去經歷一遍應徵、面試和藥物檢測的過程。她認為自己應該做一年看看。一年？我跟她說，我連是否能再做一個禮拜都沒把握。

幾天後發生一件事，使得仁慈、個性溫柔體貼的瑪麗莎勃然大怒。她被驅逐到胸罩區，那對我們來說是一個全然未知的領域，巨大的成排架子上掛著看起來幾乎都一樣的雙罩杯物體，而她得在那裡一次連續工作三小時。我了解她的感受，因為我曾經有一次被派到男性服飾區好幾個小時，結果我在陌生的衣架桿叢林裡徒勞無功地徘徊著，被同樣的顏色和款式弄得腦子都快糊掉。[27]這時就考驗你要真的在工作還是假裝在工作。你可以把購物車推個幾英尺遠，然後停下來，刻意把衣服拿在手上，對四周的衣架桿皺起眉頭，然後把車子繼續往前推，再重複這些動作。「我不想浪費他們的錢，」瑪麗莎被允許回到女裝部之後這麼告訴我：「我是說，他們有付我薪水，但我在那裡根本沒做好任何事情。」對我來說，她生氣的對象似乎根本錯了。她難道認為，沃爾頓家族是住在某個藏在店後方的小房間裡，極盡節儉之能事，會因為一名勞工浪費掉價值二十一美金的勞力而垮掉？我正開始要就這個主題發表意見的時候，她突然躲到一排衣架桿後面，那排衣架桿正好把我們所在的袞達奇、無界線服飾區和褪色榮耀服飾區分隔開來。我擔心自己講了什麼冒犯她的話，於是緊跟著她躲到後面去。「是霍華。」她小聲對我說：「妳沒看到他經過嗎？我們是不准一起聊天的。」

「重點是，我們的時間便宜成這樣，就算我們浪費掉，他們也不在乎。」我繼續說，但我一面說的時候也意識到，這些話並不正確，否則他們幹嘛一直監視我們有沒有「偷時間」？但我還是口沫橫飛地繼續講：「這才是最侮辱人的地方。」當然，我在如此大放厥詞的時候，完全沒有注意到當時的整個情況：兩個年紀已達中年、非常努力工作的女人，一起藏身在一排衣服後面，就為了躲避一名二十六歲的蠢經理。這幅景象連評論的價值都沒有。

亞莉莎是我鼓吹改革運動的下一個目標。當她又再一次過來詢問那件七美

27「你在沃爾瑪的職業生涯中，有可能會在賣場內的其他部門接受交叉訓練。這將使你面對新領域的挑戰，並有助使你成為更面面俱到的工作伙伴。」《沃爾瑪工作伙伴手冊》(Wal-Mart Associate Handbook)，頁一八。

金的馬球衫時，她發現上面有一塊汗漬。這可以讓她爭取到多少減價空間？我想可以打九折，若再加上員工本來就可打的九折，就有可能用五點六美金買到這件馬球衫。我正跟試衣間的小姐商量可否打到八折的時候，沒想到運氣背到家，霍華竟然出現。他當場宣布，清倉拍賣的商品不能再有任何折扣，也不能用員工價購買，這是規定。亞莉莎看起來頹喪不已，等霍華走開之後我告訴她，如果你賺的錢還不夠買一件沃爾瑪的衣服，而且還是一件有汗漬的清倉大拍賣商品，那一定有什麼地方不對勁。「我懂妳的意思。」她說，而且她也承認，如果工作的目標是維生，那沃爾瑪的工作也同樣養不活她。

後來我變得有點魯莽。那天下午，擴音器裡傳出要召開工作伙伴會議的聲音，雖然我大多數同事都留在原地沒動，但我決定去參加。每三天左右就會開一次這樣的會，而且大部分時間都花在點名上。我不明白這些會議的目的何在，而我想到的只有一個，就是霍華要讓我們看到：跟我們這麼多人相較之下，他是多麼唯一而獨特。我原本只是很高興能藉機坐下幾分鐘，不過今天是在園藝部開會，所以我們是靠在一些肥料袋上，跟來參加的人閒聊。今天有一個來自光學用品部的女子來開會，她的髮型和體態都比大多數女性工作伙伴來得好。

她告訴我，她是因為最近離婚才被迫接受這份工作，但她發現這裡的健康保險真是糟糕透頂，如今很後悔來這裡。接著她冗長地告訴我她的保前排除期、扣除額和她的COBRA[28]保險已經快到期等等。我心不在焉地聽著，因為跟大多數同一梯次接受新人訓練的員工一樣，我沒有選擇加入健康保險，員工負擔部分的金額似乎太高了。「妳知道我們這裡需要什麼嗎？」我最後終於回應她：「我們需要一個工會。」就這樣，我把這個字說出來了。如果我的腳不是那麼痛，也許我不會講出這句話，而若公司允許我們偶爾說「要命」和「該死」，或甚至最好是「狗屎」的話，我也不會這麼說。但沒有人直接公開禁止工會這個字，而且這是眼前最有效的兩個字。「我們是需要**某些**東西。」她回答道。

在這之後，沒有任何東西能阻擋我了。我現在肩負著一項使命：**提出問題**！**播下種子**！終於，休息時間不只是為了歇腳而存在。這裡有數百名員工（我從來沒算出到底實際有多少人），而且早晚我都能全部見到。出於這個原因，我拒

28 譯註：一種失業後仍可自費保險的法案，使原本的團體健康保險不致中斷，等找到下一份工作時就可繼續累計保險。

絕待在休息室裡，因為那裡的談話會老繞著電視打轉，而就我所知，這就是休息室存在的目的。最好是走出店外，到店門前方有圍牆的吸菸區。在處處禁菸的美國，吸菸者比較具有反叛性，至少在女傭公司是如此。在女傭公司裡，不吸菸的人往往會待在辦公室裡，沉默地等工作開始，而在外面人行道上抽菸的吸菸者，則總是會喧鬧一會兒再進去。除此之外，你總是可以用向對方借個火的方式打開話匣子，氣氛比較緊繃的時候我都會這麼做。開始交談後，下一個問題是：「你在哪個部門工作？」接著是：「你在這裡做多久了？」從這裡就可以開始轉入正題。幾乎每個人都很渴望傾訴，所以我很快就變成一個會走動的牢騷貯藏室。我得知在沃爾瑪，沒人加班有領到加班費，但員工經常面臨需要加班的壓力。[29]許多人覺得不該付那麼多錢才能加入健康保險，也有很多人被排班表弄得非常挫折，特別是一名福音教派的女士，無論她怎麼懇求，公司就是不給她在週日早上排休假。除此之外，大家對經理也都有滿腹牢騷：有個經理出了名的會把新人弄到哭著回家，還有一個經理會拿著一把尺巡視，只要是他認為凌亂的架子，就把上面所有東西全掃到地上，而員工必須把東西從地上撿起來，然後整個重新整理一遍。

我最喜歡談的主題是工資太低，但有時候我發現，這似乎是一個痛苦的話題。舉例來說，史丹是一名二十多歲的小伙子，滿口極度歪扭的牙齒，他是那麼渴望能向人傾訴，以至於當我坐在吸菸區的一條長椅上時，他幾乎等於猛撲到我旁邊的座位上。但當話題轉到工資上時，他的臉整個一垮。說實話，原本他想一面工作一面上學（他說出一個兩年制技術學院的名字），但工作嚴重干擾

29 有四個州的沃爾瑪員工控告沃爾瑪公司不付加班費，包括西維吉尼亞州、新墨西哥州、奧勒岡州及科羅拉多州。原告指稱，他們被迫加班，但公司卻把加班時數從他們的工作時數紀錄上消掉。在西維吉尼亞州的原告之中，有兩人在離職前已升到經理職位，他們表示自己有參與篡改工作時數紀錄及消除加班時數。沃爾瑪公司不付給員工加班費，而是讓員工「改成他們想要的排班表、得到升遷和其他利益」，改用這種方式來獎賞他們。至於拒絕在沒有加班費的情況下加班的員工，公司則「以列入不良紀錄、降職、減少工作時數或減薪等手段威脅他們」。見勞倫斯．麥西納，〈哈里森郡前沃爾瑪員工提出加班訴訟〉（Lawrence Messina, Former Wal-Mart Workers File Overtime Suit in Harrison County），《查爾斯敦公報》（*Charleston Gazette*），一九九九年一月二十四日。在新墨西哥州，一件由一百一十名沃爾瑪員工提出的訴訟案，在一九九八年達成和解，公司同意付加班費，見〈沃爾瑪同意解決工資糾紛〉（Wal-Mart Agrees to Resolve Pay Dispute），《阿布奎基日報》（*Albuquerque Journal*），一九九八年七月十六日。沃爾瑪發言人威廉．魏爾茲（William Wertz）在寄給我的一封電子郵件中聲明：「沃爾瑪的政策就是對員工的工作表現提供適當報酬，並完全遵守一切聯邦與州的薪資和工時規定。」

到他的學習情況，結果他只得退學，而現在……他凝視著丟滿菸蒂的地面，宛如眼前的一片狼籍就是永恆。我說我們需要一個工會，但從他臉上的表情看來，我還不如說需要口香糖或百憂解。對啊，也許他會去第一媒體（Media One）應徵，他有一個朋友在那邊工作，而且工資也比較高……再試著去上學看看，嗯……

推到另一個極端，則有像瑪蓮這樣的人。我當時正坐在那裡跟一個像洋娃娃一樣的金髮女孩談話，我以為她是個高中生，但結果她從十一月開始就是全職員工，如今正煩惱自己是否買得起一輛車。此時瑪蓮走出來休息，她點起一根菸，直接了當地支持我對沃爾瑪薪資的看法。「他們老是在談什麼精神，」她說，意指那些管理階層：「但卻不給我們半點理由保有一絲屬於自己的精神。」在她看來，沃爾瑪寧願一直僱用新人，也不想好好對待原本的員工。你自己去看，每天都有十幾個新人進來接受新人訓練（這是真的）。沃爾瑪就像一個對人類軀體貪得無饜的怪物，公司甚至鼓勵我們把自己認識的凱瑪量販店員工挖角過來。瑪蓮繼續說，他們才不在乎已經訓練好你或怎麼樣，只要你抱怨，他們永遠找得到替代你的人。她的熱烈發言使我壯起膽子，再次冒險說出那個紅燙燙的詞。「我知道這違反整個沃爾瑪哲學，但我們其實可以組織一個工會。」她露齒而笑，所以我再進一步說：「這不是只關係到錢，而是有關尊嚴問題。」她用力點點頭，然後用握成拳狀的手點燃第二根菸。我離開的時候，向我想像中的同夥們命令道：**立刻把她加入組織委員會**！

好吧，我根本不是組織工會的料，就跟我不是沃爾瑪「管理階層的料」一樣，儘管伊莎貝拉曾暗示我可以去當。事實上，我不像許多工會成員一樣相信工會是萬靈丹。確實，在這種情況下，幾乎任何老派的工會都會鼓吹提高工資和還給勞工尊嚴，但我知道，即便是最有活力和最民主的工會，也被成員們小心觀察著。在下午兩次休息之間那段漫長如沙漠的當班時間裡，我不得不承認一個真相：我這麼做只不過是在讓自己爽快，而且是以一種看起來似乎無害的方式進行。這裡瀰漫著一片假象，說我們「是一個大家庭」，說「工作伙伴」和「服務領導」完全是為了服務「客人」而結合在一起。有人必須戳破這片假象，因為畢竟，當一個家庭中只有某些人能在桌子上吃飯，而其他人（包括「工作伙伴」，以及分散在世界各地，替我們製造商品的所有暗膚色女裁縫師和工廠工人們）卻只能趴在地上，舔食滴下來的食物殘渣時，我們會需要一個比**失能**更強烈許多的字眼才能加以描繪這所謂的「家庭」；**有精神病**的這個詞還比較接近一點。[30]還有人必須把制服背心上那句「我們的人員是關鍵所在」上的神祕「我們」二字，丟到馬桶裡沖掉。這個人可以是我，因為我沒有什麼好失去的，事實上，比沒有還少。若我無法找到更便宜的住處，就等於一天花四十九點九五美金換取在沃爾瑪收拾衣服的特權，而我已經天天如此。照這種速度下去，不到一週，我就會完全花光為了在明尼亞波利斯生活所準備的一千兩百美金。

我可以苦中作樂一下。我發現一項適用於低薪工作（跟很多中低薪工作）的大真相：一切都是無，或者該說，同樣的事情一直發生，而這些事情一天又一天加起來，最後全等於什麼都沒有。這項法則無法完全套用在先前的服務業工作上，因為當女侍的時候，總會有新客人可以研究，甚至在當家事清潔員的時候，每天總有成列的房子可以巡禮探索。但是在這裡，各位讀者已經知道我都做些什麼、我完成的事情如何被破壞一空，以及我又得如何整個從頭再做一遍。我怎麼會以為自己能在工廠生存下去？那裡的每一分鐘跟下一分鐘都一樣，可不只是每一天而已。這裡不會有任何危機出現，除了耶誕節前湧現購物人潮的時候。這裡不會有「代號M」（意指「人質危機」）的危機，也許大概也沒有代號F或T的危機（意指火警〔Fire〕或龍捲風〔Tornado〕，我是按照字母開頭來猜，因為新人訓練時寫的筆記沒寫清楚，反正那也有可能是公司的大機密）。不會有機會讓人展現勇氣、完成出眾的成就，或突然有疏散店鋪的需要。電視新聞特報上的那些事件，例如某位心有不滿的前任員工開槍掃射店鋪，或者一些人被疊得太高而崩塌的商品壓倒，都是百年難得一見的插曲。我的生命全繫於購物車：先是滿滿的，接著是空空的，然後又是滿滿的。

在這裡，你可能會老得很快。事實上，如果沒有任何小小的意外事件發生，使時間無法因此分成可被記憶的幾個大段，時間會對人做出很滑稽的事，我感覺自己比剛進來這裡的時候老了好幾歲。在女裝部一面全身鏡前，一名中等高度的人正俯身在一個購物車上，她的臉因為可笑的專注而皺在一起；那肯定不是我。還要多久，我會變得跟艾莉一樣白髮蒼蒼、跟蘿妲一樣脾氣古怪、跟伊

30 一九九六年，全國勞工委員會（National Labor Committee）的美國中部勞工與人權教育促進會（Education Fund in Support of Worker and Human Rights in Central America）揭露，某些凱西·李的服裝，是在宏都拉斯一間血汗工廠裡由年紀小至十二歲的童工所縫製的。擁有該品牌的電視演員凱西·李·格李佛（Kathie Lee Gifford）曾在電視上聲淚俱下地否認這項指控，但後來卻承諾她會不再倚賴血汗工廠。

莎貝拉一樣枯槁？而再過多久，即便每天吃鹹得要命的速食，我還是每隔一小時就得去尿尿，看腳痛花的醫藥費足以讓某個醫師的小孩讀完大學。沒錯，我知道自己隨時都有可能回到身為芭芭拉・艾倫瑞克的真實生活，重新擁抱多采多姿和戲劇性，但這項事實能支持我的程度，大概就像未來可能上天堂這個願景之於一個病入膏肓的人吧！意思是，知道這點頗令人欣慰，但對於要如何度過當下的每分每秒，則實在沒有多大幫助。當你開始以小時為單位賣掉你的時間，你可能不一定了解的一點是：你真正賣掉的，是自己的生命。

後來發生了一件事，這件事既不是發生在我身上，也沒發生在沃爾瑪裡，但卻同樣具有驚人涵義。那是《明星論壇報》上的一個頭條標題：一千四百五十名隸屬「旅館員工與餐廳員工工會」（Hotel Employees and Restaurant Employees Union）的旅館員工在九家旅館發動罷工。同時，百事可樂裝瓶工廠還發生卡車司機罷工，聖保羅市一家肉品包裝工廠的工人則遊行要求工會獲得承認。《聖保羅先鋒報》的一名商業作家對這些事件發表評論，他不可思議地問：「這到底是怎麼回事？」那天我抵達沃爾瑪上班的時候，先去把被丟在店門口外面垃圾桶裡的報紙搶救出來，這項工作並不困難，因為垃圾桶就像往常一樣爆滿，我不需要翻到太深的地方就找到了。隨後我帶著那份報紙大步走到休息室，把報紙攤開來放在一張桌子上，以防沒人看到報紙標題。這個新角色（真正大新聞的傳達者！）使我感到自己既忙碌又重要。我在女裝部把這個消息告訴瑪麗莎，並向她補充說明，旅館員工的時薪本來就已經比我們高一美金，而且這點並沒有阻止他們發動罷工，要求更高薪資。她眨了好幾次眼睛，思考著，就在此時伊莎貝拉走過來宣布，區經理明天要來視察我們這間店，所以每樣東西都必須「分類到完美」。今天是我們的大日子。

比起把褪色榮耀的牛仔褲有組織地排在架子上，我心裡忙著想更多事情。大約晚上六點的時候，我應該要打電話給兩家每晚只收四十美金的汽車旅館，它們也許會有空房間，但我那時才發現自己把電話號碼忘在車子裡了。我不想浪費任何寶貴的休息時間跑去拿回來，至少不是今天這個有罷工新聞可以談的日子。我敢不敢犯下一樁重大的偷時間罪行呢？我又如何能在不讓伊莎貝拉發現的情況下出去？她先前已經抓到我用錯誤的方式折牛仔褲（要折三折，腳踝部分朝裡，不是朝外），而且還跑回來檢查一次。結果，在那麼多人之中，竟然是霍華給了我一條出路，他突然出現在我旁邊，說我「透過電腦學習」的進度嚴重落後。新進人員若要離開賣場去「透過電腦學習」，必須先得到賣場督導者同意。我曾經不太用心地學習過一次，學了如何打開硬紙盒、如何堆置模板，以及縮小垃圾體積，直到電腦突然當掉。他說現在電腦修好了，我必須立刻回去學習。這讓我能逃出女裝部，但離店門出口卻更遠。我打開一個檔案，山姆．沃爾頓在裡頭對無止境的庫存系統嘮叨不已，接著我小心從電腦前站起身，察看霍華是否仍在附近。好，逃脫路線淨空。當我暗藏鬼胎地朝店鋪前方走去時，從眼角看到霍華就在我左邊一百英尺處，也往同一個方向走。我躲到鞋子區，探出頭，看到他仍然以一條跟我平行的路線繼續走。為了閃避他，我先跑進胸罩區，接著又轉入女裝部尾端。我曾經在電影裡看過類似的情景，好人會在某種複雜的公共空間裡巧妙躲避壞人，但我從來沒想過要自己親自來一回。

我帶著電話號碼回到店裡，決定再多偷幾分鐘，用公司時間在預購處附近的公共電話打。第一家汽車旅館沒有人接電話，這在低價旅館很平常。我一時興起，打電話問凱洛琳有沒有參加罷工。她說沒有，罷工的不是她任職的旅館。但她笑著跟我說，昨天晚上她在電視上看到一個人，那人在她以前工作的一家旅館當經理。這名白人老愛提醒她：這可是旅館第一次「破例」讓非裔美國人不用擔任家事清潔員，而讓她擔任更高級的工作。如今他降格掃地的樣子上了電視，因為原本的掃地人員跑去參加示威。當我撥打第二家汽車旅館的電話號碼時，霍華又出現了。他想知道我為什麼沒在電腦前面，還對我亮出一副討人厭的招牌笑容。「我在休息。」我說，並快快對他露出一抹靈長動物學家所稱的「恐懼的露齒之笑」：半露出牙齒，半是彆扭的怪相。若你準備要偷東西，最好也準備撒謊。當然，若他真的跑去檢查我是否有打卡，立刻就能抓到我在說謊。我可能會被呈報上去，被放逐到胸罩部，還會被對我深感失望的蘿貝塔叫去談話。但第二家汽車旅館告訴我，接下來幾天都沒有任何空房間，因此這也意味著：由於純粹的經濟原因，我在沃爾瑪的職業生涯即將戛然而止。

當瑪麗莎在晚上六點準備要下班時，我告訴她我要辭職了，可能明天就走。如果是這樣，她想她也會走，因為如果我不在，她也不想在這裡工作。我們兩個的眼睛都盯著地面。我明白這不是愛的告白，只是一種現實考量。你不會想跟無法做好自己分內工作的人共事，也不會想一直重新適應新人。我們互相交換地址資訊，我把真實和永久的地址告訴她，並跟她說自己正在寫的這本書。她點點頭，看起來並沒有特別驚訝，並表示她希望自己沒說「太多沃爾瑪的壞話」。我向她保證她沒有，而且我也會好好掩護她的身分。接著她告訴我，她其實有在想，一小時七美金的薪水和我們的辛苦工作實在不成正比，所以她要去一個塑膠工廠應徵工作，希望能在那裡拿到九美金時薪。

那天晚上十點，我到休息室度過最後一次休息時間，因為我的腳太痛，沒辦法走到外面吸菸區。我坐著，把腳抬高放在長椅上。充斥著罪行的上一次休息時間是場大失敗，這次除了一個來自會計部門的管理階層女子，沒有半個人出現。我有那種一切了無希望的夜班挫敗感，覺得在大門之外已經沒有其他世界存在；除了殘留在我購物車底部的神祕衣物之外，世界上再沒有更大的問題。反正休息室裡也只有另外一個人，那是個三十歲左右的白人女子，她正在看電視，而即便手邊有豐富的罷工話題，我已經沒有力氣再找人攀談了。

接著，那位向耶穌授令〈山上寶訓〉、照顧瑪麗莎和其他芸芸眾生的上帝降恩了，電視開始播放本地新聞，內容正是報導罷工。一名帶著小男孩的遊行罷工者對著攝影機說：「這是為了我兒子，我這麼做是為了我兒子。」參議員保羅・威爾史東（Paul Wellstone）也在現場，他跟那名小男孩握手，並對男孩說：「你真該為你父親感到驕傲。」看到這一幕，休息室裡那名唯一的同伴跳起來，露齒而笑，對著電視機揮舞拳頭。我快速以兩隻食指朝下的手勢回應她，意思是：「就是這裡！就是我們！我們也該這麼做！」她衝到我坐的地方，如果我的精神再好一點，我也會往她在的地方衝過去。她對著我的臉說：「該死的！就是那樣！」我不曉得到底是因為我的腳痛，還是因為她真的說了「該死」，總之我發現眼淚竟然湧上我的眼眶。我們兩個談到遠遠超過我的規定休息時間，而且也應該超過她的。她告訴我她女兒的事，還有她如何恨透了必須這麼長時間工作，又從來沒有足夠時間陪女兒。而且，如果你賺的錢根本不夠存起來，這樣下去到底有什麼未來？

我到現在仍然認為，如果當初經濟上許可我在沃爾瑪工作更久一點，她和我是可能一起採取一些行動的。

成果評估

Evaluation

身為一名低薪員工，我的表現到底如何？請容我以一段簡短的讚許開始：我的工作表現本身並不差，而我認為這是一項相當不錯的成就。各位讀者可能會認為，對於一名擁有博士學位、原本的工作就需要經常學習新事物的人而言，做那些不需要技巧的工作必定易如反掌。並非如此。我發現的第一件事就是：無論多低階的工作，都沒有任何一個是真的「不需要技巧」。我在這個計畫從事的六份工作裡，每一份工作都需要專注力，而且大多必須要精通新物件、新工具，和新技巧（從學習用餐廳電腦點餐，到順利裝備背包式吸塵器）。這些事情全都不像我希望的那麼簡單，沒有人曾對我說：「哇，妳學得好快！」或「你相信她才剛開始做嗎？」無論我在生命的其他部分成就了什麼，在低薪工作的世界裡，我都只是一個能力普通的人，有能力學習如何工作，同時也有能力搞砸。

我確實也有一些光榮時刻。在女傭公司工作的時候，我完成分內工作的速度可以快到還有時間減輕他人的負擔，而這讓我感覺很好。我在沃爾瑪也有所突破，我真的相信，若我能一直閉上嘴巴，想必能在一、兩年之內晉級到時薪七點五美金以上。除此之外，我一輩子都會在記憶中吟味木冠的那一天，我一個人餵飽整個阿茲海默症院區的病患，完成事後清理，而且在過程中還能讓住院者空茫的臉上露出幾抹笑容。

在每份工作的情境裡，要學習的都不只是工作本身而已。每份工作都是一個自成一格的社會化世界，有自己的特質、階序關係、約定俗成的習慣，以及共同標準。有時候我能得到一些零碎的社會觀察資料來做準備，例如「小心某某人，他是個混蛋」。但我更常需要自己發現一些基本要點，例如誰才是老大，誰很好共事，誰開得起玩笑。我多年的旅行經驗在此派上用場，雖然在我通常的生活裡，我時常是以某種受到尊重的、甚至受人注意的角色進入新情境，例如以「客座講者」或「工作坊主持人」的身分。我發現，當你是從一個小型社會體系的底層往上看時，要弄清楚這個體系會變得困難許多，但同時也更必須要這麼做。

「共同標準」是另一個棘手問題。若你本身要成為「好共事的人」，做事就必須迅速而徹底，但卻不能迅速而徹底到讓別人難做。我很少因為自己的表現把共同標準提高而危及他人，但在爐邊餐廳的時候，安妮特曾經責怪我把展示的甜點重新擠上鮮奶油，說：「往後他們會希望每個人都這麼做！」所以我就不再做這件事，就像每當有經理跑來觀察員工效率，我就會把步調放慢到彷彿得了關節炎一樣。在沃爾瑪也有一名同事對我提出忠告：雖然你有很多事情要學，但不要「懂太多」也很重要，永遠別讓管理階層了解你到底多有能力，因為「他們越認為你做得到，就會越利用和剝削你」。這些對我提出忠告的前輩們並不是懶散，她們只是很清楚，英雄式的表現幾乎不會有任何回報。訣竅在於如何好好分配你的精力，以便還能剩下一些給明天用。

這些工作全都非常耗費體力，有些工作若月復一月做下去甚至會造成身體傷害。我從事好幾年的舉重跟有氧訓練，身體已經是不尋常的結實，但我學到健身房裡沒人告訴過我的事：我們之所以覺得自己還有力氣，往往很大部分是因為知道如何面對疲憊。在上班時間的後半或下班之後，你會感受到疲憊正在逼近，這時你可以用平常的角度看待它，認為這可能表示自己體力不行了，趕快休息一下就會好。或者你也可以用另外一種觀點看待它，認為它表示你到目前為止已經完成多少沉重工作，所以證明你還能繼續做多少事。在後面這種情況裡，疲憊變成一種類似固定骨折夾板的東西，會把你撐起來。顯然，這種自我欺騙的幻覺有其限度，而若我跟許多女人一樣，做完這些工作回家後還必須追著學步的小孩跑、跟在家人後面撿東西，那我的幻覺一定很快就撐不下去。但我確實以幾近六十之齡撐過來，從來沒有崩潰或需要中斷計畫以便恢復體力，這是我感到驕傲的一件事。

此外，我也時常展現出準時、俐落、快活、服從等表示一個人能勝任工作的基本特質。使人從福利制度轉換到職場而提供的工作訓練，都反覆強調以上這些特質，但我想大多數原先被納入福利制度的人都已經有了，或者，若他們的孩子照護和交通問題能解決的話，他們也會展現出這些特質。我所做的，只是遵守自己在計畫一開始就立下的規則，並盡最大努力保住每份工作。別以為這只是我自誇，我的督導者有時候也會說我做得不錯（「做得好」或甚至「很棒」）。總而言之，我確實有搞砸一些事情，但也努力可嘉。我想，在身為一名勞工和努力保住工作這方面，給我乙或乙上的分數應該不為過。

但真正的問題不在於我的工作表現如何，而是飲食、居住等生活面向上的表現。我必須先強調，食與住是兩個分開的問題。在提倡福利制度改革的說詞中，有一種普遍存在的假設，認為工作是脫離貧窮的途徑，而接受福利措施的人之所以不這麼做，完全是由於他們自己不願意出去找一份工作。我找到一份工作，有時候甚至還不只一份，但我在生活事務方面的成績遠不如保住工作。我對小東西都非常節儉，完全不花錢痛飲、買華服，或浪費在一般人幸災樂禍地認為窮人會胡亂花錢耽溺的事情上。確實，在西嶼花三十美金買下的褲子，以及在明尼亞波利斯買的二十美金皮帶都算是奢侈品。我現在知道，其實在救世軍教會或沃爾瑪還可以找到更便宜的東西。不過在食物方面，我發展出一套精打細算的做法：當我有廚房可以煮東西的時候，就用大量碎肉、豆子、起司和麵條做料理；若沒有廚房，就吃速食，而且把預算控制在一天大約九美金。但讓我們看一下數字紀錄。

在西嶼時，我一個月賺一千零三十九美金，其中五百一十七美金花在食物、加油、梳妝用品、洗衣、電話及日用品上。租金是害收支平衡破局的禍首。如果我一直住在月租五百美金的經濟房，就應該能付得出房租，並結餘二十二美金（但還是比那個月剛開始時身上的錢少七十八美金）。若我試圖再繼續多過幾個月，這會是一個很險惡的情況，因為遲早我會需要花醫藥費、看牙醫或買宜痛炎（Uprofen）止痛藥之外的藥品。但我搬到拖車屋公園後（各位也許記得，這是因為要做第二份工作的關係），一個月光是租金就要付六百二十五美金，其他用品還不包含在內。也許我可以不要開車，花五十美金買一輛二手腳踏車或走路上班來節省開支，但無論如何，兩份（或者說一份半）工作都是必須的，而我發現，我無法在同一天做兩份都非常耗費體力的工作，至少若要稱職地做好就沒辦法。

我在緬因州波特蘭的時候最接近收支平衡狀態，但之所以能如此的唯一原因是：我一週工作七天。我做兩份工作，一週扣掉稅後的收入大約是三百美金，一個月付四百八十美金房租，等於把收入的百分之四十花在房租上，這個比例算是可接受。除此之外，我的房租包含瓦斯費和電費，每週我還能在看護之家免費吃兩到三餐，這些也有幫助。但我在當地的時候淡季才剛開始，若我待到二〇〇〇年六月，一週就得面對藍天堂高達三百九十美金的夏季租金，這當然是我完全負擔不起的價格。所以，若要能一年到頭錢都夠用，我就必須在一九九九年八月到二〇〇〇年五月之間存到足夠的錢，累積到承租真正公寓所需的押金和第一個月租金。若我的車不出任何問題，我也不生病，應該能存得到八百至一千美金。然而我卻不確定自己能月復一月每週工作七天都不休息，也不確定自己不會跟清潔公司的同事們一樣受到工作傷害。

至於在明尼亞波利斯的情況，我想我們有很多想像空間。若我能找到一間月租四百美金或更低價的公寓，那麼我在沃爾瑪的薪水（扣稅前金額是一千一百二十美金）也許夠用，但在尋找這種公寓的期間，我卻必須住在汽車旅館裡，這些時候的花費可能使我根本存不到押金和第一個月的租金。若我能在週末找到第二份工作（就像差點得到的那份超市打工），賺到時薪七點五美金，這也會有幫助，但我卻無法保證沃爾瑪會一直排我在週末放假。若我去麥那茲工作，而且那邊的薪水確實是時薪十美金，每天工作十一小時，那麼一週扣掉稅後我能賺到約四百四十美金，這就足以支付汽車旅館房間費用，而且還能剩下一些存起來支付租公寓的最初花費。但他們的時薪真的是十美金嗎？而我是否能一天站十一小時，每週站五天？所以，是沒錯，若我做出一些不同選擇，也許有可能在明尼亞波利斯生存。但我可不想回去再戰一回合了。

好吧，我是犯了錯，特別是在明尼亞波利斯的時候，而在當時，這些錯誤是因為挫敗感和羞恥感而犯下。我應該振作起來，去從事薪水比較高的工作，應該搬進最後找到的宿舍裡（雖然以沃爾瑪的薪水而言，一晚十九美金的宿舍床鋪都還是項奢侈）。但我必須為自己說句話，很多人也會犯同樣的錯誤——在沃爾瑪而不是其他薪水較高的地方工作（我想通常是因為交通問題），以及住在一週兩百到三百美金的長住型汽車旅館。所以問題不只是我個人的失敗和計算錯誤。一個身體健康（而且額外擁有車子）的單身人士，竟然幾乎無法靠眉間流下的汗水養活自己，那麼一定有什麼事情出錯了，而且錯得很嚴重。就算是沒有經濟學位的人也看得出來：薪水太低，而租金太高。

對於不是經濟學家的人來說，租金問題很簡單，就算是沒受多少教育的低薪勞工也知道重點在哪：是市場，呆子。當富人和窮人在開放市場裡競爭住屋時，窮人根本沒有任何勝算。富人永遠出得起比他們高的價錢，把他們的住家或拖車屋公園買走，拿去蓋公寓大廈、超大房屋、高爾夫球場，或其他任何想蓋的東西。拜股價高漲和高階人員領高薪之賜，富人數量越來越多，於是窮人必然被迫要住進更昂貴、更荒敗或離工作場所更遠的屋子。回想在西嶼的時候，對旅館員工而言交通比較便利的拖車屋公園，一個月光是只有普通一半大的拖車屋就要價六百二十五美金，逼使低薪勞工必須到更遠而條件更差的地方找住處。但是在觀光業不發達的明尼亞波利斯市，租金也同樣一飛沖天，僅剩那一點點勉強負擔得起的住屋位於市區深處，但增加的工作機會卻在市區邊緣地帶，緊鄰著這些租屋者根本負擔不起租金的市郊地區。只要窮人必須在富人住處附近工作（許多服務業和零售業工作就是如此），他們就無法逃離長距離通車或高得嚇人的房租。

社會上對低收入者的住屋危機似乎普遍抱著不以為意的態度，部分原因就在於這種情形根本沒有反映在官方的貧窮率上，這項數字在過去幾年來都安撫人心地停留在百分之十三左右。窮人面臨到的真實住屋惡夢，之所以跟官方定義的「貧窮」之間出現巨大落差，原因很簡單：官方的貧窮等級仍然採用古老過時的方式計算，先定出某個固定的家庭大小，以該家庭的食物費用為基準值，然後把這個數字乘以三。但食物相對而言是不會通貨膨脹的，至少跟租金比起來是如此。這項貧窮計算方式產生於一九六〇年代早期，當時食物費在平均家庭預算中占百分之二十四（甚至在當時都不到百分之三十三，這點應該注意），而住屋費用占百分之二十九。在一九九九年，食物費只占家庭預算的百分之十六，但住屋費用則遽升至百分之三十七。[1] 因此，現在還用食物費作為計算家庭預算的基礎實在沒道理，若硬要這麼算，不如乾脆把平均花在買漫畫或牙線上的費用當成基準來加乘，然後（至少在紙上作業上）整個抹消貧窮這件事算了。

當市場無法提供某些攸關生死的商品（例如住屋）給所有急需它的人，自由派及溫和派的期望會是由政府介入並提供協助。就健康保險這個區塊，我們接受這個大原則（雖然還是帶著猶豫），讓政府對老年人提供醫療照顧、對極度貧窮者提供醫療補助，對相當貧窮家庭的子女提供各種州級補助計畫。但在住屋的情況裡，市場之所以會如此嚴重扭曲，公部門懦弱地不願意負責難辭其咎。自從一九八〇年代開始，建築國宅的支出就在降低，而擴大公眾租屋補助的方案也在一九九〇年代中期突然打住。同時，對擁有房屋者的住屋補助（這些人往往遠比租屋者富裕許多）卻一直保持在非常豐厚的狀態。身為一個曾經暫時是低收入戶的人，我也注意到自己在真實生活中得到的房屋補助（透過扣除抵押利息的方式，每年獲得超過兩萬美金的補助），其實足夠讓一個真正低收入家庭活在相對現狀來說等於是華美的環境裡。若我在明尼亞波利斯的時候能夠以每月補助的方式得到這筆款項，那麼我連那種有熱水按摩池、健身房和游泳池，還有專人管理的華美公寓都住得起。

但若說租金對市場力量極度敏感的話，那麼工資顯然不是。我在這項計畫期間工作過的每一個城市，都有被當地生意人稱為「勞力短缺」的情況。不只當地報紙頻頻有這類評論，無所不在的「急徵」字樣，或姿態比較高的「接受應徵」之類的布告，也都透露出這種情況。然而，勞工市場底層的工資卻一直相當低，甚至可說是「停滯不動」。《紐約時報》在二〇〇〇年三月曾如此表示：「無疑地，飆高的工資並未明顯反映在全國工資統計數字上。」[2] 聯邦準備會（Federal

1 賈瑞得．伯恩斯坦（Jared Bernstein）、喬納．布洛許（Chauna Brocht）與瑪姬．史派德–阿基勒（Maggie Spade-Aguilar）合著，〈多少才夠？勞工家庭的基本家庭預算〉（How Much Is Enough? Basic Family Budgets for Working Families），經濟政策研究所，華盛頓，二〇〇〇年，頁一四。

2 〈企業更深入影響勞動力市場〉（Companies Trying Dipping Deeper into Labor Pool），《紐約時報》，二〇〇〇年三月二十六日。

Reserve）[3]主席亞倫・葛林斯潘（Alan Greenspan）把時間都花在焦急掃視地平線上是否冒出這種「工資飆高」的蛛絲馬跡，他在二〇〇〇年七月很高興地向國會報告：未來前景似乎相當沒有問題。他甚至還大膽暗示，那些認為低失業率和工資增加有關的經濟法則可能已經不再適用，而這有點像在說供需法則已經被推翻了。[4]有些經濟學家主張，之所以出現這種看起來不符合法則的悖論，是由於有一種勞力短缺的幻覺，但實際上並沒有「勞力短缺」（labor shortage），而是缺少願意在現有工資下工作的人。[5]若按照這個道理，那你也可以說有一種「凌志短缺」（Lexus shortage），如果有任何人不願意花四萬美金買一輛車，都可以算在內。

事實上，在一九九六年到一九九九年間，工資**確實**有上漲，或者該說曾經有上漲。我在二〇〇〇年夏季四處打電話給經濟學家，向他們抱怨入門級勞工的薪水太不合理，以下是他們的第一個反應：「但工資有上漲啊！」根據經濟政策研究所的資料顯示，全美收入最低的百分之十勞工的時薪，從一九九六年的五點四九美金（以一九九九年的幣值換算），上漲到一九九九年的六點零五美金。再往整個社會經濟階梯向上移一層，屬於這百分之十的美國人（我擔任的低薪勞工大約位於這一塊），則是從一九九六年的六點八零美金時薪上漲到一九九九年的七點三五美金。[6]

顯然我們面臨到類似於半杯水到底算半空還是半滿的問題，但似乎使許多經濟學家感到安心的工資上漲幅度，在我看來卻沒有那麼大的效力。把過去四年來的薪資獲利放在一個沒那麼樂觀的角度下看，我們會發現，其實現今低薪勞工的薪資比二十年前（一九七三年）還不如。在二〇〇〇年第一季裡，收入最低的百分之十勞工所賺到的薪資，只等於他們在遙遠的水門案和迪斯可音樂時期所賺到的百分之九十一。不只如此，比起一九七三年，在全部勞工之中收入最低的那百分之十，其薪資的增加幅度也最低。再往上算兩級，也就是倒數

3 譯註：聯邦準備體系（Federal Reserve System）的理事會機構，主導美國的銀行相關規制與政策。

4 〈悼念一條頑固不滅的法則〉（An Epitaph for A Rule That Just Won't Die），《紐約時報》，二〇〇〇年七月三十日。

5 〈事實或謬論：勞力短缺其實是工資不景氣〉（Fact or Fallacy: Labor Shortage May Really Be Wage Stagnation），《芝加哥論壇報》，二〇〇〇年七月二日；〈是工資短缺，不是勞力短缺〉（It's a Wage Shortage, Not a Labor Shortage），《明尼亞波利斯明星論壇報》，二〇〇〇年三月二十五日。

6 此處感謝華盛頓經濟政策研究所的約翰．施密特（John Schmidt）提供的薪資數據。

第三位，相對來說手頭較為寬裕的那百分之十勞工，他們現在賺到的時薪大約是二十美金，等於一九七三年薪資的百分之一百零六點六。當我對那些經濟學家堅持我的吹毛求疵時，他們普遍會稍微讓步一點，承認雖然底層勞工的薪資有上漲，但卻並不是非常快活地往上跳升。我跟經濟政策研究所的勞倫斯．米契爾（Lawrence Michel）談話時，他一開始採取杯子是半滿的觀點，強調他觀察到的生產力是如此健全地躍升（理論上，薪水是跟生產力緊密連結在一起），「勞工的薪水應該會成長得更多才對」。[7]

為何實際上勞工的薪水卻沒有成長，最顯而易見的一個理由是：雇主絞盡腦汁想出各種手段、用上每一分力氣，就是拒絕加薪。我在緬因州工作的時候，曾經有一次機會當面問我的雇主這個問題。各位也許記得，在女傭公司的時候，我上司泰德曾有一次開車十五分鐘載我到另一個房子去，要我協助一個人手短缺的小組。他一面抱怨自己多命苦，一面說若他能找到夠多可靠的員工，就可以一夜之間讓生意擴張兩倍。我盡可能禮貌地問他，為什麼他不乾脆加薪就好，結果這個問題彷彿直接從他身上滑走，他說：「我們有媽媽時間。」雖然這個時間的意思應該是工作會在下午三點鐘就結束。他的樣子彷彿在說：「有這種好福利，怎麼還有人能抱怨薪水太少？」

事實上我在猜，他提供給我們的免費早餐，正代表他願意對勞力短缺所做的唯一讓步。同樣地，我工作的那家沃爾瑪也會每週一次提供免費甜甜圈，但員工還要能恰好把休息時間排在免費甜甜圈的供應時間之內，才享受得到這個福利。正如路易斯·烏奇泰勒（Louis Uchitelle）在《紐約時報》上所指出的，許多雇主幾乎願意提供任何東西（免費餐點、交通車、員工購物折扣），但就是不願加薪。引用一名雇主的話來說，他們之所以這麼做，是因為當市場的改變使這些福利變得不那麼必要的時候，這些額外福利會比加薪「更容易取消」。[8] 在同樣的邏輯下，汽車製造商寧願提供顧客現金折扣而不願降價，因為折扣的好處是：它看起來像一份多得的贈禮，而且能夠不需要解釋就停止實施。

但雇主的抗拒使我們想問第二個比較棘手的問題：為什麼這種抗拒沒有遭遇到員工更有效的反彈？雇主規避和阻擋加薪的這些動作是符合經濟理性的行

7 個人訪談，二〇〇〇年七月十八日。
8〈企業更深入影響勞動力市場〉，《紐約時報》，二〇〇〇年三月二十六日。

為；他們分內的事不是在使員工更舒適和安定，而在於將底線拉到最低。因此，為什麼勞工不展現出同樣的經濟理性行為，要求雇主付出更高薪資，或自行去找更高薪的工作？當我們認為供需法則也適用於勞工的狀況時，背後的假設是勞工會自己把事情想清楚，他們就跟一個斜坡上的彈珠一樣，會自然地順著地心引力朝更高薪的工作去，要不是甩掉那些冥頑不靈的雇主，就是逼使雇主增加薪資。就「經濟人」（Economic man）[9]這個偉大的經濟學概念來看，人應該會在有限的條件下，盡可能取得他的最大經濟利益才對。

一開始我相當不解，為什麼我的同事們似乎缺乏起而反抗的能力？她們為什麼不乾脆離開那裡去找更高薪的工作？就像我離開爐邊餐廳去傑瑞餐廳工作一樣？答案有一部分在於：比起彈珠，人類經歷到的「摩擦」會多一點，尤其當人們越窮困，他們的行動力也通常越加受限。沒有車子的低薪人士往往必須依靠一名有車子的親戚，那名親戚得願意每天載他們上班和下班，有時候還得順便去保母家或兒童照護中心接小孩。若你改變工作場所，就可能面臨到無法解決的交通問題，或者至少也得說服一名不情願的司機來幫你。在西嶼和明尼亞波利斯的時候，我有一些同事是騎腳踏車上班，這顯然會限制他們的行動範園。至於有車的人，也還是有油錢問題，更別說要四處去填寫應徵表格、參加面試和藥物檢測這些麻煩事了，這些事對於沒有車子的人而言更是麻煩百倍。先前我也提過一種人之常情：你往往不願意拿已經認識的惡魔跟不認識的惡魔換，即便後面這個不認識的端出更好的薪資福利來誘惑你。做每一份新工作的時候，你都必須在毫無頭緒也毫無朋友的情況下，從頭重新開始。

低收入勞工和「經濟人」之間還有另一方面的不同。一項經濟法則若要能有效套用，就必須讓該法則所要套用的人清楚明白自己有哪些選擇。理想中的情況是，讓消費者透過掌上型導航器看到經過的每一家餐廳、店鋪的菜單和價格表（我曾讀到文章，說這種科技已經指日可待）。就算沒有這類科技協助，手頭較寬裕的應徵者也能研究雇主所提供的薪資福利計畫、觀看金融新聞，藉此檢視這些計畫是否跟其他地區或領域的一樣，甚至還能在接受工作之前先討價還價一下。

9 譯註：一個經濟學概念，指向一種完全理性的人，會以自己的最大利益為目標，行使各種理性判斷與行為。

但低薪工作的應徵者卻沒有掌上型導航器、有線電視或網路可以給她們忠告。她只有徵人看板和廣告可以看，但它們大多都對數字避而不提。因此，誰在哪裡賺了多少錢都必須靠口耳相傳，而由於一些費解的文化因素，這是一條非常緩慢而不可靠的傳輸道路。雙子城的就業市場分析師克麗斯汀・潔考布（Kristine Jacobs）精確指出，她稱之為「金錢禁忌」的這項因素，正是阻止勞工以正面態度看待自己薪資的一大要素。「人們絕口不提跟個人收入有關的話題。」她告訴我：「在我們的社會裡，大家會坦承其他所有事情，包括性生活、犯罪和疾病。但沒有人想告訴別人自己賺多少錢，或怎麼賺到的。雇主永遠可以拿金錢禁忌當靠山。」[10] 我猜這項「禁忌」在最低收入的人身上發揮最大效用，因為，在一個無盡讚揚身價上億的網路大亨和運動員的社會裡，時薪七美金或甚至十美金的收入是會讓人覺得自己是個天生的次等人。所以，即便你有一名妯娌就在街角的標靶量販店工作，你也可能不知道那裡的薪水比沃爾瑪高。

當然，雇主們也不鼓勵員工增加經濟知識。他們也許會叫顧客來「比較我們的價格！」但他們可不希望員工們也對自己的薪水比照辦理。我曾經提過，在一些例子裡，僱用員工的過程似乎是設計來防止員工討論薪水，或甚至是要避免告知員工確實薪水金額。應徵者通過面試後，就被迅速派去認識工作環境，根本來不及提起金錢這個粗鄙的話題。有些雇主做得更徹底，他們不依賴非正式的「金錢禁忌」來防止員工討論和比較薪資，而是特別禁止員工這麼做。《紐約時報》最近報導了幾件訴訟案，一些違反這項規則而遭開除的員工決定提出控告，例如有一名女子從男性同事那裡得知，雖然兩人從事的工作內容完全一樣，但她的薪資卻比那名男性員工少非常多，因此她要求雇主提高她的薪水。在一九三五年制訂的《全國勞工關係法》（National Labor Relations Act）裡就明文規定，因勞工將本身薪資向另一名員工揭露而懲罰該員工，此舉違法。但這項舉動似乎仍然持續至今，而且還必須靠法律訴訟才能把這些公司一家一家剷除。[11]

但是，如果說很難要勞工像經濟法則說的那樣去檢視一切可能選擇、轉移

10 私人談話，二〇〇〇年七月二十四日。

11 〈最大的企業機密：勞工挑戰雇主對薪資保密之舉〉（The Biggest Company Secret: Workers Challenge Employer Practices on Pay Confidentiality），《紐約時報》，二〇〇〇年七月二十八日。

到較好的工作上，那為何沒有更多人在現有的位置上堅持立場？比如以個人或團體的方式要求更高薪資和更好的工作環境？這是一個龐大的問題，甚至很可能是工業心理學的許多研究論文主題，我在此只能就我所觀察到的狀況做評論。其中之一是管理階層的拉攏力量，這種力量展現在一些如「工作伙伴」和「領導服務」之類的婉轉用語之中。在女傭公司裡，身為我們當中的唯一男性，那名上司施展出一種令人毛骨悚然的家長式力量，他竟然能說服我某些同事，讓她們相信他正在一個艱難的困境裡掙扎，因此值得她們無限制地對他寬容忍耐。沃爾瑪則有許多更不牽涉個人情感而且也許更有效的方式，使員工感到自己像是某種「伙伴」。一個是分紅制度，沃爾瑪的股價會每天公布在休息室附近的一個醒目位置。一個是沃爾瑪廣為宣傳的愛國主義，購物樓層上掛著許多旗幟，敦促員工和顧客支持建立二次世界大戰退伍軍人紀念碑（山姆．沃爾頓也是其中之一）。此外還有「伙伴」會議，內容實際上是對員工激勵喊話，以沃爾瑪歡呼「給我一個W」等等作為總結。

讓員工有機會認同一個有權力和財力的整體（公司或上司），這是利誘部分，除此之外則還有威迫部分。低薪工作場所最令我感到震驚和憤怒的地方（沒錯，我所有的中產階級特權在此暴露無遺），就是它們如何嚴重剝奪一個人的基本公民權，以及最終的自尊。我從一開始擔任女侍工作就認識到這一點，當時管理階層警告我，我的皮包隨時有可能被他們搜查。我並沒有在皮包裡夾帶偷來的鹽罐或其他有害物品，但是皮包有可能無端被人搜查這一點，會莫名地使女人感覺到彷彿身上衣服的鈕子少了幾顆，無法安全地穿好。那天下班後，我打電話四處詢問，結果竟然發現這項行為是完全合法的：若那個皮包位於上司擁有的財產上（它當然是），上司就有權利檢視皮包內容。

藥物檢測是另一項例行的侮辱之舉。「公民自由權擁護者」（Civil Libertarian）認為，這種檢測侵犯到我們的自由，因為在憲法第四條修正案中規定，我們有免於接受「不合理搜查」的自由。至於在職者和應徵者本身，她們大多數認為這項檢測非常令人困窘。在某些檢測的過程中，女性員工必須在一名助手或技師面前脫到只剩內衣，並尿進一個杯子裡。天可憐見，我還好能穿著衣服並且把廁所門關上，但即便如此，排尿仍然是一項隱私行為，而它卻被降格到必須在某個握有權力的他人命令下強行進行。我也會把職前人格測驗列為有辱人格的侵犯行為之一，至少常見人格測驗內容的大部分都該列入。也許是有理由問一些假設性的問題（例如若有機會出現，你是否會偷竊，或者是否會把一名偷竊的同事呈報上去等等），但關於你的「自憐心情」、你是否生性不合群或相信自己常常被人誤會，這類問題就沒有權利問。你的自我懷疑和你的尿液，應該只有在醫療或心理治療的情況下才能讓陌生人知道和取得，若硬要人把這些事情在其他場合告訴陌生人，無論從哪個角度來看都是令人極度不舒服的事情。

還有其他更直接的方式使低薪員工乖乖留在原位。禁止「講閒話」或甚至「交談」的規定，使你很難把委屈讓有同樣經歷感受的人知道，或者（如果你夠大膽的話）組織其他員工形成集體力量，例如透過工會組織聚會來促進改革。逾越這些規定的人往往會面臨一些沒來由的懲罰，例如班表或工作內容被上司單方面地更改；不然就是被開除。大多數低薪勞工都是在沒有工會契約（Union Contract）[12]的情形下工作，他們是「自願」工作，其實意思是在雇主的意願下工作，也因此會在沒有得到解釋的情況下遭到解僱。美國總工會（AFL-CIO）估計，每年有大約一萬名勞工因為參加工會聚會而遭到解僱，而且由於因員工參加工會而加以解僱是違法行為，我猜雇主通常會以一些與此無關的小錯誤為由解僱他們。那些反抗沃爾瑪的員工（參加工會聚會或控告公司不付加班費），後來是被公司以違反不說髒話的規定而解僱。[13]

因此，若低薪勞工並非總是以經濟理性的方式行動，亦即不以一個在資本主義式民主中的自由能動者的身分行動，其實是因為他們處在一個既不自由又毫無民主可言的位置。當你進入低薪工作場所（以及許多中低薪工作場所）的時候，你會把公民自由寄放在門口，把美國和所有它應該有的立場拋在身後，然後學著在整個上班時間裡把嘴巴閉緊。這種日常例行的投降舉動所造成的效果已經超過薪水和貧窮問題，如果有極大多數的公民把自己醒著的一半時間都花在屈服於獨裁之下（說坦白點就是如此），那麼我們實在無法以世界上最民主的國家自居。

任何獨裁政權都會對其臣民造成精神上的傷害。若你被當成一個不值得信

12 譯註：員工以集體方式向公司交涉提出的工作契約，其內容通常較能保護員工權益。

13 鮑伯．歐特嘉，《我們信任山姆》（Bob Ortega, *In Sam We Trust*），頁三六五；〈哈里森郡前沃爾瑪員工提出加班訴訟〉（Former Wal-Mart Workers File Overtime Suit in Harrison County），《查爾斯敦公報》（*Charleston Gazette*），一九九九年一月二十四日。

任的人對待（一個潛在的懶惰蟲、藥物濫用者或小偷），你可能也會開始覺得自己比較不值得信任。若那些經理或一大堆所謂客觀規則一直不斷提醒你，你在社會階序內是處於一個多麼低的位置，你就會開始接受這個不幸的社會地位。從我生命中另一個完全不同的角落出發，也就是從我對生物學的理解來看，有充足的證據顯示，被迫在自己所生存的社會體系中落入屈從位置的動物（例如老鼠和猴子），會根據該位置而改變腦部化學作用，結果變得跟人類相似地「沮喪」。牠們的行為焦慮而退縮，腦中的血清素（有些抗憂鬱藥物會促進其增加的神經傳導物質）數量也會降低。而且（這點在此特別重要），牠們也會不願意奮鬥掙扎，即便是為了自衛也一樣。[14]

人類的情況當然複雜得多。即便是在極度屈從的情境裡，我們還是可以透過想著家人、宗教或對未來的希望來提升自我評價。但就跟其他社會化的動物一樣，或者其實比許多其他動物更甚的是，我們也仰賴自己周圍的人類來形成自我形象，甚至我們會改變自己對世界的解讀，以便能和他們的相符。[15]我的猜想是，加在眾多低薪勞工身上的種種羞辱（藥物檢測、不斷地被監視、被經理「申斥」），是使工資保持低迷的手段之一。如果你被弄到覺得自己很沒有價值，就有可能會認為自己就該領到那麼點薪資。

我很難想像這種職場專制主義還有什麼其他功用。經理們可能真的相信，若沒有他們堅持不懈的努力，所有工作很快就會陷入癱瘓，但我得到的印象卻不是如此。在從事這些工作的過程中，我曾遇到一些憤世嫉俗的人，以及很多學會將自己的精力善加分配的人，但我從來沒有遇到一個真正的懶惰蟲，更沒遇過藥物濫用者和小偷。相反地，我很驚訝甚至有時難過地發現到，即便薪水微薄，得到的社會認同又如此少，許多人仍然以從事那些工作為榮。事實上，

14 可參見薛佛立（C. A. Shively）、拉伯-萊德（K. Laber-Laird）與安通（R. F. Anton）合著〈社會壓力與沮喪在雌獼猴身上造成之行為與心理〉（Behavior and Physiology of Social Stress and Depression in Female Cynomolgous Monkeys），《生物精神醫學》（*Biological Psychiatry*），第四十一卷第八號，一九七七年，頁八七一至八八二。以及布蘭查（D. C. Blanchard）等著〈作為慢性社會壓力模型之可見潛穴系統：行為與神經內分泌之相互關連〉（Visible Burrow System as a Model of Chronic Social Stress: Behavioral and Neuroendocrine Correlates），《心理神經內分泌學》（*Psychoneuroendocrinology*），第二十卷第二號，一九九五年，頁一一七至一三四。

15 可參見大衛・邁爾斯（David G. Myers）所著之《社會心理學》（*Social Psychology*）第七章〈從眾〉（conformity），麥格羅・希爾出版社（McGraw-Hill），一九八七年。

這些人所遇到的管理階級才是阻礙，使她們無法以該有的水準完成工作。女侍們因為經理階層對顧客的吝嗇而苦惱不已；家事清潔員厭惡經理定下的時間限制，那有時候逼得她們不得不走捷徑；零售店員希望賣場能看起來很美觀，而不是必須像經理所要求的那樣擠著過多商品。若讓她們自己來，她們會發展出合作和分工系統，有危機出現她們就會起身面對。事實上，我往往看不出除了強行索取員工的卑服尊仰之外，經理階層到底有什麼功用。

這裡似乎有一種惡性循環在運作，使我們的文化不只是一個講求經濟的文化，更是一個極度不平等的文化。大企業的決策者，或甚至像我在女傭公司遇到的那種二流企業主，他們在經濟體系裡占據的位置遠高於其僱用的低薪勞工，但他們的企業卻是仰賴著這些勞工的勞力才能營運。出於階級（也往往是種族）上的偏見，而不是出於實際接觸，他們害怕與不信任自己的員工所屬的族群。因此他們認為，高壓的管理方式、藥物跟人格測驗之類的侵入式手段都是必須的。但這些事情很花錢（每年要花兩萬美金以上請一個經理，一次藥物檢測則要價一百美金，還有其他等等），而為了維持高壓管理所需要的高花費，則造成更多必須壓低工資的壓力。更大範圍的社會領域似乎也落入類似的循環中：削減給貧窮者的種種公眾服務（也總稱為「社會工資」），但另一方面又更加強投資在監獄和警力上。而且，同樣在更大範圍的社會領域裡，花在高壓管理上的支出變成另一個因素，使真正需要的服務無法增加或恢復。這是一個悲劇性的循環，把我們更深地打入不平等之中，而且長遠而言，除了這些高壓管理的執行者之外，幾乎沒有任何人從中獲益。

但無論是什麼原因使工資一直如此低迷（而我肯定自己的評論最多只沾到問題的表面），結果都導致許多人的所得遠低於真正能活得下去的金額。那個金額到底是多少？經濟政策研究所最近回顧數十份有關「可活命薪資」的研究，得出一個結果：一個由一名成人和兩名孩童組成的家庭，每年平均需要三萬美金的收入，等於時薪十四美金。但事實上這些錢並不足以養活這樣的家庭，因為還得支付健康保險、電話費、合法立案的幼稚園學費，這些都是數百萬人負擔不起的。此外，在餐廳吃飯、租錄影帶、上網、買紅酒和烈酒、香菸以及樂透彩券，甚至多買點肉的這些支出也都沒被計算在內。令人感到震撼的事實是，美國勞工之中的百分之六十都沒有賺到時薪十四美金，這是數量非常龐大的勞工。他們很多人透過和另一名有工作者合作來過活，比如一名配偶或一名成年子女。有些人則使用政府協助，包括食物券、租屋津貼、勞動所得租稅補貼（Earned Income Tax Credit）。至於一些在較為慷慨的州，失去原有福利津貼的人，他們也許還能獲得孩童照護津貼。但其他人（例如單親媽媽）則除了自己的薪水之外，完全沒有其他任何補助，無論她們有多少張嘴得餵飽都一樣。

雇主會看著這個三萬美金的數字（這比他們現在付給新進員工的薪水超出兩倍），感到等在他們前面的只有破產一途。確實，要私部門單單透過薪資（或再加紅利）讓每個人都能獲得適當的生活品質是不太可能，因為太多我們需要的東西（例如可靠的孩童照護）花費都太高，即便對中產階級的家庭而言也是如此。大多數文明國家是透過較寬厚的公眾服務來補償工資不足，例如健康保險、免費或有補助的托兒服務、住屋津貼，以及有效率的大眾運輸系統。但擁有如此財富的美國卻讓它的國民自生自滅，單單以自己的薪水面對市場至上的租金。對於數以百萬計的美國人來說，每小時十美金（或甚至八或六美金），就是他們能得到的全部。

本身並不貧窮的人往往想像貧窮是一種過得下去的生活。儘管很清苦，但窮人們總是想出辦法活下來了，不是嗎？他們「總是在那裡」。並不貧窮的人很難理解那其實是一種極度痛苦的狀況：多力多滋或小熱狗麵包就是一頓午餐，導致在下班之前就餓得快要暈倒；所謂的「家」就是一輛汽車或廂型車；一旦生病或受傷，就得咬緊牙關「用工作撐過去」，因為根本沒有生病津貼或健康保險，而只要一天沒有薪水，就意味著隔天連幾塊錢的雜貨都沒有錢買。這些經驗根本不能被歸類為「過得下去」，而是一種經年遭到剝削、受到無情懲罰的生活方式。不管放在哪個標準底下，這都是危急狀態。而我們就是該如此看待這麼多數以百萬計的低薪美國人：他／她們正處於危急狀態。

二〇〇〇年夏天，我回到自己原本在社經網絡的習慣位置（而我有種種理由希望這是永久的）。我會到餐廳用餐，通常是去比我先前工作的地方好許多的餐廳，而且還能在餐桌旁坐下。我睡在由另一個人清理的旅館房間裡，在有其他人會整理的店裡購物。從最底層的百分之二十移動到最頂層的百分之二十，就像是進入一個魔法世界。在這裡，你的需要能得到滿足，問題能夠被解決，而且幾乎不需要另一個外力中介。若你想要很快到達一個地方，只要舉手招一台計程車；若你的父母變得煩人或失禁，就把他們送到別的地方，讓別人來處理他們的髒尿布和痴呆;若你是上層中產階級人士,有僱用女傭或使用女傭服務,回到家就會發現屋子奇蹟似地恢復秩序,馬桶上毫無任何屎漬、閃閃發亮,你扔在地上的臭襪子自動飄回它們應該待的地方。在這裡,汗水只是辛勤工作的一個象徵,但很少會是結果。每天有數百件小事情可靠又例行性地完成,而且沒有跡象顯示是有人幫你做好的。

最頂層的百分之二十人口在世界上例行性地行使其他更具有後果的力量。這個階層包括我在之前一本書中稱為「專業化管理階級」(professional-managerial class)的人士,而我們社會的決策者、意見領袖、文化創造者(包括教授、律師、主管、娛樂業者、政治家、法官、作家、製作人和編輯)就屬於此類。[16]當他們開口說話時,會有人傾聽。當他們抱怨的時候,通常會有人急急跑去改正問題,並為此道歉。若他們抱怨得夠頻繁,就會有某些財富和影響力遠不及他們的人被懲戒或甚至開除。政治力量也集中在這最頂層的百分之二十人口上,因為這些人口的成員遠比貧窮者(或甚至中產階級)更可能洞悉那些再細微不過的區別,看出哪些候選人會使他們的貢獻、參與和投票顯得值得。透過以上這一切方式,富裕者對較不富裕者的生活施展著過分龐大的權力,而且對於貧窮者的生活影響更鉅，因為是富裕者決定要實施哪些福利措施，甚至最低工資是多少、以怎樣的法律來規定如何對待勞工。

雖然我逗留在窮人世界的時間很短暫，方式也很人為，但當我一回到上層中產階級之後，那個曾通往底層生活的兔子洞[17]竟如此突然而完全地在我身後緊閉，這點仍令我相當不安。你說你之前**在哪裡**？**做了什麼**？在我們這個高度兩極化而不平等的社會裡，有某種詭異的光學特性，使得經濟地位高的人幾乎看不到窮人。然而窮人卻可以輕易地看到富人，比如在電視裡或雜誌封面上。富人很少看到窮人，即便他們確實在某些公共空間中瞥見到窮人，也很少明白自己看到的是什麼。因為，拜一些寄賣店和（沒錯）沃爾瑪之賜，窮人們往往能把自己喬裝成生活更舒適的階層。四十年前，最紅的報導題材是在自己的舊

16《摔落的恐懼：中產階級的內在生活》（*Fear of Falling: The Inner Life of the Middle Class*），殿堂出版社（Pantheon），一九八九年。

17 譯註：在《愛麗絲夢遊仙境》中，愛麗絲跟著兔子跳入洞中後，進入奇幻世界，因此兔子洞在此有通往另一個世界的意涵。

城區「發現窮人」，以及發現阿帕拉契山脈的「帶狀貧困區」。在今日，你比較可能發現有人討論它們的「消失」，而且把這種消失當作人口統計學上的既成現實，或用中產階級錯誤的想像去解釋。

二〇〇〇年有一篇文章是關於「消失中的窮人」，作者詹姆斯・法洛斯（James Fallows）指出，從網路新貴們的制高點往下看，「他們很難理解有人覺得一百萬算一筆財富……更別提有人會接受兩百四十六美金就是一整週的薪水」。[18] 他和另外數人引述幾項富人為何如此盲目的理由，其中之一就是下面這項事實：他們越來越不想跟窮人分享空間和服務。隨著公立學校和其他公共服務越趨惡化，負擔得起的人就會把孩子送到私立學校，並且在私人空間裡度過閒暇時間，例如到健身俱樂部，而不是到當地的公園。他們不搭乘公車和地鐵，而且從混合許多居民的普通社區搬到遙遠的市郊，去住有門禁的社區或有警衛的豪華大廈。因應目前普遍的「市場區隔」，他們也到專門設計來吸引有錢人的超市購物。就連富裕的年輕人也越來越不想在暑假期間學習「另外那一半的人」怎麼生活，他們不會去擔任救生員、女侍等工作，也不在度假酒店當清潔員打工。根據《紐約時報》報導，他們如今比較偏好從事跟未來職業有關的活動，例如上暑期學校或在適當的專業機構實習，而不願從事「讓人滿身大汗、低薪又使腦袋麻木的差事，那些早就不是他們想做的事了」。[19]

除此之外，我們目前所處的政治氣氛偏向對貧窮和窮人議題採取幾近「共謀的沉默」態度。民主黨自認現在這個「前所未有的繁榮時期」是他們的功績，因此對於在這當中找碴並不積極；共和黨在「我們都知道的那個福利制度」完結後，則已經對窮人失去興趣。福利制度改革本身，正是阻礙我們對窮人的狀況仔細檢視的一大因素。兩黨都衷心贊同它，而若承認低薪工作無法使人脫離貧窮，就等於承認這項改革對人類是個災難性的大錯誤。事實上，鮮少人知道先前曾被納入福利制度的人如今命運如何，因為一九九六年的福利改革法規就那麼無憂無慮地沒納入任何相關條款，沒有對這些人脫離福利制度後的經濟狀況做任何追蹤監控。媒體只報導後續發展的光明面，把偶爾出現的成功故事大

18〈看不見的窮人〉（The Invisible Poor），《紐約時報雜誌》，二〇〇〇年三月十九日。
19〈暑期打工已非年輕人所愛〉（Summer Work is Out of Favor with the Young），《紐約時報》，二〇〇〇年六月十八日。

加發揮，對已知越來越多的飢餓狀況低調處理，有時候甚至還刻意欺瞞。[20]二〇〇〇年六月，媒體紛紛急著對一項研究表示喝采，認為該項研究顯示明尼蘇達州的「從福利制度走向工作」（Welfare-to-work）計畫已大幅降低貧窮狀況，而且如《時代》雜誌所言，這項計畫是「改革的勝利者」。[21]這些報導都忽略了一項事實：他們所褒揚的這個計畫，其實是一項實驗性計畫，所提供的兒童照護和其他補助遠比明尼蘇達州真正實施的福利改革寬厚許多。也許這項錯誤是情有可原，這個在一九九七年就結束的實驗計畫，跟後來在明尼蘇達州持續實施至今的更大範圍福利改革名稱相同，都是「明尼蘇達州家庭投資計畫」（Minnesota Family Investment Program）。[22]

你必須非常仔細閱讀數量龐大的報紙頭版標題，才能看出其中的苦難徵象。例如你會發現，一九九九年麻薩諸塞州的食物發放站表示，在過去一年中，需要免費食物的人數增加了百分之七十二，而德州的食物銀行則在四處「乞求」食物，即便食物捐贈數量跟一九九八年一樣，亞特蘭大的捐贈量甚至還超過去年。[23]你可能會得知，在二〇〇〇年一月，聖地牙哥天主教會的收容所已經無法再收容無家可歸者，因為該收容所的收容人數已達正常容納量的兩倍，而這個收容所正好是聖地牙哥最大的一所。[24]你可能會偶然看見一項研究的相關報導，該項研究指出，在過去十年中，威斯康辛州以「極度貧窮」（其定義是收入未達聯邦訂定之最低收入標準的百分之五十）家庭身分申請食物券的百分比跳升三

20《國家期刊》（*National Journal*）的報導指出，「好消息」是自從一九九六年以來，已經有幾近六百萬人脫離福利制度行列，然而「其他消息」則包括「這些人有時候會沒有足夠的東西吃」，參見〈福利制度改革第二條法案〉（Welfare Reform, Act 2），二〇〇〇年六月二十四日，頁一九七八至一九九三。

21〈明尼蘇達州福利改革大獲全勝〉（Minnesota's Welfare Reform Proves a Winner），《時代》，二〇〇〇年六月十二日。

22 法律與社會政策中心（Center for Law and Social Policy），〈更新〉（Update），華盛頓特區，二〇〇〇年六月。

23〈研究顯示：福利制度改革後有更多人挨餓〉（Study: More Go Hungry since Welfare Reform），《波士頓先鋒報》（*Boston Herald*），二〇〇〇年一月二十一日；〈慈善團體無法在福利改革下餵飽所有人〉（Charity Can't Feed All while Welfare Reforms Implemented），《休士頓紀事報》（*Huston Chronicle*），二〇〇〇年一月十日；〈飢餓情況增加，食物銀行試圖跟上進度〉（Hunger Grows as Food Banks Try to Keep Pace），《亞特蘭大新聞憲政報》（*Atlanta Journal-Constitution*），一九九九年十一月二十六日。

24〈無家可歸家庭增加，聖地牙哥援助資源拉警報〉（Rise in Homeless Families Strains San Diego Aid），《洛杉磯時報》（*Los Angeles Times*），二〇〇〇年一月二十四日。

倍，達到百分之三十。[25]你可能會發現，全美各地的食物銀行都面臨到「它們無法滿足的需求狂潮」，而且根據一份由美國市長會議（U. S. Conference of Mayors）進行的研究指出，在要求緊急食物協助的成人之中，百分之六十七是有工作在身的人。[26]

之所以沒有人願意費事把這些新聞聚集在一起，宣布各地正陷入緊急狀況，理由之一可能在於：那些看報紙的美國中產階級專業人士，往往把貧窮視為失業的結果。在雷根政府全力縮減各項機構規模的時期，通常情況確實是如此，如今對於許多住在舊城區的居民而言也是，因為他們根本不可能到都會郊區地帶爭取蓬勃發展的就業機會。當失業造成貧窮的時候，我們知道如何陳述問題，典型的說法會是：「經濟發展不夠快速」。大家也知道傳統的自由主義解決辦法是什麼：「完全就業」。但當我們已經有完全或幾近完全的就業率，任何想找工作的人都有工作等著他們做的時候，問題就位於更深層的地方，而且跟「社會契約」之所以能成立的種種預設深切相關。根據近期一份由「就業未來」（Jobs for the Future）這個波士頓就業研究公司所進行的民意調查顯示，有百分之九十八的美國人同意：「從事全職工作的人，應該要能賺到足以使自己家人免於貧窮的薪資。」[27]我在成長過程中不斷聽到「努力工作」是成功之道，例如「努力工作就會出人頭地」，或者「我們就是努力工作才有今天」，聽到我幾乎厭煩的地步。沒有人告訴你，就算你「努力工作」（努力到你甚至從來沒想像過的程度），還是有可能發現自己仍然深陷在貧窮和負債中，甚至還越陷越深。

當貧窮的單親媽媽可以選擇留在福利制度內，不進入勞動市場的時候，中產和上層中產階級人士往往傾向以某種不耐煩（甚至是鄙夷）的態度看待她們。福利制度內的窮人往往遭到社會嚴厲責難，說他們懶惰、執意在不良的情況下還生孩子、都有某種癮頭，而且最主要的是，他們「生性依賴」。所以他們在大

25〈飢餓問題據傳將更為惡化〉（Hunger Problems Said to Be Getting Worse），《密爾瓦基新聞衛報》（*Milwaukee Journal Sentinel*），一九九九年十二月十五日。

26 引述黛博拉．勒芙（Deborah Leff）之言，她是飢餓救援組織「美國第二次豐收」（America's Second Harvest）的主席暨執行長，原文刊載於《國家期刊》，與前次引述同；〈在美好時代，飢餓仍在美國持續蔓延〉（Hunger Persists in U.S. Despite the Good Times），《底特律新聞》（*Detroit News*），二〇〇〇年六月十五日。

27〈美國人對低薪勞工與福利改革所持態度之全國調查〉（A National Survey of American Attitudes toward Low-Wage Workers and Welfare Reform），就業未來，波士頓，二〇〇五年五月二十四日。

眾眼中就成了這副樣子：滿足於靠「政府的施捨」過日子，而不是像其他人一樣透過一份工作「自給自足」；他們必須學會振作起來，學會如何把鬧鐘設好，走出門去工作。但如今政府大幅收回它的「施捨」，結果數量龐大的窮人在沃爾瑪或溫蒂漢堡長時間辛苦工作，我們此時又怎麼看待他們？我們已經不能用否定和高高在上的態度看待他們，所以哪種態度才站得住腳？

罪惡感，你也許會小心翼翼地這麼想。我們應該有這樣的感受，對不對？但罪惡感根本不夠，我們真正該有的感受應該是羞愧，對我們如此依賴他人以過低薪資付出的勞力感到羞愧。當某個人為了一份養不活自己的薪資而工作時（例如她必須挨餓才能讓你能吃到更便宜而方便的食物），那麼她是為你做了極大的犧牲，她用自己的能力、健康，和生命的一部分為代價，給你一份贈禮。社會讚許地稱這些人為「貧窮工作者」，實際上他們才是我們社會上的大慈善家。他們忽視自己的孩子，好讓其他人的孩子能有人照顧；他們生活在次等的住屋裡，好讓其他人的住家能閃亮而完美；他們忍受窮困，好讓通貨膨脹率低，股價可以高漲。成為一名貧窮工作者就是成為一名匿名捐贈者，一個沒有名字的恩人，無名地奉獻給自己以外的所有人。正如我在餐廳的同事蓋兒所說：「妳就是不斷地付出。」

當然，有一天（而我不會預測到底實際會是哪天）他們必定將對回報永遠這麼少感到不平，起而要求得到應有的報償。當那天來臨時，他們會更加憤怒，發動罷工和暴動。但天不會塌下來，而且到最後，我們全都將過得更好。

十週年版後記

Afterword

這本書的草稿是在一個繁榮好景彷彿會無限持續的時代完成。創新科技研發者和創投資本家紛紛急速致富，買下耀眼豪宅，就像我在緬因州打掃過的那種，甚至比那些更大。連在某些高科技公司工作的祕書都能透過分到的股份而致富。有人半認真的說好景氣會永遠維持下去，而美國資本主義染上一種粗魯的新精神。在舊金山，一個線上交易公司的公布欄上寫著這樣的宣言：「要愛不要戰爭。」然後在最底下有一行字：「管他去死，賺錢就好。」

等到《我在底層的生活》於二〇〇一年五月出版時，ＩＴ產業的泡沫經濟開始出現裂痕，股票市場也開始疲軟，但這本書的內容顯然還是讓許多人感到驚訝，甚至像是某種開示。本書出版後一、兩年間，我一次又一次遇到有人前來搭話，開場白往往是：「我從來沒想過……」，或「我一直不知道……」而令我自己相當驚訝的是，《我在底層的生活》很快晉升到暢銷書排行榜，並開始得獎。其中特別讓我感到自豪的是一個由天主教團體頒發的克里斯多福獎（Christopher Award），它是頒給「肯定人類精神之最高價值」的書。這本書也啟迪了A&E電視台製作一部名為《薪資奴隸》（*Wage Slaves*）的紀錄片，它後來被改編成一齣快節奏而有趣的戲劇，在美國各地的大小戲院上演。本書也在許多社區被選為「社區共讀」作品之一，包括明尼蘇達州的羅徹斯特（Rochester）、威斯康辛州的艾普頓（Appleton）、新罕布夏州的漢諾瓦（Hanover），還有伊利諾州的皮奧里亞（Peoria）。

本書出版後獲得相當好評，但其中很少有引起我注意的內容，而這本書激起的唯一爭議則是令人失笑地偏離重點。二〇〇三年，位於教堂山（Chapel Hill）的北卡羅來納大學將《我在底層的生活》列為入學新生的必讀作品。此舉引起一群保守學生和州議員召開記者會，宣稱《我在底層的生活》是「典型的馬克思主義式叫囂」，並且是一本「知識上的色情書，毫無可取之處」。該團體繼續在《羅來新聞觀察報》（*Raleigh News and Observer*）上寫了一整頁，沒講到什麼書本身的內容，只指控我是個馬克思主義者、無神論者，而且是美國家庭的大敵（最後這一點的證據是一項我長期以來的信念，我相信單親媽媽帶領的家庭就跟由結婚雙親帶領的家庭一樣值得支持）。我在北卡羅來納一些電台的談話節目中也遇到主持人問我：「在北卡羅來納州當一個反基督者的感覺如何？」以及其他類似的挑釁問題。

但當我在享受免費打書宣傳的同時，在北卡羅來納大學校園內工作的家事清潔員們則將這場騷動善加運用，穿著寫有「問我什麼叫作活在底層吧」字樣的T恤和鈕釦上班。原來，這些家事清潔員們已經為了要讓工會得到承認奮鬥多年，而不願承認他們的，正是那個顯然同意將《我在底層的生活》列為新生必讀書的同一個校方。當這群家事清潔員和研究生職員邀請我到校園（當然是我自己出交通費），在校內雇員的抗議大會上演講時，我的參與成為一個榮耀的結尾。雖然很不幸地，這些行動仍未能導致工會獲得承認。

本書出版之後數年間，有一個問題我被問了不下數百次：你如何解釋《我在底層的生活》的成功？我總是把功勞歸於出版社給每位購書者的一百美元回饋金上，意思是：誰知道呀？但在這次的情況，我想我特別能了解這本書為何受到中產階級人士的歡迎，至少是相較於我以貧窮為題所寫的其他作品而言。

在《我在底層的生活》中，較有經濟能力的讀者能認同主角，也就是我，想像我跟他們很像，也就是一個享有諸多權利的人，習慣被以多少帶點尊重的態度對待。他們可以在我犯錯的時候也跟著瑟縮一下，對我受到的羞辱感到難堪，透過替代經驗感受我的疲憊。

不過，這本書無疑地改變了一些身處於舒適階層者的想法。一名住在佛羅里達州的女性寫信告訴我，在讀這本書之前，許多在她看來把自己吃得很肥的窮人總令她生氣。但如今她明白，他們並非總是吃得起健康的飲食。另一名女子告訴我，她以前一直認為給「沒有什麼技術」的工人最低就是十五美金時薪，而那就是她付給自己家中家事清潔員的薪水。我住在科羅拉多州的妹妹（儘管她自己根本算不上經濟能力好的人）對於我書中寫到無家者的狀態大為震驚，因此起而組織了一個當地的「仁人家園」（Habitat for Humanity）[1]。還有，如果每個跟我說自己現在小費給得更多的人都能給我二十五分錢的話，我現在應該能夠成立自己的基金會了。

讓我更感到寬慰的是，這本書也廣被低薪工作者們本身所閱讀。在過去幾年間，有數百個人寫信給我講述他們的故事，包括一個帶著新生兒但房子剛被斷電的媽媽、一名剛被診斷得了癌症卻沒有健康保險的女子、一個剛成為無家者而只能用圖書館的電腦寫信給我的男子。以下內容是擷取自一些近來收到的郵件：

《我在底層的生活》並非虛構的故事，它寫的差不多就是我的人生。儘管我有兩個大學學位，但還是掙扎得很辛苦，沒有健康保險，還背了一屁股債。我的成就還不如我那經歷過經濟大恐慌的父母。政府說有工作機會，但那些都是低薪的工作，也沒有附加任何保險。不是可以活得下去的薪水。沒有能讓你買得起房子、存得到退休金的工作。這片塵土中沒有任何光亮。

嗨，芭芭拉，我是一個因縮減人事而被資遣的政府員工，不是白領，是藍領，年薪還不到兩萬美金……我在國稅局資料部以時薪十美金工作了二十年後，卻領不到一年六千美金的老人年金。我接了一個名為看護顧問的工

1 譯註：主要為弱勢者改善居住狀況的非營利組織。

作，有點像你在《我在底層的生活》裡那個看護助手的職位。這個可怕的、耗損身體的工作我做了四個月，基本上就是在精神疾病的患者發作之後進行清理，還有替我們稱為暴力客戶的人灌藥。結果我弄傷了膝蓋，做了三次手術之後還是得換一個膝蓋。在失業近五年的現在，我一週從勞工賠償保險領到六十五點七五美金。第一次手術後原本是一週兩百五十六美金的。現在我得去找一個膝蓋壞掉還能做的工作，因為我已經活不下去了。

我剛讀完你寫的《我在底層的生活》。我欣賞你願意親身經歷我們許多人每一天都必須過的生活……你目睹了窮忙族每天都經驗到的「賤民」症候群。很少人能有機會探究那個領域，在那裡，你的存在本身就讓你感到自己是次等的。

當我寫《我在底層的生活》時，其實並不確定它可以直接指涉到多少人的情況，但我確定官方版的貧窮定義遠遠不符現實，因為在它的定義下，一小時能賺到七美金（就像我當時的平均薪資）的人並不算貧窮。但在這本書出版後三個月，位於華盛頓特區的經濟政策研究所發表一篇名為〈美國生活難：工人家庭的真實故事〉(Hardships in America: The Real Story of Working Families)的報告。該報告指出，高達百分之二十九的美國家庭其實生活在可以被合理定義為貧窮的狀態。至少這是賺不到足以付房租、育兒費用、健康保險、食物、交通及稅金等最低生活所需收入的家庭百分比。而且必須注意的是，這些費用還不包括任何娛樂、外食、有線電視、網路服務、假期或節日禮物等。百分之二十九是少數派，但卻不是一個可以安心無視的小數字，還有其他研究也得出了類似數字。

在七年後，我要問的一個關鍵問題是，對於平均所得中最低的三分之一的人而言，情況有變好嗎？還是更加惡劣？這些人是負責清掃旅館房間、在倉庫工作、在餐廳洗碗、照顧小孩和老人，還有持續把我們逛的商店貨架補滿的人。我希望自己可以向各位讀者報告我在進行本書調查時一起工作的同事們後續如何（儘管這可能不會是很有意義的樣本），但我拿到的地址和電話大多都在幾個月後就不能用了，大概是由於搬家和保有電話的困難。我有在跟蓋兒一起工作後約六個月再見到她，她仍在當女侍，但是還好，她至少胖了一點點。我最後一次聽到凱洛琳的消息時，據說她跟著那一無是處的老公到加州去，結果和孩子一起住在一個無家者的庇護所。兩年前，瑪麗莎仍然在沃爾瑪工作，但她因為在補充貨品時從一個梯子上摔下來受傷，結果面臨經理部門的刁難。

就大多數低薪勞工而言，情況往往是越來越糟，因為雇主找到更惡劣的方式壓低本就已經過低的雇員薪水。比如在二〇〇七年初，電路城公司（Circuit City）[2]一舉解僱三千四百名員工，理由是他們待得太久，時薪已經升到一小時十至二十美金。他們獲准在十週的「冷靜」期之後（公司預設他們能在這段期間克服任何因解僱而引起的不滿），重新應徵自己的舊工作，但要從最低薪資起算。

沃爾瑪這個美國最大的私人企業主則呈現一個複合但相當令人不樂觀的圖像。二〇〇〇年代初，它虐待員工的事實被揭發，而且是以我在那裡短暫工作時沒有想像到的方式。當時的一名同事曾提醒我公司會拒付加班費，但我並不了解這意思是你可能會工作好幾個小時卻完全沒有薪水。《我在底層的生活》出版兩年後，好幾個州的沃爾瑪員工控告公司假造工作時數表，甚至在午夜把員工鎖在店內，強迫他們留在店裡做好幾個小時無薪工作。這些行為放在任何合理的標準下檢視都是血汗工廠的行徑，但我們往往想像可能是在第三世界的某些供應沃爾瑪商品的工廠裡才會發生。這樣的狀況催生了一些新的壓力團體，比如沃爾瑪監察團（Wal-Mart Watch）和喚醒沃爾瑪（Wake Up Wal-Mart）。在芝加哥、洛杉磯和美國其他地方，沃爾瑪開始面對在地社區反對他們開新店的抵抗運動。

除了這些對沃爾瑪施壓的團體，還有已經厭倦間接補助該公司的政府，因為該公司員工的醫療補助是由政府負擔。二〇〇七年，沃爾瑪總算讓步，擴大它的醫療保險。但它跟電路城公司類似，也對長期員工設定薪資上限，並開始著手將原本百分之二十的非正式員工比例增加到百分之四十，而且這些員工沒有資格加入健康保險。作為趕走長期且可能有健康狀況員工的手段之一，有些沃爾瑪的「工作伙伴」指出，「經理突然禁止背部或腳有問題的老員工坐在凳子上」[3]。

在過去，美國勞工有時可向聯邦政府尋求協助，或仰仗它對抗苛待員工的企業。但在布希政府期間，已經沒有人在傾聽勞工聲音。學生貸款在傳統上原

2 譯註：美國的家電與電子產品大型連鎖通路。
3 引自保羅．克魯曼（Paul Krugman），〈反工資戰爭〉（War Against Wages），《紐約時報》，二〇〇六年十月六日。

本是一些窮忙族的出路，但在二〇〇六年被大砍一百二十七億，是史上最大幅度刪減。其他獎助計畫則以更不易察覺的方式被削減。只因為人手不足，如今要獲得殘障補助可能得等上三年，而在此期間申請人可能會死亡或失去家園。我只能希望我在女僕服務公司工作時的同事寶琳在膝蓋手術後可以獲得殘障補助。更卑劣到極點的，是行政部門對所得稅扣除額制度下手（這個制度讓有小孩的貧窮家庭能申請退稅）。二〇〇三年，國稅局提高該制度的申請門檻，要求必須提出結婚證書、過去租屋紀錄、就學和就醫紀錄等，但這些都不容易取得。比如在加州政府的官網上，政府警告結婚證書的補發可能會需要兩到三年，理由是「預算限制」[4]。

這本書首次出版後的幾年間還有另一個現象發生，也就是有段時間，讓窮人更容易借到錢的做法大興其道。比如家具「租等於買」、發薪日貸款等，後者的利息有可能膨脹到本金的百分之好幾百。而且都持續了好一陣子。從一九九〇年代晚期到二〇〇〇年代初，如全國抵押貸款公司（Countrywide Mortgage）和富國銀行（Wells Fargo Bank）這類大公司也都積極投入《商業週刊》在一則五月封面故事中稱為「窮人生意」的市場，用高風險貸款和投資騙局，誘惑低薪勞工甚至失業者。容易借到錢變成領到好薪水的某種代替品。以前人們可能指望存錢到可以買房子，如今他們只能期望借到足夠的錢，而貸款利率還似乎隨時間任意升高。這些發展到最後的結果，我們都在大規模的查封和全球金融市場的混亂中看到了。到目前為止還沒有人評估這波信用危機對美國窮人的衝擊，但在二〇〇五年，美國國會通過一項法案，讓人更難透過宣告破產來清除債務，而這必然對情況沒有幫助。

最後一點，物價一直上漲，而且不只是汽油（它去年一年就漲了百分之三十七，這使低收入者的移動能力和找工作範圍更加受限）。在本書最後一章，我批評政府對於貧窮的定義過度仰賴食物價格，並且指出食物價格對通貨膨脹較為免疫。結果這個免疫力也失守了，因為食物價格突然上漲，牛奶和雞蛋的價格分別在一年之間大漲百分之二十一和百分之三十六。[5] 同時，房屋市場的泡沫

4 引自《紐約時報》，二〇〇三年四月二十五日。
5 引自尼爾．艾爾文（Neil Irwin），〈家庭狀況〉（State of the Household），《華盛頓郵報》，二〇〇七年十二月十六日，第一版。

化並沒有導致租金的明顯下降。也難怪在我寫這篇後記時，大多數美國人聲稱對經濟感到悲觀，百分之五十六的人認為美國已經陷入不景氣。當然，低薪勞工已經處於他們的不景氣中許多年了。對他們而言，情況只是變得更加絕望。

但至少在一個層次上，過去這幾年還算是有希望，甚至是小有成果的時期。當《我在底層的生活》出版時，政府所定的最低薪資是時薪五點一五美金，而且是從一九九七年以來就一直卡在這個悲慘的等級。對聯邦政府已經不抱任何改革希望，又對工會不振感到氣餒的行動者們開始將矛頭轉向市和州，向市議會施壓要通過「可活命薪資」（living wage）條例，向州議員施壓提高州定的最低薪資。這些行動者是零散、草根的一群人，包括工會員工、教會成員、學生、低薪勞工本人，以及少數的全國組織，如ACORN（Association of Community Organizations for Reform Now，一個為窮人爭取權益的組織）。但到了一九九九年，他們壯大到能被《紐約時報》稱為一項「運動」，並在包括紐約市、洛杉磯市和巴爾的摩市等地成功通過可活命薪資條款。儘管能受到這項原創條款保障的勞工為數不多（跟市政府有業務往來的公司雇員才適用），但是，工作獲得的薪資應至少足以支付基本生活所需的這個理念，開始逐漸受到大眾支持。

我從以前就是這類活動的支持者，但《我在底層的生活》的出版把我拋入「可活命薪資」大戰的漩渦中。在地團體買下本書送給所在地的市議員和州議員，在某些城市，基於本書而寫成的戲劇在開演期間，也設有捐款給可活命薪資運動或住得起房屋運動團體的攤位。書本不會帶來社會改革，運動才能，而我很感激有機會協助推它一把。拜《我在底層的生活》之賜，我發現自己成為在「可活命薪資」運動和募款活動現場演講的熱門人選。在奧勒岡州波特蘭市一場支持提高州定最低薪資的午餐會上，我再次打扮成一名女僕為大家送上食物。在聖塔莫尼卡（Santa Monica）的一個街角，我向爭取提高市定最低薪資的旅館勞工演講。在聖塔菲（Santa Fe），超過四百人擠滿當地一座劇場聽我講話，而所集結群眾的人數本身，就有助說服當地業主降低對提高市定最低薪資的抵抗。在邁阿密，我造訪在邁阿密大學搭帳棚罷工的大樓管理員帳棚區，他們在持續數週的帳棚生活和禁食抗議後，終於爭取到設立工會、健康保險，還有提高原本只有六美金左右的時薪。

隨著《我在底層的生活》成為越來越多大學課程的閱讀材料，我展開巡迴演講，並總是強調，「你不需要走出校園才能找到窮忙族」。在二〇〇一年四月的哈佛大學校園，學生們占據一棟行政大樓，抗議哈佛大學館舍管理員的低薪資。還有越來越多校園出現「學生勞工聯盟」，學生們跟薪資過低的家事清掃員、維修工、餐廳員工和其他校內員工站在一起，要求更好的薪資條件。我處於一個能幫忙把訊息傳出去的好位置，儘管這有時候顯然讓邀請我來演講的校方不太開心。在俄亥俄州的邁阿密大學分校新生集會上演講後，我有幸跟一部分群眾一起步出會場參加支持校園勞工的抗議集會。在耶魯大學，我跟其他一百名抗議學校不提供兒童托育的校園勞工一起被逮捕。位於我當時居住的維吉尼亞州夏洛茨維爾（Charlottesville）的維吉尼亞大學裡，有學生占據一座大樓以支持付給校園勞工足以生活之薪資，這讓整個市大為震驚的同時，我在一場抗議活動中演講，並加入學生一起在市區發放傳單。對於一名老行動者如我而言，這些是運動最高揚的時刻，讓我重新燃起對美國的希望（或類似的東西）。

生意人，特別是旅館和餐廳業者，頑強抵抗可活命薪資運動，有些人甚至說服州議員通過法律，禁止城市採納可活命薪資條例。他們套用一些學院內經濟學者的論點，主張提高最低薪資的做法只會傷害此舉希望幫助的人們，因為雇主會被迫開除員工以降低成本。對此，在經濟學家眼中或許顯得不堪一擊的可活命薪資行動者的回應基本上是：「**這些後果去死吧**。」聖塔菲可活命薪資聯盟的卡洛．歐本米（Carol Oppenheimer）如此告訴《紐約時報》：

> 真正引起對方反應的是當我們說，「只付五點一五美金的時薪實在不道德，他們根本無法生活……」這讓那些生意人暴怒。於是我們發現這有講到重點，所以我們一次又一次重複這個論點。別管什麼經濟理論了，這是道德問題。這讓他們發狂。[6]

今日，學術界對於預期中提高薪資會帶來可怕後果的討論並沒有實質意義。實際上，已有二十九個州把最低薪資提高到超過聯邦政府水準，還有許多城市通過可活命薪資條款，有些甚至把適用對象擴大到當地所有勞工，而這些地方

6 引用自喬恩．格特納（John Gertner），〈什麼是可活命薪資？〉（What Is a Living Wage?），《紐約時報雜誌》，二〇〇六年一月五日，頁三八。

都沒有陷入經濟毀滅。舉聖塔菲為例，當地在奮鬥爭取到九點五美元最低薪資後，產生比鄰近的阿布奎基（Albuquerque）更多的工作機會。在沒有提高最低薪資的愛達荷州，生意人被迫必須提高薪資，否則就是看著員工離開，到州定最低薪資有八美金時薪的華盛頓州工作。二〇〇七年七月，聯邦政府總算跟上這些州的腳步，國會通過，總統簽字，立法把聯邦政府標準最低薪資從五點一五美金提高到五點六五美金，並預定在二〇〇九年提高到七點一五美金。在一個對勞工來說得到很少但失去很多的時代，這不只是一項勝利，而且是重大的成就。

但當然，這些成果都遠遠不算足夠。全國低收入者住屋聯盟（National Low-Income Housing Coalition）指出，在二〇〇六年一名勞工必須賺到十六點三一美金的時薪，才能在租屋市場價格下負擔起一間有兩個臥房的住處，而這可以作為全國範圍內真正可活命薪資的粗估數字。人們可以負擔得起的住處正在減少，有執照的托兒設施大量短缺，有四千七百萬的美國人沒有健康保險，而這通常是因為他們的工作並沒有提供保險。可活命薪資運動將會繼續奮鬥爭取提高薪資，但同時他們也了解，沒有可預見的成果能填補我國社會基礎構造上的巨大裂縫。住屋、交通、健康保險和托育照護，這些都需要公部門的決定性行動，以及有力的社會運動來催生它的實現。

我最想聽到本書讀者問的問題是：「我能做什麼？我能如何參與？」通常有一些立刻可以給的答案：幾乎每個社區都有可活命薪資運動或可負擔住屋運動的團體，更別說無家者的庇護所和食物銀行，這些都需要志工。在每個政府層級，都有候選人和立法提案值得支持。你可以加入州級組織如維吉尼亞組織計畫（Virginia Organizing Project），它處理窮忙族面臨的一些議題，或者也可以加入全國組織如ACORN，工作正義（Jobs With Justice），或全美勞動（Working America）。你可以向自己所在的教會、雇主或學校施壓，要求他們提供服務和機會給窮人。如果你是一名生意人，那麼你可以先從善待自己的員工立下好榜樣做起，再加入其他的社群領袖一起創造改變。

但是，快速的解方並不存在，沒有哪一種方法或哪一條法律可以解決所有問題，讓「窮忙族」整個大翻身。我們身處在一種經濟文化中，它一方面不假思索地獎勵、讚揚富有者，另一方面則懲罰和羞辱貧窮者，不論後者多努力工作。要改變這點得花費一輩子的功夫，至少。

致謝詞

Acknowledgments

感謝以下各位人士在種種方面對我提供協助：Michael Berman、Sara Bershtel、Chauna Brocht、Kristine Dahl、Frank Herd、Sarah Bourassa、Kristine Jacobs、Clara Jeffery、Tom Engelhardt、Deb Konechne、Marc Linder、John Newton、Frances Fox Piven、Peter Rachleff、Bill Sokal、David Wagner、Jennifer Wheeler，以及Patti。

左岸｜社會議題 303

我在底層的生活

當專欄作家化身為女服務生（新版）

Nickel and Dimed: On (Not) Getting By in America

作　　者　芭芭拉・艾倫瑞克（Barbara Ehrenreich）
譯　　者　林家瑄

總 編 輯　黃秀如
責任編輯　孫德齡
企劃行銷　蔡竣宇
校　　對　蘇暉筠
封面設計　陳恩安
電腦排版　宸遠彩藝

社　　長　郭重興
發 行 人　曾大福
出　　版　左岸文化／遠足文化事業股份有限公司
發　　行　遠足文化事業股份有限公司
地　　址　23141新北市新店區民權路108-2號9樓
電　　話　02-2218-1417
傳　　眞　02-2218-8057
客服專線　0800-221-029
E-Mail　rivegauche2002@gmail.com
左岸臉書　https://www.facebook.com/RiveGauchePublishingHouse/
團購專線　讀書共和國業務部　02-2218-1417分機1124

法律顧問　華洋法律事務所　蘇文生律師
印　　刷　成陽印刷股份有限公司
二版一刷　2020年01月
二版二刷　2023年06月
定　　價　400元
ISBN　978-986-98006-8-6

國家圖書館出版品預行編目資料

我在底層的生活
當專欄作家化身為女服務生

芭芭拉・艾倫瑞克(Barbara Ehrenreich)著
林家瑄譯.
二版.
新北市：左岸文化出版：遠足文化發行
2020.01
336面；13×19公分. -- (左岸社會議題；303)
譯自：Nickel and dimed: on (not) getting by in America
ISBN 978-986-98006-8-6(平裝)

1.貧窮 2.工資 3.勞動階級 4.美國

548.16 108022464